2021年度青岛市社会科学规划项目：
多元主体协同治理视阈下青岛市社区体育治理模式研究
课题编号：QDSKL2101109

多中心参与下城市社区体育治理体系研究

张传来　著

吉林摄影出版社
·长春·

图书在版编目(CIP)数据

多中心参与下城市社区体育治理体系研究/张传来著.——长春:吉林摄影出版社,2021.12
 ISBN 978-7-5498-5209-3

Ⅰ.①多… Ⅱ.①张… Ⅲ.①社区—体育工作—研究—中国 Ⅳ.①G812.4

中国版本图书馆 CIP 数据核字(2022)第 001207 号

多中心参与下城市社区体育治理体系研究
DUOZHONGXIN CANYU XIA CHENGSHI SHEQU TIYU ZHILI TIXI YANJIU

著　　者	张传来
出 版 人	车　强
责任编辑	罗　晗　　贺子刚
封面设计	豫燕川
开　　本	787mm×1092mm　1/16
字　　数	245 千字
印　　张	13.75
版　　次	2023 年 9 月第 1 版
印　　次	2023 年 9 月第 1 次印刷

出　　版	吉林摄影出版社
发　　行	吉林摄影出版社
地　　址	长春市净月高新技术产业开发区福祉大路龙腾国际大厦 A 座 17 楼　　邮编:130118
网　　址	www.jlsycbs.net
电　　话	总编办:0431-81629821　　发行科:0431-81629829
印　　刷	北京市兴怀印刷厂

ISBN 978-7-5498-5209-3　　　　　定　价:36.00 元
版权所有　侵权必究

前　言

　　20世纪80年代以来,中国经济体制改革带来了整个社会总体生活水平的不断提高,也带来了社会阶层的分化和利益的多元化,民众对公共服务的需求从基本生活领域扩大到广泛的物质和精神领域,多样化、个性化趋势明显加强,对公共体育服务的多样化和复杂化需求也不断增加。社区服务是社区建设的重要环节,而社区体育服务是社区服务的重要组成部分。近年来,社区体育服务更是契合在社区服务当中,其不仅成为当前城市社区体育建设与发展的重要内容,而且也是构建和谐社会中城市社区服务的重要一环。毋庸置疑,我国社区体育服务随着社会结构的转型,呈现出不同的发展态势和阶段性特征,并取得了一定的成效:社区体育服务体系不断完善,社区体育服务的供给也由原来政府垄断的单一模式向多元化供给模式的转变,服务水平和质量也有较大提高。然而,从总体情况看,现阶段我国社区体育服务供需矛盾仍然突出,存在供给总量不足、供给结构失调、决策机制不合理等问题。由政府及其职能部门提供的社区体育服务不足,而由社会组织、市场组织提供的服务十分有限;在社区体育服务供给内容上,一方面居民急需的体育服务供给不足,另一方面那些与"政绩"和"利益"挂钩的体育服务供给过剩;在体育服务决策机制中,公众缺乏必要的参与途径,不能有效地表达自身喜好和实施监督,从而造成了政府决策与民众需求的偏离。

　　社区体育服务发展变革的背后是中国市民社会兴起的时代背景。随着国家逐渐退出经济领域和社会生活领域、市场经济的繁荣、契约性关系在一些领域中的确立,一个相对独立的市民社会已经在中国迅速崛起。市民社会的契约精神、自治精神、权力意识、参与意识在深刻影响着中国社会生活的各个方面。本书的指导思想是:以全民健身和全民健身工程为切入点,促进社会体育和谐发展,并进一步提高全民健身与健康意识。全民健身是调动全民积极参加以增进身心健康为目的的群众体育健身活动,它是体育事业的重要组成部分,是关系民族繁荣昌盛、人民健康幸福的事业,是国家的一项重要任务。参与体育、增强体质是公民的权利和义务。全民健身的发展水平是一个国家体育发展水平的重要标志。全民健身,利国利民。而全民健身的发展水平在很大程度上取决于全民健身工程的发展,全民健身工程作为全民健身的依托和支撑,对推动我国全民健身计划的实施乃至提高国民健康水平和整体素质都有积极的作用,是社会和谐不可缺少的音符。

本书通过简洁凝练的语言、系统清晰的结构、丰富全面的知识点,对体育教学功能进行了分析。在此基础上,对体育教学功能的实现进行了研究,将其科学性、系统性、针对性、实用性、时代性以及新颖性等特点充分体现了出来,是一本参考和研究价值较高的专业学术著作。

本书在撰写过程中参考并借鉴了部分专家学者的研究成果和观点,在此表示最诚挚的感谢!另外,由于时间和精力有限,书中存在不足之处,敬请指正。

作　者
2021 年 5 月

目 录

第一章 现代新型社区体育体系的构建 ……………………………… 1
第一节 构建社区体育的新模式 ……………………………………… 1
第二节 社区体育与学区体育的结合 ………………………………… 6
第三节 建立和完善社区体育服务体系 …………………………… 16

第二章 现代新型社区体育的建设研究 ………………………… 21
第一节 社区体育建设的基本理论 ………………………………… 21
第二节 建设现代新型社区体育的必要性 ………………………… 24
第三节 现代新型社区体育建设的内容 …………………………… 28
第四节 现代新型社区体育建设需要注意的问题 ………………… 32

第三章 城市社区体育的管理研究 ……………………………… 35
第一节 社区体育管理的基本理论 ………………………………… 35
第二节 现代新型社区体育管理的内容 …………………………… 39
第三节 现代新型社区体育管理的模式及发展 …………………… 48

第四章 社区体育资源配置管理 ………………………………… 54
第一节 社区体育资源概述 ………………………………………… 54
第二节 社区体育资源配置的方式、方法 ………………………… 63
第三节 社区体育资源优化配置的对策 …………………………… 74

第五章 社区体育指导员与社区体育人才网络的建立 ………… 84
第一节 社区体育指导员的特点与职责 …………………………… 84
第二节 社区体育指导员应具备的素质与培训管理 ……………… 87
第三节 社区体育人才网络的建立 ………………………………… 92

第六章 社区体育场地器材的规划与管理 ……………………… 97
第一节 社区体育场地器材建设的意义与原则 …………………… 97

第二节　社区体育场地建设的选址、规划与总体布局 …………… 99
　　第三节　社区体育场地器材的管理 ……………………………… 102
　　第四节　社区体育场地器材的经营 ……………………………… 106

第七章　沿海城市社区体育可持续发展研究——以青岛市为例 …… 109
　　第一节　青岛城市社区体育开展的相关研究 …………………… 109
　　第二节　青岛城市社区体育开展情况 …………………………… 110
　　第三节　促进青岛城市社区体育可持续发展的对策研究 ……… 120

第八章　新农村社区体育共生发展模式构建 ……………………… 124
　　第一节　新农村社区体育共生发展模式构建的目标和指导思想
　　　　　　…………………………………………………………… 124
　　第二节　新农村社区体育共生发展机制 ………………………… 126
　　第三节　新农村社区体育发展共生体系构建 …………………… 132
　　第四节　新农村社区体育共生发展对策 ………………………… 150

第九章　社区体育服务绩效评价体系 ……………………………… 174
　　第一节　社区体育服务绩效评价体系构建的基本思路 ………… 174
　　第二节　社区体育服务绩效评价指标体系构建的原则与流程 … 182
　　第三节　基于平衡计分卡的社区体育服务绩效评价指标体系构建
　　　　　　…………………………………………………………… 188
　　第四节　有效实施社区体育服务绩效评价 ……………………… 194
　　第五节　改善社区体育服务的公众感知质量 …………………… 202
　　第六节　建立健全社区体育绩效评价相关制度法规 …………… 209

参考文献 ……………………………………………………………… 213

第一章 现代新型社区体育体系的构建

社区体育体系的构建需要坚实的理论基础。因此,本章将首先对构建社区体育的新模式进行研究,之后为了更好地发展,对社区体育与学区体育的结合进行详细的研究,最后就社区体育服务体系的建立与完善做一个深入的研究。

第一节 构建社区体育的新模式

一、社区体育发展的小区模式

(一)社区建设的主要特征及对小区体育发展的影响

1.生活小区化导致社区服务的小区化

目前我国的城镇住宅建设的基本模式大多为生活小区,所以小区生活服务与设施配套问题是非常重要的。这使得社区服务逐步向基层延伸,以小区为单位的各类居民自治性组织的不断产生,为小区体育组织的产生创造了良好的条件。

2.社区精神文明建设工作路线成为构建小区体育组织的重要依据

目前我国的社区精神文明建设的工作路线为"文明小区—文明社区—文明城市"。所以,建设文明小区是这条路线的基础,更是重点。所以,社区体育也必须相应地采用以小区为单位的组织工作方式,建立相对独立的小区居民体育活动组织模式[①]。

3.小区体育的组织原则遵从"共享、共建"原则

"各方共建、资源共享"是我国社区精神文明建设的重要原则。所以小区体育组织的发展也要遵循这一原则。在小区体育的组织发展中,要做到政民齐办,共同开发和利用社区体育资源,从而促进社区体育活动的开展。

(二)社区体育的小区模式

当前,我国社区体育的主导形式是行政管理制,但随着住宅小区的建设

---

① 李磊,杨洪武主编.社会体育管理[M].西安:西北工业大学出版社,2020.

和规范,这种管理体制也必然会发生变革。首先,应对行政型体育组织系统进行深化改革,从而使不同层次的活动得以开展,缩小活动规模,构建行政主导型的社区体育组织。此阶段呈现出辐射型的组织结构(图1-1),其特征为仍旧沿用行政管理体系,建立多层次体育组织。其次,民间与行政共建体育组织,构建社团主导型的体育组织系统。社区行政在改善体育设施条件、加强指导和财政援助等各个方面大力支持,促进社团组织发展。这一阶段呈现出网络状的组织结构(图1-2)。这一阶段具有采用社团组织管理体系的特征,社区行政给予人、财、物支援。最后形成由居民自由结合而成立的社区俱乐部组织,这一阶段社区体育的主要任务是构建会员制俱乐部组织。此时社区行政只需从体育政策法规角度管理社区体育,并适当优惠地提供社区资源供俱乐部使用。这一阶段呈现出独立型的组织结构(图1-3)。这一阶段以独立经营的俱乐部模式为特征,采用自主管理的办法独立开展活动。这使健身点、站形成网络管理体系,保证社区体育活动沿着科学、健康、正确的方向发展。

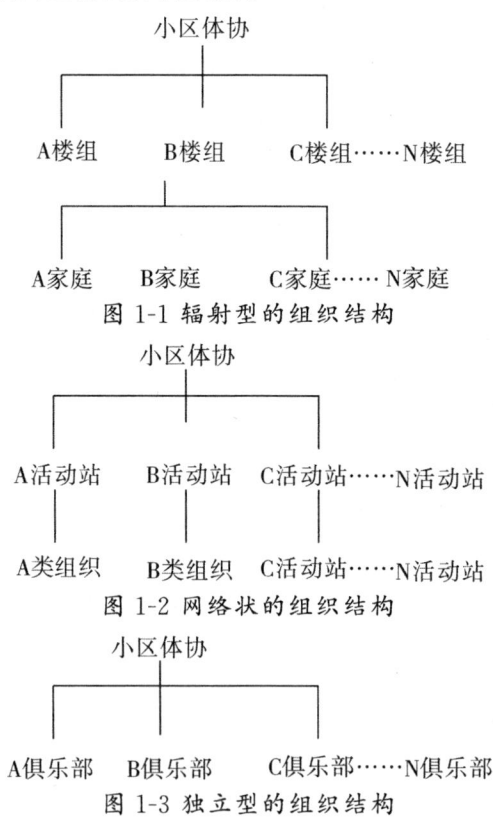

图1-1 辐射型的组织结构

图1-2 网络状的组织结构

图1-3 独立型的组织结构

二、社区体育发展的学区模式

学区体育是为适应学校体育设施对外开放的要求而专门组织的一种新型社区体育形式。这种模式以一所或几所相对集中的学校为中心划分地区范围,不一定要以行政区域为划分标准,而是要以学校为主要活动场所,以居民和学生为对象,通过有效利用学校的体育设施开展社区体育活动。在目前及今后的一段时间里,学区体育是解决社区体育场地与设施不足等难题的有效途径。

之前,我国社区体育组织的基本层次以街道为单位的情况较多。但是随着社会的发展,改革的不断深入,从需求的角度来看,以街道为基本层次的体育组织存在许多不足。比如社会体协,由于其会员构成基本上是以企事业单位为对象,所以个人会员较少,社区居民很难从中受益。从开展活动的形式看,以组织定期或不定期的体育竞赛为主,但却不能保证常态化的居民健身活动。从管理角度看,行政管理色彩较浓,组织形式单一,组织之间没有互动,体育健身的氛围也没有体现出来。因此,为了让社区居民更广泛地参加体育锻炼,为居民提供更完善的体育服务,形成一种新的社区体育形式是必要的,而以学校为中心的新型社区体育发展模式恰恰符合这一切的要求,符合当前社区体育发展的需要。

学校体育设施对外开放,不仅是当前社区体育发展的需要,而且是在我国体育政策法规当中得到明确要求的。但是在实际的执行当中,在实际开放过程中,由于存在责、权、利不清,服务对象、管理办法不明的情况,使得学校体育设施的开放处在一种两难的困境之中。正常开放的话,对设施器材的使用频率增加,导致其维护难度增加,而管理上的麻烦也使得校方不堪重负。若不开放,对于体育相关部门的有关规定又是一种违背,更何况学校也愿意通过开放加强与社会的联系,以谋共同发展,只是上述问题尚待解决。

我国的《全民健身计划纲要》明确规定"全民健身计划以全国人民为实施对象,以青少年为重点"[①]。在社区内有各种群体,其中包括以青少年为主的学校。在每个社区中,中小学是不可缺少的组成部分。全国约有99万所中学,1032所全日制高校,这些学校在社区体育中有能够发挥特殊作用的巨大潜力。学校在开展社区体育中有许多优势,这些优势的开放和利用,可以使学区体育的组织更加规范合理。

因此,要使学校体育设施对外开放,同时实现学区体育模式的良性发

---

① 董新军. 社区公共体育服务供给侧改革研究[M]. 长春:吉林人民出版社,2019.

展,就必须从整体上进行改革,使其符合社会发展的需要,同时遵从其自身发展的规律。

建立学区体育模式需要进行细致的前期铺垫,具体如下。

(1)以学校为中心划分学区范围,并同校方密切联系,共商学区体育模式的建设前景。

(2)成立学校体育设施对外开放管理委员会,以便对体育设施对外开放使用进行管理。

(3)学校可以举办各种体育辅导班,同时联合社区,这样就能够吸引社区居民参加培训,提高科学健身的水平。

(4)通过社区征集爱好体育并有一定技能或健身知识的学区体育志愿者,辅导学区居民和学生的体育活动。

(5)学校与社区间互通并开展体育竞赛,制订完备的活动计划,共同举办不同水平的竞赛。

(6)定期举办孩子和家长能够协同参加的体育活动或竞赛,鼓励居民家庭体育的发展。

学校体育设施对外开放的前提是进行整体的改革,在改革过程中,要逐步由单纯型开放向复合型开放转化。学校体育设施开放的有效形式是建立学区体育模式的基础。学区体育模式在学校体育设施开放的同时,能够促进社区体育发展,从而缓解社区体育难题。学区体育是打破学校与社区界限,推广我国终身体育事业发展的极佳形式。学区体育是社会体育与学校体育的结合点。因此,学区体育模式的建立对学校体育向社会体育转化具有积极的影响作用。

综上所述,学校的管理要开放,同时要加强与社区的联系,同社区成为一个整体。只有将这些都合理协调完善,并付诸行动,学区体育模式的建立才能水到渠成。

三、社区体育俱乐部发展模式及经营策略

现代都市人的生活的重点是追求生活品位,提升生活质量,而且人们已经认识到身体健康才是追求高品质生活的基石,日常健身的习惯正成为人们生活的一部分,因此,社区体育俱乐部将成为社区体育发展的主要模式之一。在当前的社会条件下,依托社区的自然环境与人文环境,成功运作社区商业体育俱乐部就变得很重要,要想做到这些,就应考虑如下因素。

(一)量身服务目标群体因素

成熟社区的配套服务的定位很明确,居民消费水平、消费习惯辐射的地

理区域可以根据实际情况框定下来,所以社区商业体育俱乐部在创建之初,要满足以下几点。

(1)要进行的是符合实际而且全面的市场调查,调查中的因素要包括地理位置、竞争对手、消费水平、消费习惯以及行业态势等,因为社区体育俱乐部只有建立在现实需要的基础上,才能提供准确的服务。

(2)明确目标市场是非常重要的,尽管调查后已对于社区的个性化特征有了一个初步的了解,但从投资的角度分析,其差别化需求也许并不能整合成一个规模市场,因此要进行投资的可行性分析。而对于怎样投资,或者投资额的设定,那就只有对目标群体进行明确才能定下来,目标群体的确定可以从年龄、收入、文化、职业、爱好等诸多方面考虑。

(3)社区体育俱乐部一定要结合自己的优势和实力,提供恰当、精细的服务,这样客户与俱乐部的供求关系才会越来越稳定,从而有利于形成相互交流、相互促进的良性体系。

(4)差别化的策略和促销能增进社区体育俱乐部在消费者当中的亲和力。而上班一族的锻炼时段往往很固定,针对他们可以借助价格、超值服务等看得见的手段进行调整,保证每天不同时段都有适中的锻炼人数,从而保证良好的健身效果和资源的有效利用,而个体的差异化导致了对同样服务的满意度不同,因此俱乐部服务人员应通过对每个锻炼者的需要和愿望进行了解,提供个性化和人性化的服务,来满足锻炼者的差别化需求。

(二)权重影响因素

西方经济学当中有一个公式是用来描述市场的,即市场=人口+购买力+购买欲望。一定量的人口是组成市场最重要的因素,近年来,我国的人口状况出现了以下两方面特点:一方面是农村人口大量向城市迁移,城市流动人口剧增;而另一方面则是晚婚趋势明显,同时离婚率增高。在考虑人口因素时,社区居民的年龄构成和生活方式也是研究市场的人口因素中非常重要的一点,购买力的大小由经济环境来决定,与收入、价格、储蓄和信贷等多种因素有关。购买欲望指人们得到那些满足自身需要的特殊物品和服务的愿望。而在社区商业体育俱乐部的发展中,他们能够对客户的购买欲望产生影响和引导。购买欲望取决于社区商业体育俱乐部的服务质量、价格高低、品牌形象、服务环境和地理位置等诸多因素。

社区商业体育俱乐部要想能够吸引足够多的锻炼者,提高顾客忠诚度,就必须要持续提高自己的服务质量,而当所有俱乐部之间提供的服务质量水平没有太大的差别的时候,价格的高低便成为左右锻炼者进行选择的决定性因素,一家俱乐部如果想在本来的价格水准下留住顾客,就要注重自己的信誉度和品牌知名度,从而影响社区体育服务的整个过程,当然这其中还包含许多无形的要素,比如服务环境是锻炼者能够通过直观的感受体会到的,环境的设计需要因潜在的锻炼者的不同而随之不同。另外一点,社区商业体育俱乐部属于区域经济,人们往往会选择交通便利、周边环境宜人的俱乐部健身,所以社区体育俱乐部的选址是最为重要的因素之一。

以上对社区体育俱乐部的影响因素形成了一整套相互联系、相互制约的完整体系,只有每一个环节都完善起来,社区商业体育俱乐部的经营才能走上正轨,而处在不同的发展阶段时,每一种因素对社区商业体育俱乐部的发展影响程度都或大或小,俱乐部应就诊把脉,权衡利弊,将经营策略调整到最佳。

在发展中,首先应该是培育和发展消费市场。健身市场做得越大,投资者的收获也就越大。发展市场的手段可以通过媒体或标牌进行健身宣传,为居民开展健身咨询,这有利于培养社区居民的健身意识。除此之外,社区商业体育俱乐部与街道办事处,可以联手举办面向全体社区居民的社区体育活动,这将有利于社区体育的发展。而且不同社区商业体育俱乐部间可以举办一定数量的体育比赛,这也能够成为加快社区商业体育俱乐部发展和树立自身形象的有效途径。

除了市场的扩展,营销管理也同样重要。因为未来的市场的扩张,必须依赖于服务营销管理策略的应用,这里的营销策略主要指的是外部营销、内部营销和交互作用营销的灵活应用,做到这些的前提就要求社区商业体育俱乐部灵活运用定价、分销、促销等营销组合要素,对俱乐部职员经常进行进一步的培训,使其服务水平不断提高。而锻炼者也经常以自己对所消费服务的满意度来评价服务质量,并且在亲友中常常谈及,这是使其他顾客决定选择该项服务的关键因素。因此,不断提升服务质量是商业体育俱乐部发展的核心。

第二节 社区体育与学区体育的结合

社区体育的发展离不开学区体育的帮助,因此,只有将社区体育与学区体育紧紧结合在一起,才能够使社区体育得到良好的发展。

一、我国社区体育与学区体育结合的条件

(一)终身体育观的提出

终身体育是受到了终身教育思想的影响和启发而形成和发展起来的,

因此终身体育可以视为终身教育体系的子系统。终身体育思想为社区体育与学校体育结合提供了理论指导。它是由人体的发展规律、体育锻炼的作用以及现代社会的发展所决定的。终身体育的主旨就是主张将有意识、有目的、有计划、科学的、系统的体育教育贯穿于人生的整个过程,提倡每个社会成员都要自觉地、积极地进行运动锻炼和体育健身,从而促进人的身心全面发展和健康长寿。人体机能活动的特点要求人们的体育锻炼必须长期坚持。而现代社会的生活方式更是要求体育锻炼成为人们日常生活的重要组成部分。体育锻炼需要科学指导和不断接受体育教育,才能充分发挥其作用。因此要求学校体育教育要延伸到居民所在的社区体育中去,同时社区体育借助学校体育的资源实现每个居民个体的终身体育化。

终身体育主要包括两方面内容。

(1)人从生命从开始至结束,都在不断地学习与参加体育锻炼和健身活动,增强体质,提高健康水平,因此,终身体育锻炼有着明确的目的性,并真正能够使体育成为人生中不可缺少的重要内容。

(2)在终身体育强身健体思想的指导下,以体育的体系化、整体化、科学化为目标和手段,为人生不同时期、不同生活领域提供参加体育活动机会的实践过程。

终身体育观念的提出不仅给传统的学校体育注入了新的理念,而且还是促进学校体育走向现代化和社会化的强大推动力。从终身体育的角度来看,学校体育的任务不单是在学龄期间促进学生身心全面发展,保证学生以健康的身体和充沛的精力去完成学习任务,还应使学生在毕业以后,能根据主客观情况的变化,不间断地独立从事科学的身体锻炼,从而能够终身从中受益。联合国教科文组织的一篇著名报告曾提出:"要突破学校教育的狭隘眼界,把教育扩展到人的一生,成为每个人最基本的生存能力。"这就要求,一方面,学校体育教育要充分利用各种社会的因素来提高教育的效率。另一方面,学校教育要自觉地渗透、延伸和融合到社会的各个方面。所以学校体育要自觉地认识到社会发生的变化,有意识地主动将社区体育与学区体育有机结合,才能从根本上改变传统社区与学区体育隔离的封闭状态,从而使学区体育适应社会发展的需要,并大大提高其效率和实效性。同时,社区体育本身也应该认识到这一任务,在实施过程中,尽量体现其教育作用。

(二)大众传媒对体育的大力宣传

通过大众传媒对体育的大力宣传,将会为社区体育与学区体育结合营造更加和谐的体育氛围。目前,我国大众传播媒介发展迅速,形成了以广播、电视、报纸和互联网为主的全方位、立体式的体育宣传网络。所以大众传播媒介对体育的宣传与报道对促进我国体育事业的发展有着重要的作用。

随着时代的发展,我国大众传媒对体育新闻和体育赛事等进行更加频繁的转播和报道,对体育健身知识、体育健康价值观进行的宣传递增,这将会进一步促进我国"人人关心体育、人人参与体育"的体育格局的形成,为社区体育与学区体育的结合营造更加和谐的体育氛围。

(三)体育基础设施的大力建设

2020年11月2日,国家体育总局经济司公布了2019年全国体育场地统计调查数据。截至2019年年底,全国体育场地达354.44万个,体育场地面积达29.17亿平方米,人均体育场地面积达2.08平方米。值得一提的是,这是我国历史上第一次人均体育场地面积突破2的大关。

国家体育总局正式印发《"十四五"体育发展规划》(以下简称《规划》)。《规划》对"十三五"时期全民健身取得的成绩进行了总结。2020年底,我国人均体育场地面积达到2.2平方米,每千人拥有社会体育指导员数超过1.86名,经常参加体育锻炼人数比例达到37.2%。《规划》提出,"十四五"时期,全民健身水平将达到新高度。具体目标为,高水平的全民健身公共服务体系基本建成,人民群众身体素养和健康水平进一步提高,获得感和幸福感不断提升。人均体育场地面积达到2.6平方米,经常参加体育锻炼人数比例达到38.5%,每千人拥有社会体育指导员2.16名。

我国所推行的体育彩票,其收入每年都会拨出60%用于全民健身,并且在国家体育总局"体育彩票公益金"全民健身工程和各地基层社区的共同努力下,全国上百个城市已有几千条健身路径被开通。

随着国民经济的发展,国家和地方政府将继续加大对社区体育基础设施建设力度,以及对学区体育场地设施的投入,这将为社区体育与学区体育的结合提供更加丰富的物质资源。

(四)信息技术和电子产品的广泛应用

随着全球经济一体化和以信息技术为先导的技术革命的发生,信息时代已经展现在我们的眼前。当前,世界正在快速地步入信息时代,信息化是当代社会的一个主要特征。

改革开放30多年以来,我国在现代信息技术方面迅猛发展,社会的信息化程度不断提高,手机、计算机等高端电子产品已经普遍应用在人们的工作和生活之中。据有关部门调查,我国平均每100人拥有的手机数量呈急剧上升趋势。计算机得到广泛地普及,我国已经成为世界上网络用户最多的国家。人们通过互联网对体育信息的获取、沟通和管理也变得更加简单化和便捷化。社会信息化程度的不断提高,信息技术和产品的广泛应用,将会在社区体育与学区体育结合模式的民主决策与管理,活动的科学组织、指导与开展中,发挥越来越重要的作用,为社区体育与学区体育结合提供通畅的信息沟通平台。

二、我国社区体育与学区体育结合的原则

(一)整体营造原则

社区体育和学区体育在联合互动过程中应当注重社区体育的整体和谐发展,这是社区体育与学区体育结合的整体营造原则的要求。同时这也意味着需要社区内所有相关组织、群体之间整体力量的配合,才能够营造社区体育与学区体育结合的良性氛围。

另外,社区体育与学区体育结合不能盲目地、随意性地互动,必须要通过与政府结合,才能提高学区体育的教学效果和管理水平,促进社区的精神文明建设,改善社区体育开展现状,从而提高社区居民的健康水平,最终达到进一步提高社区居民的生活质量的目的。

(二)教育性原则

社区体育与学区体育结合的教育性原则的提出是依据社会学对人群的研究。相关研究明确指出,人的行为主要是在其所属群体,以及这些群体内发生的相互作用中形成的。这是社会学对人群研究的基本观点。社会学重点强调社会是以一个有机的整体存在的,在整个社会当中,社会的各子系统之间都有密切的联系。因此,在社会条件下,自然人成为社会人,人的发展是社会化的必然结果。综上所述,学校和社区要在体育一体化发展中为居民创造体育锻炼的条件和机会,同时在体育活动的组织和实施过程中要更加注重育人的效果,学校体育与社区体育的特点决定了这一切。而其意义主要在于以下这三点。

(1)在一体化体育活动中,要能够使体育锻炼者的社会认同感、团队意识、竞争与合作精神得到积极培养,从而让他们能够正确地对待自己和别人,在活动的交往中建立平等、公正友好的人际关系等,增强社会凝聚力。

(2)在一体化体育活动中,以育人为核心,对活动设计精心安排,并且营造良好的氛围,合理运用集体教育的因素,在这一基础上,实践互教互帮、评比与竞争、典型示范等措施,从而带动各项活动的顺利开展。

(3)在一体化体育活动中,所有的体育锻炼者都是活动的主体、团队的主人,主体身份象征着他们不仅能积极地参加一体化体育活动,还能够引导他们成为一体化体育活动中的组织者与管理者。

总而言之,在社区体育与学区体育结合模式的组织、领导和具体实施过程中,教育性原则必须贯彻,运用集体性的教育因素能够使这一过程更具针对性、直观性和实效性,从而通过社区体育与学区体育教育性,达到育人的目的。

(三)主体性原则

实现社区成员整体素质的提升,是学校体育和社区体育一体化发展的强劲的内在动力。当今时代的主要特征是"以人为本",这一特征强调一切发展都要以人的发展为重点。社会条件对个人发展起着制约作用,是因为个人生活在一个具体的历史阶段里,在这一条件下,向什么方向发展,发展到什么水平,社会历史条件都起着决定作用。人的发展的决定条件源自社会,在这一条件下,少年儿童是社区体育与学区体育工作的重点对象,社区体育与学校体育不仅能够为青少年学生提供体育学习的机会、实践场所和氛围,同时也能为社区其他成员提供体育服务,从而满足社区成员不断增长的体育文化需求。所以,社区体育与学区体育结合要考虑学生的主体性需要,注重多方面的管理,从而形成一个有利于青少年儿童身心健康的社会环境。

(四)民主平等原则

社区体育与学区体育相结合需要遵循民主平等原则。这一原则主要涵盖了以下两方面内容。

1.社区体育与学校体育在结合过程中居于平等地位

社区与学校并非是自上而下的行政关系,而是一种平等主体之间的关系。学校具有独立的法人地位,因此可以在法律允许的范围内独立与社区组织签订合约,享有合约规定的权利并承担合约规定的义务。

2.社区体育与学校体育在结合过程中要彼此尊重

社区体育与学校体育除了要在地位上平等外,民主平等原则还意味着学校体育在与社区体育互动过程中,其互动的具体事宜以及双方的权利和义务在衡量的过程中更要彼此尊重对方的意见和建议,为双方的利益共同着想。

社区体育与学区体育的结合过程是一个互利的过程,任何一方所得利益都不能以另一方的绝对付出为代价,因此必须依据民主平等原则。

(五)目的性原则

我国社区体育与学区体育的根本利益具有一致性,我国的社会主义制度决定了这一特性。我国统一的组织领导、统一的指导思想、共同的方针目的,这些都保证了我国社区体育与学校体育目的是一致的。针对当前社会发展的趋势,中国共产党提出了跨世纪社会主义现代化建设的宏伟目标与任务,对落实科教兴国战略做出了全面部署,并明确指出:"我国现代化建设的进程,在很大程度上取决于国民素质的提高和人力资源的开发……认真贯彻党的体育方针,重视受教育者素质的提高,培养德智体等全面发展的社会主义事业的建设者和接班人。"这个目标集中反映了国家对体育对象的要求。党认为体育是一项系统工程,要求学校、家庭和社会各个方面一起来关心和支持我国的体育事业。

因此,社区体育与学区体育结合要坚持目的性原则,坚持贯彻党的体育方针及我国体育发展的总目标,具体做到结合社区体育和学区体育工作的特点,以人的发展为本,以"健康第一"为目标,机动灵活而又富有成效地开展体育活动,从而满足学生和社区居民提高健康文化生活质量的要求,促进我国社会主义精神文明建设的进一步完善。

（六）开放性原则

社区体育与学区体育结合的开放性原则要求教育本身必须建立开放的态势。因为开放、吸收先进事物是教育发展的根本保证,而自我封闭、建立在象牙塔内的教学方式与现代教育是格格不入的。

教育的开放性,主要体现在以下三个方面。

1. 对外开放

对外开放是指教育系统要面向社会开放,在教育的过程中要增加与社会的沟通与交流。学校的教育过程和教育环境与社会的联系不断加强,家庭、社会成为教育的有机组成部分以及延伸部分。

2. 对内开放

对内开放是指教育资源应向全体社会成员开放。在学校体育方面也概不例外,学校的体育教师可以在社会体育中担任指导员;学校的体育设施可以在一定的时间内向社会开放,这既能提高学校体育设施的利用率,也在一定程度上缓解了社会公共体育设施不足的状况。

3. 社会文化、娱乐、体育设施应尽可能地向学校开放

这样做不但能够充分利用现有的社区和学区的体育资源,而且使学生和社区所有成员都有机会享受体育的权利,享受体育带给人们的健康、快乐。

综上所述,开放系统组织应具有两个特性:

第一,组织内部各个系统间的统一协调性和相互依赖性,也就是说它有着内部适应性。

第二,组织必须具有高度的外部适应性,这样才能够应付系统环境中许多无法预料和控制的突发事件和情况。现代教育系统的结构越发复杂,这种情况加强了对办学的内部控制,提供了抵抗混乱环境的坚强堡垒。但随着社会主义市场经济体制的完善,随着改革开放和社会主义现代化建设的不断进步,我们的教育体制也将不断改革。改革的目的是为了适应,适应的结果是为了更好地发展。

(七)法制规范原则

社区体育与学区体育结合的法制规范原则是指社区体育与学区体育的结合应该在国家法律法规的框架内依法进行。在当代的社会条件下,随着市场经济体制改革和社会各方面改革的逐步深入推进,我国各项社会事务都将逐步纳入法制化进程。教育体制改革在党的领导下稳步推进,教育法制建设也颇有成就。我国先后颁布的《中华人民共和国义务教育法》《中华人民共和国教师法》《高等教育法》等一系列教育法规政策,对推进我国教育法制化进程起到了积极的作用。在依法建立法制化国家的过程中,社区建设也被纳入到法制化进程当中。

然而,由于我国社区建设还未成系统,教育的法制化也尚未完善,学校体育与社区体育的研究也还需要进一步深入,目前我国在专门的规范学校体育与社区体育互动的法律法规方面尚未完善。虽然在《高等教育法》《中华人民共和国义务教育法》等法律法规中有着关于学校与社区联合办学、筹措教育经费、开展校外教育等内容的规定,但这些规定大多仅仅停留在原则指导性的层面,还没有细化成可操作的规则和要求。所以为了规范社区体育与学区体育的良性结合,必须制订出详细的操作规则,在法律法规的监督下,实现共同发展。

(八)资源共享原则

社区体育与学区体育结合的资源共享原则是指在学校体育与社区体育结合过程中,并不是某一方单纯付出,另一方单纯接受。如果是这样的形式就不能称为结合,而且给予的一方如果长期得不到回报,那么这一过程很可能会出现严重的问题。目前我国开展社区体育存在缺少专门的体育人才、缺少设施等一系列问题。这些问题说明我国社区体育在有形资源上严重匮乏。而我国大量的体育专业人才和良好的体育设施等有形资源在学校居多,社区则在体育文化等无形资源方面具有学校无法比拟的独特优势,这说明两者的体育资源之间具有很强的互补性。所以学校体育与社区体育走资源共享之路是极佳的结合方式。因此,在社区体育与学区体育的结合过程中,要共同寻求资源共享。

三、社区教育与学区教育结合的要求

教育也是社区的一项重要职能。学校教育应当与社区教育紧密联系、互相配合,充分挖掘并发挥社区的作用,将其作为全面培养学生的重要途径。因此要满足以下要求。

(一)终身学习要求社区教育与学区教育相结合

终身学习是建设学习化社会的重要理论基础,它的提出和发展,它的含义界定以及它的基本类型和意义都反映出对社区教育与学区教育结合的要求。

1. 终身学习的提出与发展

2000多年前,我国伟大的圣人孔子就萌发并实践了终身学习的思想。而伊斯兰教的创始人穆罕默德在经书中也有这样的名言:"人生应当自摇篮起学习到墓穴。"可见,终身学习的思想早在古代一些大思想家的言论以至行动中就体现出来了。终身学习自古就是先哲的一种向往,一种追求。但是,作为一种教育思想,作为一种社会性行为,一种广泛的行为方式,终身学习只有现代社会才有实现的可能。近年来,终身学习的问题在世界范围内受到重视,日本提出要建立"终身学习的社会"。美国以学习化社会为目标,并力图尽快把美国改造成"学习之国"。我国政府也在积极推进终身教育,并在《中华人民共和国教育法》中做出了明确规定。

2. 终身学习的含义界定

终身学习的中心词是学习,而这种"学习"则是广义的。1994年"首届全球终身学习大会"在罗马召开,会议指出:"终身学习"是通过一个不断的支持过程来发挥人类的潜能,它激励并使人们有权利去获得他们终身所需要的全部知识、价值、技能与理解,并在任何任务、情况和环境中有信心、有创造性和愉快地应用它们。这正是终身学习观念的本义。台湾中正大学胡梦鲸也对终身学习下了如下定义:所谓终身学习是指贯穿人生全程的学习历程,此一历程包含正规、非正规及非正式的学习活动,旨在配合人生各阶段的社会角色与发展,以达成发展个人潜能,提升生活品质,促进社会改造的目标。

3. 终身学习的三种类型

(1)正规学习

正规学习,即学习者在正规教育体制中的学习活动。它在教师的引导

下有目的、有计划、有组织地进行学习,学习者置于正规集体,多以接受间接性的认识为主要内容,以学习书本知识为主要形式。学习者能在相对短的时间内系统地掌握经过前人探索、概括、提炼和检验的认识成果——完整化的知识体系。在此过程中,学习者既具有受动性,又具有一定的能动性。学习者在教师的主导作用下,在思想教育、兴趣激发、评价激励等各种教育措施的影响下,能够发挥出应有的积极性、自觉性,但在学习科目、学习内容、学习进度等方面不由自己选择,与非正规学习和非正式学习相比,正规学习的受动性特点较为显著,我们熟悉的义务教育阶段的学习更是如此。

(2)非正规学习

非正规学习指在正规教育体制以外的有组织的学习活动。具体可分为两种,一种是学前儿童在家长指导下的启蒙学习,一种是从正规学校毕业后参加各种进修,如参加扫盲学习岗位培训、函授大学、广播电视大学、自学考试等形式的学习。非正规性学习多不具备义务性质,具有相当程度的自主性特点,学习者根据需要自愿参加。

(3)非正式学习

个别的自学行为即为非正式学习,即指学习者个人为实现自己的理想目标或满足自己工作、生活、兴趣等需要而自觉进行的学习活动,从学习目标的制订、学习内容的选择,到学习进度的掌握、学习方式方法的采用,或为扬长,或为补短,悉由己便。非正式学习具有完全的自主性的特点。

4.终身学习三个类型之间的关系及意义

正规学习、非正规学习、非正式学习三种类型的学习,共同构成了终身学习的体系。其中,正规学习多在青少年时期进行,非正规、非正式学习多为成人学习。这三种不同类型的学习,在不同时代、不同社会有不同的比例,不同的人也有不同的经历,但成人学习总是占据了人生的大部分时间。当今社会,学制体系前延后伸,学制年限有所延长,人的平均期望寿命也有所提高,因此,一生中还是以非正规和非正式的成人学习为主。因而,摆脱以学校为中心的传统观念,努力以成人教育、社会教育促进成人的学习,仍是终身学习体系的主旨。当然,正规学习的时间进度相对较小,但它为非正规和非正式学习奠定基础,地位十分重要。事实上,一个未进行过正规学习的人,是很难有所作为的。可以说,在今天的社会中,三类不同的学习,协调整合,共同促进人的终身发展。当今世界,知识经济时代已向人类扑面而来。而终生教育是知识经济的成功之本,学习化社会已是时代发展的大趋势,有效地开展社区教育是实现人的终身学习需求的根本保证。因而将三种类型的学习协调整合,促进学习化社区教育发展成为新的历史使命。

(二)教育发展的趋势要求社区教育与学区教育相结合

以社区为依托开展各种形式的终身学习活动是当今教育发展的一种趋势,这主要体现在以下两个方面。

1. 教育的存在和发展离不开社区

联合国教科文组织指出,社会不能通过一个单能的机构对它的一切组成部分发挥广泛而有效的作用,不管这个机构多么广大。如果我们承认,教育现在是,而且将来也是每个人的需要,那么我们不仅必须发展、丰富、增加中小学和大学,而且我们还必须超越学校教育的范围,把教育的功能扩充到整个社会的各个方面。学校有它本身的作用而且将有进一步的发展。但是我们越来越不能说,社会的教育功能乃是学校的责任。所有的部门——政府机关、工业、交通运输都必须参与教育工作。地方部门共同体和国家共同体都显然是具有教育作用的机构。从这个定义来讲,未来的教育必须成为一种协调的整体,在这个整体内,社会的一切部门都从结构上统一起来。这种教育将是普遍的和持续的。而社区正是把各种具有教育功能的社会组织、机构统一协调起来,以满足广大受教育者的需要。作为一种社会现象,其存在、发展离不开一定的社会环境,具体讲,离不开一定的社区。

2. 学校教育发展正趋向社区化

走社区化道路可以使学校摆脱传统的脱离社会、脱离实际的封闭状态。社区化的教育可以促使学校的教学活动紧密联系社区经济发展、社区建设的实际,为社区发展做出应有的贡献,与此同时,也从社区获得了仅靠教育系统很难得到的种种发展的条件和机会。成人教育发展也趋向社会化。成人教育与社区的经济、政治、文化等各方面的发展有直接和紧密的关系。成人教育社区化,以社区为单位调配、使用资源,可以使其更充分、合理地发挥作用;社区学校与一般成人学校不同,作为社区的一个重要组成部分,可以起到社区教育中心、社区活动中心的作用,可以充分发挥自身的教育作用,为社区教育以及其他方面的发展发挥最大的力量。

总而言之,各种类型的学习与教育都以社区为依托,充分利用整体化的社区资源优势发展自己,密切联系当地经济、社区发展的实际,在推动社区经济、社会发展中发挥应有的作用,实现自身的价值,获得发展的广阔空间。终身学习的生活性、非正规化、灵活多样性、与各方面联系密切等特点,决定了它要以社区为依托,与社区协调发展。

(三)社会、家庭、学校教育一体化的要求

中共中央、国务院颁发的《中国教育改革和发展纲要》提出:"全社会都要关心和保护青少年的健康成长,形成社会教育、家庭教育及学校教育密切结合的局面。"这一要求是我们全面贯彻党的教育方针,提高教育质量,促进

"应试教育"向"素质教育"转变,培养跨世纪的"四有"新人的基本保证。而实现这一要求的组织保证就是社区。多样化是社区终身学习的基本特点。目前出现的有区、县、街道、乡镇组织的地域统筹型社区终身学习模式,有厂矿企事业单位、学校联合兴办的中心辐射型社区教育模式和根据自身需要由多个单位联合举办的互惠组合型社区终身学习模式等。其中,地域统筹型社区学习模式是最为普遍的终身学习模式。这一模式的特点是具有鲜明的社区性。它借助地方政府的权力,充分利用地区行政管理和社会管理的网络,调动各方面因素,开展社区终身学习活动,从而形成地区性的教育管理体制。这种管理体制冲破了"垂直领导""自我封闭"式的教育管理体制,具有明显的权威性高、统筹性强、覆盖面广等特点,有利于终身学习活动的开展。通过社区把社会教育、家庭教育同学校教育密切结合起来,不但为青少年的健康成长,而且为所有需要终身学习的社会成员都能提供坚实的组织保证。在新的时代里,我们将进一步研究和实践,如何通过社区教育把终身学习活动广泛、深入地开展起来,这将是一个对于教育发展,乃至对于整个社会发展都具有重要的战略意义的事情。

第三节　建立和完善社区体育服务体系

完善的社区体育服务体系对于社区体育的发展是至关重要的。只有这一体系完备了,社区体育才能真正地为人民大众服务。

一、社区体育服务体系要立足社区体育服务发展的客观需求

由于国家制度、社会背景及发展程度不同,因此各个国家对于社区的划分和理解也不尽相同,中国对于西方的社区体育服务体系只能借鉴而不能照搬。由于服务的实施都以需求为导向,社区体育服务的开展是为了满足居民生活娱乐的需求,因此,社区体育服务体系的构建也必须以立足于中国社区体育服务的客观需求为目标,要有利于我国社区体育服务的发展,有利于提高社区体育服务的综合质量,有利于提高居民对社区体育服务的满意度。因此,构建适合中国的社区体育服务体系应当在审视我国国情的基础上,切实立足中国社区体育服务的客观需求,这一体系的建立才能够达到目标。

（一）符合中国的基本国情

中西方在社区划分和社区组织运行机制方面的区别很大,所以参考西方在这方面的研究结果是存在一定的困难的,因此建立符合中国国情的社

区体育服务体系必须与中国的实际情况结合起来,才能得到有效的运用并发挥作用。尽管如此,西方的社会学理论以及社区研究理论对于中国的社区体育研究的参考价值仍然不可低估,尤其是目前的中国正处在社会转型时期,西方发达国家在转型过程中所出现的问题,很可能在中国社会同样出现,所以从实践的角度看,其借鉴价值还是很高的。

中国目前还处于发展阶段,虽然经济和社会各方面均发展很快,但与西方发达国家相比而言,在许多方面的差距仍然很大,主要体现在社区层面,在社区建设的经费、居民的收入水平、居民的生活娱乐意识等方面有着较大的差距。由于西方社会经济发展水平很高,所以他们的社区建设经费相比而言较为充足,政府资助较多,经费筹集的渠道也比较广泛,加之社区建设发展时间比较长,所以社会力量参与机制比较完善,居民生活水平通常很高,他们对于体育锻炼的参与意识也比较高。

以美国为例,社区体育中美国可动员的社会资源包括以下几点。

1. 慈善捐赠

美国慈善机构掌握的善款相当于其全国当年GDP的近9%,其增值部分往往会用于社区福利和慈善事业。美国每个家庭每年的社区捐款平均在1000美元左右,总额是慈善机构捐献善款的7倍至8倍。

2. 志愿服务和居民服务付费

2000年,美国公民提供的志愿服务能够创造2392亿美元社区价值,这个金额超过了当年美国新建住房所花费的2202亿美元。居民付费占美国140多家非营利机构开展社区服务收入的一半。

3. 企业社区发展项目

美国许多企业在社区设有项目发展计划,每年开展的社区公益服务价值达到几百亿美元。

以上这些数据在中国目前的社区建设当中是很难获得的。因此从经济层面上说,中国社区体育服务主要存在经费不足、社区体育指导员数量与质量均不高、场地设施稀少陈旧等问题。并且同美国这样的国家相比,居民、企业等社会力量对社区体育服务的参与意识的差距也很大。以上这些十分现实的问题构成了中国社区体育服务的现状。因此,构建科学的社区体育服务体系,除了要符合中国的基本国情之外,还不能盲目制定过高的标准,当然,也不能要求过低,务必要与中国当下的社会经济发展状况相适应,才能保证社区体育服务体系的正常运行,发挥其效用。

(二)满足居民需求

1. 立足社区体育服务发展现状

中国社区体育活动现象最早是出现在20世纪五六十年代的,当时我国社区体育组织管理处于完全民间组织形式的状态,所以社区体育服务的形式大概是依靠社区居民之间的自助互助而进行的,其组织较为松散,也谈不上稳定性。经过50余年的发展,尤其是改革开放后中国经济飞速发展,在党和国家的高度重视之下,中国的社区发展也进入了高速发展的状态,而作为社区发展的重要组成部分,社区体育服务的发展也是欣欣向荣。目前,我国东部沿海经济发达省市社区,已经出现了体育协会和体育俱乐部形式的社区体育服务,这种在欧美等发达国家地区比较普遍的社区体育服务形式已在我国生根发芽。

在中国社会城市化进程的发展中,尤其是中国迈向小康社会的进程中,社区体育服务将会向着社区体育协会和社区体育俱乐部的方向发展。社区体育服务随着中国社会制度改革和经济发展而发展起来,它的健康发展对不断完善有中国特色的社区体育形式,提高人民群众的身心健康水平有着重大的理论意义与实践价值。

目前,众多学者及体育实践工作者对中国的社区体育服务发展现状进行了调查研究。大概得出了以下研究成果,发现了许多存在于我国社区体育服务发展中的问题(表1-1)。

表1-1 中国社区体育服务在发展中存在的问题

社区体育服务要素	问题
社区体育组织管理	社区体育管理职责不明
	社区管理人员数量不足,管理水平与能力不够
	社区人口参与面狭窄,仍然以老年人为主体
	社区内各单位各自为政,没有形成社区体育的整体合力
	社区缺乏"以人为中心"的管理理念
	适应社区体育管理的法律、法规还不健全
	缺乏效果评定和激励机制
社区体育的设施与经费	社区可供支配的活动经费过少,经费筹集机制不合理
	社区体育设施配置不完备、不均衡
	社区体育设施存在安全隐患
	社区体育场地、器材管理不善
社区体育指导及其人才状况	社区体育指导员数量不足
	社区体育服务人才专业素质不高
	社区体育指导员以兼职为主,服务效率不高
	尚未建立有效的"等级社区体育指导员"的定期培训制度
社区体育项目及活动	社区体育项目单一
	社区体育信息服务途径单一,内容不丰富,信息宣传的覆盖面窄
	缺乏社区体育活动

2. 立足社区居民的社区体育服务需求

社区体育服务的概念是在政府的资助和支持下，根据社区居民不同的体育需求，由政府、社区内各种组织、机构或个人所提供的具有社会福利性或微利性的一种社会体育服务。它的范围圈定在人们共同生活的一定区域内，大概就是基层社区辖区范围，其物质基础就是辖区内的自然环境和体育设施，主体则是全体社区成员，其目的就是要满足社区成员的体育服务需求、提高社区成员的生活质量、巩固和发展社区感情。其中，体育生活化在社区体育服务中是一个核心观念。随着中国居民的经济、文化水平不断提高，人们对于健康的需求意识也越来越强烈。所以目前的情况就是公众渴望获得高质量的社区体育服务，其对社区体育服务的需求进一步增加，要求也随之增高。

从科学角度分析可以将影响中国城镇居民大众体育需求的各主要因素分为五个维度：保障类因子、社会心理因子、供给类因子、经济类因子以及环境类因子，对这些影响因素进行初步分析。还有学者对全国若干城市的200余个社区的近600个活动点进行了调查，对中国城市社区居民的体育需求特征进行分析。调查中发现，对于社区居民来说，在社区体育当中的主要追求是社区体育健身与娱乐的统一、人际交往与心理健康的统一、缓解工作、生活压力与积极生活方式的统一。因此可以总结出，现阶段社区居民休闲生活方式变化的主要特征就是从单一休闲转向多元休闲，纯粹休闲转向闲暇学习，运动休闲、室内休闲转向户外休闲。通过对社区居民的体育参与及其与心理健康效益的关系的调查，可以发现经常参与体育锻炼的居民总体良性心态要强于不喜欢参与体育锻炼的居民，而在负面心态上则要低于不喜欢参与体育锻炼的居民。

综上所述，公众的需求是社区体育服务开展的驱动因素。一系列的调查研究可以帮助我们了解公众对社区体育服务的实际需求。社区体育服务体系在运行中需要通过对社区居民进行调查来获取数据的支撑，所以社区体育服务体系在构建时必须考虑到社区居民的社区体育服务需求，并以此为立足点，有效推动社区体育服务的不断发展。

二、以公众满意为导向

（一）体现公众本位的理念

社区体育服务体系的运作要突出反映公众参与服务、接受服务的变化以及社区服务能力的高低，并以此引导相关的政府主管部门的体育管理工作向提高体育服务能力的方向发展。

"为人民服务"是我国党和政府的根本宗旨。党的十七大报告全面阐释了科学发展观的深刻内涵，最重要的是将"以人为本"作为其核心思想。由于当前中国社区体育服务的主管部门是政府,政府组织社会力量来进行社区体育的服务工作,所以政府是社区体育服务最主要的主体。因此,社区体育服务体系必须能够体现"公众本位"的服务理念,要在社区体育服务中视社区居民为"顾客",以"公众导向"来指导社区体育服务体系的工作。从这一角度来看,社区体育服务体系自身就是一种服务和公众至上的管理机制,这一体系的存在能够加强公众对政府、社区的信任,从而突出"公众本位"的服务理念,公众本位强调政府是社区体育服务的供给者,贯彻社区体育服务必须以公众为中心,以公众的需求为导向。

(二)以提高公众满意度为最终目标

社区体育服务从本质上来说就是政府提供的公共服务,所以它具有公共性和福利性的属性。这就要求在社区体育服务体系的建立过程中,要本着"公众本位"的理念,以公众作为社区体育服务体系的最终评价者,以公众的满意程度作为最终的价值尺度。同时,社区也应树立顾客意识,在制定社区体育服务体系时要以公众利益为重,走群众路线,尽最大努力满足公众的一切需求和期望。

第二章 现代新型社区体育的建设研究

社区体育在我国蓬勃兴起,在其快速发展的同时,也逐渐暴露出很多问题。本章将从社区体育建设方面进行研究,在重点阐述社区体育的概念和内涵等基本理论的基础上,重点分析了新型社区体育建设的必要性和其基本内容,并提出了几点新型社区体育建设方面需要注意的问题,以期为新型社区体育建设提供相应的实践指导。

第一节 社区体育建设的基本理论

随着社会的发展,社区体育建设的相关问题逐渐被人们所重视。本节将从社区体育建设的基本理论入手,分析和研究了社区体育建设的内涵、目标和原则等相关的内容,对社区体育建设进行了理论方面的深入探讨,这对于社区体育的建设具有规范意义。

一、社区体育建设的内涵

社区体育建设含义的界定有多种,一般认为,社区体育建设就是在一个社区内搞好体育工作的配套建设,在这一过程中,依靠社区的力量,发展了社区的经济,强化了社区的服务功能,解决了社区的体育问题。

还有学者认为,社区体育建设就是依靠和调动各方面的力量,在政府的帮助和指导下,充分利用社区的体育资源优势,发展社区体育事业,强化社区体育的综合功能,改善社区的社会和文化环境,使社区体育与整个社会体育生活融为一体,促进整个社会体育的不断进步和发展。

各位学者对社区体育建设的界定并不一致,但是其共通之处在于都明确指出社区体育建设是一项系统的工程,是对社区的全方位的建设。同时,各学者认为,社区体育建设是对各项资源的充分调动和利用。

综上所述,我们认为,社区体育建设是对社区体育工作的总体概括,是指在相关政府部门的指导下,依靠社区的力量和体育资源,强化社区体育功能,解决社区体育问题,提高社区成员的生活质量,促进社区政治、经济、文化健康发展的过程,也是社区体育资源和社区体育力量的整合过程。

二、社区体育建设的主要目标

（一）满足人们的体育需求

社区体育建设就是为了不断地满足人们的体育需求，提高人们的生活质量。在社区体育建设过程中，应不断丰富体育建设的内容，增加社区体育服务的发展项目，促进社区体育的产业化，使其更好地为大众健身服务，方便人们进行大众体育活动。

（二）构建大众体育服务体系

随着人们生活水平的提高，健康理念已经深入人心，人们对于健康生活的追求日益凸显。为了适应现代化生活的需要，加强社区体育组织和社区居民体育自治组织建设显得尤为重要。因此，社区体育建设的重要目标之一就是建立起以地域性为特征、以认同感为纽带的新型的社区体育，构建服务于人民大众的体育服务体系。

（三）完善大众体质监测系统

社区体育建设的重要目标是建立健全我国大众的体质监测系统，进一步健全群体活动组织，使大众体育活动网络发展完善。在社区体育发展过程中，应加强社区体育管理机制，妥善处理社区体育与社会各方面的关系，使社区体育建设与中国特色社会主义经济、政治、文化相适应，并为中国特色社会主义的发展贡献其力量。

（四）丰富大众文化生活

社区体育是一种特殊的体育文化现象，社区体育建设要对大众的文化生活和精神生活产生积极的影响。这就需要在进行社区体育建设时，长期坚持政府的引导作用，并充分发挥社区的力量，使社区的各项体育资源得到最佳的分配和组合，促进社区体育事业的不断发展和完善。社区体育建设要以不断提高人民身体素质和丰富大众的精神文化生活为目标，努力创造和谐有序、完善便利的社区体育服务体系。

三、社区体育建设的主要特征

（一）社会性特征

社区体育建设是一项综合性的活动，在这一过程中，既需要政府的参与，还需要充分利用民间的力量，它是社会群体以及各社区体育力量共同作用下的活动过程。以我国基层社区体育建设为例，一方面，它需要各级政府的各项社区体育政策规划、扶持，需要政府对社区体育的各项制度进行完善，并协调居民、社团和企业等各单位之间的关系；另一方面，社区居民委员会和社会团体要积极发挥其骨干或中介作用,动员和组织居民参加社区体育活动,落实社区体育建设规划,搞好社区体育建设。另外,广大居民发挥着基础或支持作用,在他们的积极参与和支持下,社区体育建设达到其预期的目标。

总之,社区体育建设的主体包括各类社会群体和组织,具有明显的社会性特征,这也决定了其社会化的必然性。

(二)区域性特征

社区体育具有一定的区域性,是在一定的地域内开展的活动,因此,社区体育建设也表现出一定的地域性。社区体育建设过程中,主要根据本社区的成员的需求和愿望,为其提供多样化的体育服务,解决的是本社区的体育问题。社区体育建设过程中,其主要的参与者和组织者也是本社区的居民、单位和群体。另外,社区体育建设的地域性突出的表现在其活动范围的区域性,它在一定程度上受本社区人口、地理环境等条件的制约,具有鲜明的地方性特色。

(三)大众性特征

社区体育建设的基本原则之一就是要做到以人为本,作为一项大众性的体育工作,社区人民大众的基本需求是其根本出发点和立足点。大众性特征是社区体育建设和发展的基础,群众参与是其建设和发展的根本保障。长期的生活实践表明,人们的参与积极性高涨时,社区体育发展会比较迅速,社区体育建设工作也会比较容易开展。社区体育建设能够使人们树立社区意识,增强人们的向心力和凝聚力,从而反过来更好地促进社区体育建设的顺利进行。

(四)计划性特征

社区体育建设是人们自觉地推动社区体育发展和变迁的过程,这一过程中,具有鲜明的目标计划性。社区体育建设的开展,需要制订切实可行的社区体育发展规划和计划,按照计划逐步开展相关的体育活动,因此,计划性特征是体育建设的重要特征之一[1]。

一般而言,社区体育建设的计划性特征要求在制订相关的计划时应注意以下三方面的问题。

其一,社区体育建设计划的制订需要了解和掌握社会变迁的一般规律,并深刻认识本社区的具体特点,相关的计划一定要符合客观实际。这样该

---

[1] 李捷,汪流. 市民社会构建与社区体育服务变革 以北京市为例[M]. 北京:北京体育大学出版社,2018.

项计划才能得到贯彻和执行,才能推动社区体育的发展。

其二,社区体育建设计划的实施是人发挥其主观能动性的过程,在这一过程中,人们不断认识和利用相关的发展规律,并对社区体育未来的发展目标以及为达到这个目标所采取的措施做出决策,以减少盲目性,增加自觉性,从而推动社区体育建设的发展。

其三,社区体育建设的计划应有一定的层次性,可分为短期、中期和长期计划。这些规划是在大量调查和研究的基础上制订的,具有本社区的体育建设特色。

第二节 建设现代新型社区体育的必要性

随着社会的发展,为适应人们的健身需求,新型社区体育建设已刻不容缓。本节将从政治、经济、社会等角度深入分析新型社区体育建设的必要性,进一步明确人们建设新型社区体育的意识,从而为我国新型社区体育建设扫除观念上的障碍。

一、新型社区体育建设的必要性

社区体育建设是在社区建设的基础上发展起来的。随着人们的生活水平的改善和健身意识的提高,以及社区建设的不断完善,社区满足人们需求和提高人们生活质量的功能也不断强化,因此,社区体育建设应运而生。

新型社区体育是具有高度现代意识的体育形态,对于组织者和参与者都具有较高的要求,它的出现受多方面因素的共同影响,概括起来有以下几点。

(一)经济体制的改革

新中国成立以来的很长一段时间里,我国的社区体育基本上没有得到发展,而我国的社会体育也一直由单位、行业和系统组织开展。改革开放以来,随着经济体制改革的深化,过去的计划经济中很多企业职能不断分化,许多非主要职能分离给社会,企业、单位管理为主的社会体育开始受到限制,与此同时人们的体育需求却在不断增长,当人们的体育需求难以在单位得到满足时,开始通过社区体育来满足自身的体育需求。

(二)社区建设发展

随着经济社会的发展,进一步的加强社区建设已经成为深化经济改革的需要,而社区体育建设是社区建设的重要内容,是社区服务不可分割的一部分。广泛开展社区体育建设不仅能够增强社区居民的体质并改善和提高人们的生活质量,还可以进一步地密切人与人之间的关系,促进社区的精神文明建设。同时,社区体育建设也是体育社会化的需要。

(三)社会体育需求变化

随着改革开放的进行,人们的生活水平得到了一定提高,参与体育的经济实力也得到了相应的改善。同时,由于节假日制度的改革,人们的闲暇时间也大大增加。生活方式和生活观念的转变促使参加体育活动成为人们的日常生活需要。因此,社区体育活动应广泛开展。

(四)体育社会化出现

体育社会化要求全社会都要重视、关心和支持体育事业。在体育社会化的影响下,社区体育建设的广泛开展成为必然的趋势。体育社会化是社区体育兴起的促进因素。

(五)老龄人口增多

我国正在步入老年型国家的行列,这是不可阻挡的社会发展趋势。体育活动对于老人而言具有重要的意义,体育活动不仅是他们锻炼身体、增强体质、延缓衰老的重要手段,同时也是促进老人社会交往、排解寂寞的良好方式。因此,我国的社区体育是以老年人社会群体的体育作为突破而出现的,老年体育的兴起拉开了我国社区体育建设的序幕。

二、新型社区体育建设是体育体制转型的必然要求

(一)我国体育体制的转型

我国的经济体制改革广泛开展,计划经济逐渐被中国特色的社会主义市场经济所取代,而这一变革必然会导致社会各方面的适应性变革。体育体制的变革也成为大势所趋。改变原来在计划经济体制下,单纯依靠国家和主要依靠行政手段办体育的高度集中的体育体制,建立与社会主义市场经济相适应、符合现代化体育运转规律、国家调控、依托社会、有自我发展活力的体育体制和良性循环的运行机制。

在新的经济形势和社会形势下,体育改革可以归纳为以下几点。

1. 生活化

在经济社会转型之前,我国的体育活动大都由单位组织,公费开支。随着人们生活水平的改善,体育已经逐渐纳入到人们的日常生活中,"花钱买健康"已经成为一种时尚,自费参与体育活动也逐渐被人们接受。体育的生活化进程逐步加快。

2. 普遍化

体育活动由政府相关部门一家办到大家一起办。如今,各类体育场馆已向全社会开放,而集体、个人办的相关体育俱乐部、健身馆也随处可见,各种类型、不同层次的体育比赛活动十分红火。

3. 社会化

随着我国社会改革的深入进行,体育事业的发展由主要依靠官方主办到充分依靠社会力量开展。如今,各级体育部门发挥着宏观调控和引导的作用,体育活动的发展主要依靠民间的社会力量进行。

4. 科学化

体育活动由过去的注重经验逐渐转变为依靠科学。科学参与体育活动才能够更好地锻炼身体。

体育训练要讲科学,以此才能提高竞技水平。参与体育活动要讲科学,举办体育比赛也要讲科学。全民健身,征集体育锻炼方法,要因人而异,根据身体情况选择适宜的体育项目。体育工作不能完全凭老经验,也要汲取新知识,采取科学方法,生命在于运动,运动要讲科学。

5. 产业化

体育事业的不断发展,导致产业化的发展趋势也不可避免。完善体育产业是我国体育改革的重要目标。体育事业的发展应努力做到以体为本,进行相关产业相应发展。如今,我国的各项体育事业蓬勃兴起,而各种体育产品也逐渐在社会经济中发挥其应有的作用。

6. 法制化

从人治向法治转变,这是我国社会改革的重要目标。依法治体,今后体育事业的发展将不再以地区、单位领导对体育的好恶为标准,而是必须按相关规程和法律的规定制定本地区、本单位体育发展规划,开展体育活动,发展体育事业。

(二)社会转型期大众体育观念的转变

我国目前正处于社会转型期,经济体制和政治体制的转变导致人们的价值观念也会发生相应的变化,相应的,人们的体育行为方式和体育观念也都会发生明显的变化。

社会发展现实表明,如果没有正确反映时代潮流的体育观念,国家就不能采取相应的发展体育的措施和手段,国家制定的各项方针政策就不能得到贯彻和实施。我国社会转型的过程中,迫切地需要对大众体育观念进行更新和转变,这种改变是社会对体育整体认识的转变,并不是局部的、个人的改变,而是全面的、多层次的、多角度的转变。

1. 组织指导观念的转变

大众体育活动是人们在自由时间进行的自由活动,在新的时代形势下,其组织工作也必须做出相应的调整。如今,大众体育活动的重点在于以大众为主体,不断满足大众各项体育要求。体育要想被大众普遍接受和认可,必须使其运动形式、内容等与大众的期待相契合。

如果运动技术的发展超出了大众的现实生活,普通的大众力不能及,那么这种运动项目必然会失去其赖以生存的群众基础。大众体育活动的组织者必须清楚、深刻地理解各项运动的价值和意义,明确应该向大众传递的信息,并制订出具体有效的实施计划。

人们的价值向着多元化的方向发展,这就要求体育组织者认真挖掘各种体育活动所蕴含的文化意义和大众的不同需求,使运动项目对大众保持一定的吸引力,并对大众的需求进行积极的引导。

2. 大众体育价值观念的转变

体育价值观念受主观条件的制约,同时,也受到时代环境等客观条件的影响,是在一定的时代背景下形成的。我国现阶段的大众体育活动既要积极与国际接轨,也要坚持我国的具体国情,平稳地变革大众体育价值观念。大众体育价值观念转变主要体现在以下两点。

(1)服务大众价值观念的形成

过去以政治为中心的价值观念不能满足人们多元化的体育需求,并且对于人们参加体育活动的积极性和主动性具有消极的影响。如今,大众作为价值选择的被动体的观念逐渐得到扭转,随着大众主体意识的增强,服务大众的价值观念也逐渐形成。

开展大众体育活动应该一切从大众的需要出发,使大众从被动客体转化为主体,充分发挥大众在体育活动中的积极性、能动性和创造性,把大众的需要作为制定相应方针政策的重要立足点。

(2)娱乐健身价值观念的形成

体育运动的健身价值和增强体质的价值一直以来为人们所熟知,随着时代的发展,人们越来越多地注重其娱乐和休闲性。如今的体育运动更多的符合目的性和规律性,即体育运动既符合了人的主观认识能力,使人产生审美的愉悦,又符合生命物质的运动规律。那些引起人们产生审美愉悦的体育活动,也必定是合规律性和目的性的。

3. 大众主体意识的转变

相关的法规规定,参加体育活动是大众的一项基本权利,这是体育活动中人的主体性的回归。只有大众主体的意识积极投入运动,才能真正享有这种权利,才能享受运动带来的快乐和满足。

(1)大众参加体育活动的自觉能动性提高

在现实生活中,体育运动已成为人们生活的一个重要组成部分,它深刻地影响着人们的身体健康水平和情感愉悦的程度,成为评价人们生活质量的重要指标。因此,在生活中,很多人表现出高度的自觉能动性,在充分理解体育活动与生活的关系的基础上,积极地从事相关的体育活动。

(2)大众在体育活动中的创造性提高

人们从事现代体育运动的目的已经上升到享受和发展层次,人们更多的是享受运动过程带来的快乐。如今的体育活动会给人以充分的想象空间,大众可以充分地发挥其自身的创造性,突破现实,革新进步,发展独特的活动方式,在这一过程中,大众的主体意识进一步地得到增强。

(3)大众体育活动的自主性提高

现代社会,每个人都注重发展其鲜明的个性特征,其自主意识不断增强。人们对于自身体育活动的选择更加独立和自由,会更多地注重自身的情感和意志的表达,并按照自己所理解的方式从事各种体育活动。

(三)社会转型期体育生活方式的转变

1. 从依附性向自主性转变

在新中国成立以来的很长一段时间内,在计划经济体制下,人们形成一种共性化的生存模式,其生存和发展必须依附于国家和社会的资源配给,处于一种别无选择的依附状态。

随着社会主义市场经济的发展和转变,人们获取各种社会资源的渠道和方式更加自由、广泛,体育生活方式也随之向着自主和自由的方向转变。并且,随着社会的发展,个体逐渐成为社会关系的主体,在不断变换的社会角色中实现自我意识的觉醒。市场经济的发展,使人从群体性的牢笼中得到解脱,个体的主体意识不断得到加强。

人的个体意识增强,体育生活方式日益体现出个体性特征。日常生活中,每个个体都会以不同的体育生活方式满足自身的需求,实现自身的各项利益。自主的体育生活方式必然是个性化、多样化、创造性的体育生活方式,它使人们的体育生活丰富多彩。

2. 由被动性向主动性的转变

以往计划经济时期,行政因素深刻地影响着人们的生活,在一定程度上很多人都是被动地接受相关的体育活动,参加者持一种被动抗拒的心态。

随着社会的转变,以及人们对于健康的不断追求,人们的体育观念发生了很大的改变,由过去的被动参与到现在的积极主动参加,体育活动已经成为人们提高生活质量的重要手段。人们参加体育活动的心态已由"要我参加"转变为"我要参加"。如今营业性的体育场所逐渐增多,被动参加体育活动者已不多见。

第三节 现代新型社区体育建设的内容

社区体育建设的内容具有一定的多样性和复杂性,建设新型社区体育则需要对其内容进行深入的分析和理解,在此基础上才能推动新型社区体育建设的发展。因此,本节将对新型社区体育建设的内容进行阐述和分析,以期推动新型社区体育建设的深化发展。

一、新型社区体育建设的基本内容

社区体育建设可分为两个方面，一是社区居民以健身、娱乐、休闲等为目的的自主性体育活动；二是由专门组织或人员对此提供的组织、指导、咨询等服务性活动。社区体育服务是为居民的自主体育活动创造相关活动条件和提供帮助的各种活动的总称，主要包括对相关的组织和个人提供指导、咨询等服务性活动。社区体育建设就是在广泛开展自主性体育活动的基础上，增强相关的社区体育服务建设。

社区体育建设并不是特指某一方面的工作，而是指对整个社区的全方位、综合性的建设，不仅包括优化社区的体育环境、建立健全组织体系等方面，还包括加强体育文明建设和相关体育活动的开展等。

综合而言，社区体育建设的基本内容有社区体育组织领导、社区体育健身活动、社区体育骨干队伍、社区体育设施建设、社区体育经费的筹措等。下面将对这几个方面进行阐述。

（一）领导及组织工作

1. 领导班子重视体育工作

社区体育建设中，领导班子要充分重视体育工作，将体育工作作为社区精神文明建设的内容摆上日程，制订长远的规划和阶段性的目标，根据具体的计划实施相关的工作。相关的管理部门要有计划地开展社区体育的调研工作，对体育队伍、场馆、体制、经费等各方面深入研究，并解决实际的问题。相关的负责人应该定期召开体育工作会议，布置、规划好体育工作。

2. 建立群体工作制度

建立健全社区体育管理机构，对于社区体育工作要进行积极的引导，并建立社区群体工作制度。社区体育管理部门进行日常的管理工作，具体来说，居委会建立体育健身小组，对社区居民的健身活动进行指导；街道办进行积极的宣传和组织，使更多的居民参与到体育健身活动中来。

3. 建立社区体育组织

在社区相关体育管理机构的领导下建立相应的体育组织，以组织的形式开展相应的体育活动。一般会根据社区的人口数量和人口结构，以及群众喜爱的体育项目的种类来确定相关的群众性体育组织。

社区体育组织划分为自主松散型和行政主导型两大类。自主松散型是社区居民自发建立的比较松散的组织形式，如体育活动点、体育辅导站等；行政主导型社区体育组织是以政府部门或企事业单位为依托，也可以称为正式社区体育组织，如社区体育服务中心、街道社区体协等。

4. 发挥社区单位的积极性

社区内的各单位（公司、企业、学校、党政机关等）应积极承办社区各项体育活动,并提供必要的活动场地,或其他的一些资源,如资金、器材等。社区内各单位积极性的发挥,对于社区体育活动具有重要的促进作用。

(二)健身活动的组织

1. 组织开展体育竞赛活动

相关的组织者应该积极开展群众喜闻乐见的体育活动,充分利用节假日、双休日等时间,讲解体育活动知识,开展体育活动。一般而言,每 2 年举行 1 次由社区各单位参加、有 8 个项目以上的综合性运动会。每年举办 6 次以上的单项体育竞赛。

2. 开展广播操等体育活动

区属以上的企事业、机关单位应经常开展广播操等小型多样的群众体育活动,参加人数不少于本单位职工总数的 60%;居民中离退休人员参加锻炼的人数不少于 60%。

3. 开展大众体质测定工作

建立健全体质检测系统,是我国开展社区体育建设的基本内容之一。社区相关的管理部门应积极建立检查站,积极进行社区居民的健康体质检测和测试工作,积极推动社区居民健康状况的改善。

(三)骨干队伍建设

建立健全社会体育指导员队伍,并加强相关的体育指导培训,为社区体育组织配备相应的社区体育指导员。社区内定期开设相应的体育技能训练班,提升指导员队伍的素质,使其在社区居民健身工作中起到积极的指导作用。充分发挥社区单位体育骨干队伍的积极作用,吸收体育教师、离退休人员和体育积极分子参与社区各类体育组织的领导与管理工作。

(四)场地设施建设

1. 体育设施的建设

根据社区体育运动项目以及参加人数确定体育运动的活动场地,活动场地应具有一定数量的体育运动器材和相关的社区体育活动室,使指导员能够方便地进行指导、示范和培训工作。在相关的活动场地内应配备相关的设备和场地的管理和工作人员,并制定有效的管理制度。

在社区的广场、公园和闲置的空地等地方设置相关的运动健身设施,方便社区居民健身;每个居委会有 1 个以上固定的晨、晚练指导站(点),使社区居民能够做到科学合理地健身。

2. 提高社区体育场地的利用率

根据社区的体育人口情况合理配置相关的运动器材和设施,并掌握社区内运动场地和设施的利用情况。对于学校、企事业单位的运动器材和场馆应该有组织地面向社会群体开放,提高其利用率,为社区居民的健身做出积极贡献。这些体育运动设施放置不适宜,既是对相关体育资源的浪费,对于社区居民的身体健康发展也没有积极的促进作用。

(五)经费保证

社区体育建设过程中的经费投入必不可少,运动器材、运动场地以及相关的运动竞赛等都需要一定的资金投入。社区体育建设过程中的资金投入应该达到常住人口人均1元以上,并逐年有所增加。评定周期内体育竞赛的社会集资应占社区体育竞赛总使用经费的60%以上。另外,在发展社区体育过程中,可以建立相关的社区体育经济实体,创造一定的经济效益,促进社区体育建设的进一步发展。

二、新型社区体育建设内容的相关问题

社区体育建设的内容具有一定的多样性和复杂性,因为,作为地域性的体育团体,社区体育是人口、环境、文化和生活设施等各种要素的综合体,是不同的社区成员在体育健身方面的综合统一体,它以促进整个社区全方位发展为基本目标,在社区体育建设过程中必须涵盖这些要素。具体而言,应该做到如下几点。

(一)必须明确重点内容和主要内容

社区体育建设的内容具有广泛性,因此,在社区体育建设实践过程中,应该明确其重点内容和主要内容,在工作中做到主次分明、张弛有度。社区体育建设是社区建设的重要组成部分,包含着多层次和多方面的内容。在社区体育建设过程中,包含着对社区体育资源以及相关的社会体育力量的整合和运用的过程,而这会涉及政治、经济、文化等社会生活的各个方面。

实际社区体育建设表明,如果不分主次和轻重缓急,而要牵强地做到面面俱到,往往取得的效果也不尽如人意。这就要求我们在承认社区体育建设内容相当广泛的基础上,明确重点内容或主要内容,进而抓住这些内容,力求有所突破,最终形成以点带面、部分带动整体的发展。

(二)社区体育建设的内容是一个整体

社区体育建设内容众多,但是这些内容之间并不是孤立的,而是一个相互联系的统一整体。例如,社区体育服务建设是社区体育建设的重要内容,但是其发展离不开社区经济的发展,并且与社区的教育、文化等内容也具有密切的关系;又如,社区文化的发展对于社区体育的志愿服务活动具有积极影响,对于社区体育服务人员水平的提高具有重要的意义。因此,我们说社会体育建设的各个内容之间相互联系、相互影响,共同构成了社区体育建设的内容。

(三)社区体育建设的内容是变化发展的

社区体育建设的内容处在不断的发展变化中,随着时代的发展,其内容

结构也处在不断的更新中。在过去,很多社区把发展经济作为其主要的任务,而如今,社区体育文化和社区体育环境建设被放在了更为重要的位置。另外,社区体育建设主要内容的具体表现会随着实践的发展而不断发展。研究表明,在20世纪八十年代末期,社区体育建设以解决基本的体育活动需要为主要内容,而到了20世纪九十年代,满足居民的精神文明需求成为社区体育建设的重要内容。因此,社区体育建设的内容处在不断地优化和完善之中,反映着不同时期的人们的需求。

(四)决定社区体育建设内容的因素

社区体育建设不仅要与党和国家的工作相呼应,还要根据社区自身的实际情况以及广大社区群众的实际需求进行积极调整。具体而言,决定社区体育建设内容的主要因素包括以下几点。

(1)每个社区的经济发展状况、人口素质、文化背景、地理环境等方面具有很大的不同,而这些因素共同影响着社区体育建设工作。因此,在社区体育建设过程中,应该从实际情况出发,积极地确定和调整社区体育建设的主要内容,这样才能推动社区体育建设的顺利进行。

(2)社区体育建设的最终目的就是为了提高社区居民的生活质量,社区体育建设应该以社区居民的需求为中心而展开,社区体育建设的重点内容也要尽可能地反映社区居民的各项需求。另外,只有充分地满足其体育健身的需求,才能更好地调动社区居民参加体育活动的积极性,才能促进社区体育建设的发展。

(3)社区体育建设是宏观社会发展的重要组成部分,反映着宏观社会发展的主要目标,因此,社区体育建设的重要内容要与社会发展的目标相一致。我国坚持集体主义价值导向,一般而言,社区居民的体育需求与政府的工作重点具有高度的一致性。

(4)党和政府在社区体育建设过程中处于主导地位,对于各项工作起着领导和指引的作用,只有社区体育建设的主要内容与党和政府的工作重点相一致,才能促使党和政府大力推进社区体育建设。

第四节　现代新型社区体育建设需要注意的问题

新型社区体育建设并不是一帆风顺的,其中会有诸多的问题。因此,本节将对制约社区体育发展和建设的相关问题进行讨论,在此基础上提出进一步深化社区体育建设的策略和思路,并尝试着对社区体育建设的趋势进行分析和研究。

一、发挥社区体育人力资源作用

社区体育建设需要借助各方的力量，要充分调动和发挥各方面的人力资源的作用，注重人的因素，这是取得成功的重要保证。社区体育建设过程中，很多活动都是通过人格魅力的感召，在低偿或无偿的条件下开展的。因此，应该充分发挥社区体育人力资源的作用，通过人际互动产生的非正式组织结构来发挥人际网络的功能。在社区体育建设过程中，要充分利用激励机制的作用，调动相关工作人员的积极性和自觉性。

二、发掘社区体育组织协同资源

多样的社区体育，如足球俱乐部、太极拳协会等都有特定的参加人群，这些组织结构决定了其体育运动项目和功能，在一定程度上其具有一定的局限性。这些组织之间应该加强交流和沟通，使它们之间形成协同互补，使各部门资源得到更好的利用。社区体育组织是一个开放的系统，各组织之间要尽可能的实现资源的优化整合，从而更好地推动整个社区体育工作的发展。

三、合理利用社区各类经济资源

一般我们将社区经济资源分为两大类，即营利性和非营利性两种。营利性经济资源包括单独的经营者、合作经营者以及企业或公司三种形式。这些组织以盈利为目的，因此，这些组织在有利可图的地区发展迅速，但是在经济发展缓慢的地区则难以立足。非营利性组织有辅导站、晨练点、非正式组织等，它们通过政府的免税政策来维持运行，具有更加广阔的生存空间。

社区经济资源作为一种潜在的资源，它通过作用于人们的体育活动，增强社区人群的健康状况。除了各种社区经济资源之外，社区经济资源对社区体育的发展起着更为重要的作用，它不仅是社区发展的根本，也是社区体育建设的根本。社区体育建设必须依赖这两种社区经济资源，发挥其最大的经济效益。

四、开发利用各类场所资源

社区体育的开展必须拥有一定的活动场所，开发必要的社区体育活动场所，并合理有效地利用，这是社区体育建设顺利进行的必要保证。为了节省社区的成本，应该充分利用一些现有的体育空间，如学校、企业和政府机关等的体育场地或空地等。

社区体育场所的规划必须从长远出发,并进行科学的论证,从而使这些体育空间在满足各类人群的需要的同时,又能注重体育场所的合理布局。通过固定社区体育活动的场所,能够使从事社区体育活动的人群形成一定的依附感和归属感,从而使人们更加稳定、有规律地参加体育活动。

五、开发地域特点健身资源

社区体育资源是制约社区体育建设的重要因素,决定着社区体育发展的程度。社区体育资源的新颖性和独特性对于激发人们的体育运动动机和唤起实践行为具有重要的作用,因此,不断开发具有社区特点的健身运动内容,对于吸引社区人们参与体育活动具有巨大的促进作用。体育活动不仅本身具有强大的活力,它还能够激发人们的创新精神,使人们更富有活力。

中国地大物博,生活在中华大地上的各民族更是历史悠久,因此形成了各具特色的传统体育项目,开展这些传统体育项目,对于丰富和活跃社区居民的生活、增强人们的体质和提高人们的生活质量具有重要的作用。可以说民族传统体育是取之不竭的体育资源,对于社区体育建设来说,无疑是一种巨大的推动力量。

六、落实社区体育工作计划

社区体育建设的实施必须制订详细的工作计划,并认真地贯彻实施。社区体育建设工作影响着社区居民的日常生活,促进着人们体质的改善,同时还引导着人们的余暇文化,是一种重要的社会力量。在具体实施这些计划的时候,会遇到相应的社会阻力,因此,应该合理利用和实施这些计划,提升社区体育的作用和功能。

第三章 城市社区体育的管理研究

社区体育经过不断的发展,已经取得了较为理想的成效。现代新型社区体育是社区体育经过不断发展而形成的,与现代社会相适应。新型社区体育的发展与科学的管理有着非常密切的关系。现代新型社区体育管理包含的内容较为全面,能够满足社区体育发展的需要。另外,社区体育管理需要借助一定的模式。本章主要对社区体育管理的基本理论、包含的内容及其模式与发展进行详细的分析和研究。

第一节 社区体育管理的基本理论

一、社区体育管理的概念

作为社会体育管理的一部分,社区体育与学校体育和企事业单位体育的组织管理又有一定的差别,它形成的历史比较短,因此,关于社区体育的管理,体育工作者们还在探索的过程中。从管理学的定义中分析,可以将社区体育管理定义为:社区体育管理是为了有效地实现社区体育的目标而对社区体育的人、财、物、信息等资源进行的合理调配和组织协调。由此可以看出,社区体育的这一概念的含义有很多层。

第一,社区体育管理是以实现社区体育的目标为主要目的而进行的一种资源调配和组织协调活动。社区体育的目标主要包括两个方面:一方面,其要使社区居民的体质增强,生活内容进一步丰富,居民的身体健康水平和生活质量有所提高,生活方式得到改善;另一方面,要通过体育活动产生互动,使居民的社区感情进一步增进,社区的凝聚力有所提高。社区体育管理是以保证这两个目标的实现为主要目的的。

第二,社区体育管理要使有限的社区体育资源实现尽可能大的效益。

第三,社区体育管理是社区体育管理组织和管理者通过对社区体育活动的计划、组织与控制,从而保证社区体育活动高效、和谐有序地运行。

二、社区体育管理的职能

社区体育管理的职能主要表现在三个方面,即计划职能、组织职能和控制职能,其中,计划职能是最重要的职能。

(一)计划职能

计划职能是社区体育管理中的重要职能,具体来说,其主要是指管理者确定未来社区体育工作目标与计划的活动过程。

1. 确定目标

社区体育管理目标必须与整个体育管理的目标相适应,并且应该在调查研究、科研预测和科学论证的基础之上建立起来。通常情况下,目标的内容有以下几个方面:第一,经常参加体育活动的人数及其增长措施;第二,用于社区体育的经费数量;第三,开展社区体育活动的场地设施数量;第四,体育骨干的培养与发展等;第五,人们的体质发展水平等。在确定目标时,要做到具体明确,既鼓舞人心,又达到切实可行等要求。

2. 制订工作计划

工作计划是目标的表达方式,同时,其还是为实现目标所进行的具体设计和筹划。通常情况下,社区体育工作计划的内容包括以下几个方面:第一,指导思想,具体来说,就是根据党和政府的中心工作、体育的方针政策,将社区体育工作重点和争取达到的总目标提出来;第二,目的要求,具体来说,就是以指导思想和总目标为依据,将具体的要求提出来;第三,计划任务安排,比较常见的有经验交流的安排、检查评比工作的安排以及各项任务的安排;第四,具体措施,比较有代表性的有经费和物质保证等,可以说,其是在预测和决策基础上,通过对各种决策反复分析和论证而提出的具体计划方案,力求从实际出发,有较为显著的效果。

(二)组织职能

管理者落实计划、组织协调管理对象,逐步实现目标的活动过程,就是所谓的组织职能。具体来说,主要包括建立健全体育组织、合理安排工作人员展开工作。

(三)控制职能

根据目标计划要求衡量计划完成情况,并以此为据调节管理对象的行为,以确保目标实现的活动过程,就是所谓的控制职能。换句话说,就是运用反馈调控的过程,其基本操作过程是:建立标准——衡量实际成效——反馈调控纠正偏差——实现目标。

三、社区体育管理的原则

社区体育管理有其自身的特点和规律,以其为主要依据,可以概括出社区体育管理的以下几个方面的原则。

(一)激励性原则

社区体育是人们自觉、自愿参加的活动,因此,在涉及体育管理中,提高居民的体育兴趣、体育积极性是十分重要的。通常情况下,提高居民的体育兴趣和积极性的途径主要有以下几种:第一,通过宣传、营造氛围来对人们的体育动机进行激发;第二,通过开展娱乐性、趣味性、竞争性较强的日常体育活动和体育竞赛,来使居民的体育兴趣得到提高;第三,通过表彰、奖励体育优胜集体和个人、体育活动积极分子,树立体育典型等方式,使人们参加体育活动的积极性得到激励和提高。

(二)合作性原则

现阶段我国社区体育表现出的过渡性特点较为显著,具体来说,过渡性特点具有单位体育与社区体育的双重特点,可以将其称为区域性单位体育与居民体育的联合体。这种联合体无论是参与的主体、场地设施的利用、体育经费和体育骨干的来源,还是体育活动的组织等在短时间内都分不开,由此可以看出,在社区体育管理中,合作性原则有着十分重要的作用。社区体育的领导机构、街道社区体协与辖区各单位工会、体育协会之间的互相协作、共同受益,能够有效保证当前职工体育需求得到满足,企事业单位负担有所减轻,社区体育资源不足得到弥补,使社区体育工作更好。

(三)自主性原则

社区体育的组织管理方式有多种,其中,最主要的是居民自主管理。社区内的各种体育协会,作为非行政性组织,其特点主要表现为自主性、松散性,对社区体育的管理要将居民体育骨干的积极性充分调动起来,对他们的自主意识、组织能力和自治能力进行培养,从而依靠他们的力量自主地开展社区体育活动。另外,还要从行政层面上给予他们政策上和资源上的支持。

(四)区域性原则

社区体育的一个重要特点就是区域性。具体来说,所谓的区域性,就是某一特定区域内的群众体育活动,它的参加者、组织者、体育资源等都在特定的区域内。因此,在进行社区体育管理时,就要求一定要立足于特定的区域,以特定区域内居民的体育需求、场地设施、经费等情况为主要依据将体育目标确定下来,制订体育计划,从而较好地开展体育活动。

(五)因地制宜原则

目前,我国社区体育的场地设施条件较差,各社区间的差异也很大。鉴于这种情况,在社区体育管理中坚持因地制宜原则就显得非常重要且必要。在社区体育场地设施的利用方面,因地制宜的做法一般主要有以下几种:第一,对辖区单位(机关、学校、企事业单位、部队等)已有的场地设施进行充分利用;第二,对辖区的公园、广场要做到充分利用;第三,对辖区的江、河、湖岸及水域要做到充分利用;第四,要将辖区的一切可利用的空地开发成体育活动场地。

（六）兼顾性原则

全体社区居民是社区体育活动的主体。具体来说,其包括年龄、性别、健康状况、体育需求、体育基础、职业、工作时间、经济状况各异的各种人群。在社区体育管理中要力求做到兼顾大多数居民的需要,这样能够尽可能地使全体居民的体育需求得到满足。兼顾性原则在社区体育中的表现,比较常见的有:寒暑假重点组织青少年的体育活动,周末组织在职人员的体育活动,日常组织中老年人的体育活动,节假日组织各类人群参加综合性体育活动等。

四、社区体育管理的方式与手段

（一）社区体育管理的方式

社区体育管理中常见的方式主要有以下几种。

(1)体育锻炼小组,由兴趣、爱好、条件要求相同的人自觉组成。比较具有代表性的如长跑小组、太极拳小组、体育医疗活动小组等。

(2)运动队由具有某项运动特长和爱好的人自觉组成。

(3)健身活动点由有共同锻炼要求的人自觉组成并约定地点。

(4)体育技术辅导站（中心）。比较具有代表性的如健美操辅导站、交谊舞辅导站、太极拳辅导中心等。

(5)文体活动室（站、中心）是一种集文化与体育于一身的组织。比较具有代表性的如村文体活动室、乡文体活动站等。

(6)体育俱乐部。比较具有代表性的如健身俱乐部、健美俱乐部、游泳俱乐部等。

(7)体育协会。比较具有代表性的如钓鱼协会、老年人体协、火车头体协、科文集团体协、街道体协等。

(8)老年人之家、青年之家。其是老年人和青年人文化、娱乐、休闲、健身、健美的体育组织形式。

(9)文化宫（馆）的体育活动室以及体育场馆中为社区体育提供服务的专（兼）职人员和有关场地条件等。

（二）社区体育管理的手段

社区体育管理的实施需要借助一些手段,常见的手段主要包括以下几个方面。

1.行政手段

运用体育管理中的行政方法,依靠行政组织,运用行政职权,按照行政系统指挥职权范围内的管理对象的一种方法，就是所谓的行政手段。命令、决议、规定、指示等是行政手段的基本形式。行政手段尤其显著的特点，即上级发布指令，下级贯彻执行，具有权威性、强制性、针对性和高效性。对于一个严密的行政组织系统，管理人员的素质与领导水平的不断提高，在很大程度上能增强行政手段运用的效果。

2.法制手段

运用各种法律、法规来规范与调节行政管理活动中各种行为和关系的方法，就是所谓的法制手段。《中华人民共和国体育法》《全民健身计划纲要》《关于进一步加强和改进新时期体育工作的意见》以及地方关于体育方面的管理制度、条例管理等是法制手段实施的基本依据。加强体育立法和增强人们的法制观念在很大程度上能增强法制手段的运用效果。

3.经济手段

利用物质利益的得失后果来规范和调整各种行为和关系的方法，就是所谓的经济手段。通常情况下，经济手段主要有拨款、赞助、奖金、罚款等几种。处理好社会效益与经济效益的关系，确立商品经济观念和加强体育经济立法，完善行政管理制度在很大程度上能增强经济手段的运用效果。

4.宣传教育手段

利用各种宣传媒介和手段，树立或转变人的观念，调动人的自觉性、积极性和创造性的方法，就是所谓的宣传教育手段。宣传教育手段运用较为广泛，能够使人们参与体育、关心体育发展并积极投入体育管理，使人们的体育文化素养得到提高，体育意识、健康意识、健身意识等得到有效增强。一支得力的政工干部队伍和良好的集体心理气氛以及宣传教育内容的真理性决定着这一方法的运用效果。

5.咨询顾问手段

管理者向被管理者就共同关心的问题进行商量、咨询和征求意见的方法，就是所谓的咨询顾问手段。向个人咨询和向专家集体咨询是这一方法的基本形式。这一方法在决定大政方针，促进管理者的决策迅速落实等方面作用非常大。此法运用的效果一般与管理者的民主意识和被管理者的参与意识有着非常密切的关系。

第二节　现代新型社区体育管理的内容

一、社区体育组织管理

（一）社区体育组织概述

由国家调控，依托社会，充满生机的新型社区体育管理体制和良性循环的运行机制正在形成。社区体育的组织形式已由单一的行政组织逐渐朝着家庭、社区、辅导站、体育俱乐部、体育协会等多种形式的方向发展,社区体育的功能也得到了一定程度的拓展,社区体育的价值取向也已经呈现出了健身、健心和娱乐等多元化倾向,社区体育活动方式也发生了一定的转变,逐渐转变为自愿、业余和有偿服务,同时,活动内容也体现出丰富多彩并满足个性需要的特点。

通常情况下,我国社区体育组织分为两大类:一类是社区居民自发建立的比较松散的组织形式,即自主松散型,也称之为自发性社区体育组织,比较具有代表性的有体育活动点、社区体育辅导站等;另一类是以政府部门或企事业单位为依托,组织程度较高的组织形式,即行政主导型,也可称之为正式体育组织,比较具有代表性的有社区体育服务中心、街道社区体协等。

社区体育组织的基本工作范畴包括制订社区体育发展规划和工作计划,修建、维修、改造社区体育活动的场地和设施,建设社区群众身边的体育组织,组织、发动和开展社区体育活动等几个方面。

(二)社区体育组织管理的类型与机制

1.社区体育组织管理的类型

当前,新型社区体育组织的管理类型主要有以下几种。

(1)体育俱乐部的管理

当前,我国社区体育俱乐部中绝大部分属于街道办事处指导下的自发性社区体育组织,同时,也已经有少量的属于经营性质的俱乐部开始出现。从其内部管理体制上看,社区体育俱乐部都制订了相应的章程,并且对体育俱乐部的内部管理体制进行了规范。

(2)社团型的社区体育组织的管理

随着经济的不断发展,我国社团型的社区体育组织也得到了较好的发展。目前,从隶属关系上看,体育社团的管理类型属于群众体育协会的约占30%,单项体育协会的约占45%,体育总会的约占25%。有20%的属于事业单位,60%的属于纯民间组织,20%的属于体育行政机构的一个部门,由此可以看出,其是一套人马两块牌子。因此可以说,体育社团绝大多数是属于民间组织的。而从其内部管理体制上来看,有近一半的社团有专职人员管理,60%的社团有自己的固定活动场所,100%的社团有自己的章程,80%的社团采用会员制,由此可以看出,体育社团的管理机构是较为健全的,并且有其自身发展的潜力。

(3)街道办事处的管理

街道办事处的管理类型是上级与下级沟通的桥梁,具体来说,就是对上服从体育行政机构的领导,对下级机构有监督指导的作用。从自身的职能上来说,街道办事处有着明确的任务,能够成为未来辖区的主要管理者。从内部管理上来说,街道办事处设有专人管理,除此之外,文化站承担群众体育的管理职能。

(4)晨晚练点的管理

晨晚练点的管理类型主要是普通活动点和一般意义上的体育辅导站,其规模通常为100人以下,基本上是由体育爱好者自发成立的,也有一部分是在体育行政机构帮助下建立的,由锻炼者自愿结合,自主管理是其主要的管理方式。

2.社区体育组织管理的机制

(1)组织机制

建立有效的组织管理体系和流畅的组织机制是开展社区体育必需的重要方面。目前,我国社区体育组织建设在管理体系上是按四个层次进行管理的,即区级政府体育部门、街道办事处(镇)、居民(乡、村)委员会、体育活动站。各个层次的意义和职能都有一定的差异性。其中,政府体育部门主要进行社区体育工作的宏观领导与指导;街道办事处(镇)是社区体育工作的主体,其主要职责是制订社区体育各项工作的规划和工作计划,组织发动较大规模的社区体育活动;居民(乡、村)委员会是社区体育工作的依托,其主要职责是社区体育活动的组织;体育活动站是社区体育活动的具体载体。

(2)管理机制

从目前我国社区体育的发展程度看,领导重视与否能够在很大程度上影响到社区体育工作的开展,大部分社区都是由一名行政领导来分管社区体育工作的。

二、社会体育指导员管理

(一)社会体育指导员概述

1.社区社会体育指导员的基本职责与素质

(1)社区中社会体育指导员的基本职责

社区中社会体育指导员是特指在社区内从事社会体育指导工作的人员。其职责主要有以下几个方面:第一,主动与社区体育组织开展丰富多样的社区体育活动配合,通过各种方式带领社区居民参与全民健身活动,提高他们的积极性和主动性;第二,对社区居民科学健身进行积极的指导,提高健身指导水平,从而为居民提供适宜的健身项目选择与参与指导,成为社区居民的良师益友;第三,使自身体育科学素养得到进一步提高,通过自身健身知识来识别和反对伪科学体育健身,并且及时介绍和引入新的健身理念和方法手段,使社区体育健身活动不断充满生机和活力;第四,为社区居民进行合理的体育健身消费提供相应的指导和帮助,使他们的体育健身和健康投资的意识得到有效提高。

(2)社区中社会体育指导员的基本素质

作为社区中社会体育指导员,其应具备以下几个方面的基本素质:第一,是思想道德素质,这就要求社会体育指导员应加强自身道德修养,积极工作,同时还要有法制观念、道德修养以及高尚的事业心、责任心;第二,是科学文化素质,这就要求社会体育指导员要具有一定的义化知识,并且在此基础上对政策理论知识、基础理论知识、组织管理知识、锻炼指导知识以及科学研究知识等有所了解和掌握;第三,是工作能力素质,具体来说,主要包括组织管理能力、锻炼指导能力、科学研究能力和指导低等级社会体育指导员的能力等几个方面。

2.社会体育指导员的工作方式

社会体育指导员从事社会体育工作的方式主要有以下几个方面:

第一,义务从事社会体育指导工作。

第二,有偿开展社会体育指导工作。

第三,开展经营性(职业性)的社会体育指导工作。

第四,应聘担任社会体育指导工作。

(二)社会体育指导员的管理

以我国目前社会体育指导员工作方式为主要依据,可以将社区社会体育指导员分为两类:一类是公益性社会体育指导员,即在社区非经营性社会体育指导活动中从事指导工作的人员;另一类是职业性社会体育指导员,即在社区经营性体育场所的劳动岗位从事社会体育指导工作的人员。需要注意的是,应该在不同的管理体制中按照各自指导工作的规律、特点和要求,采用不同的培训考核和任用管理方式来对待这两类社会体育指导员。

当前,国家体育总局和各省市已经建立全国性和地方性的社会体育指导员协会,从而将其社团自治与自律管理的职能充分发挥出来。

社区的社会体育指导员要以一定的体育组织和场所为依托。因此,这就要求将社区的社会体育指导员的管理与社区各种基层体育社团、社区体育俱乐部、乡镇文体站、各种社会体育指导中心、体育活动站、社区体育活动点等体育组织和健身活动管理工作紧密联系起来,并在这些体育组织的管理体系中将工作开展起来。

应该将社区的社会体育指导员的管理纳入社区体育工作评估和社会体育组织建设评价体系中,将各级体育健身组织和场所拥有社会体育指导员数量的指导性标准和强制性标准明确下来,并将其作为重要指标参数来评选先进体育社区。除此之外,要将社会体育指导员的联系网络和沟通渠道建立起来,社区不仅要将社会体育指导员管理档案和基本的指导地点建立起来,还要将群众对社区社会体育指导员工作的评价指导体系也建立起来。

同时,还要使社区社会体育指导员工作的激励机制得到不断的强化和完善,尊重社会体育指导员的劳动和社会奉献,建立社会体育指导员工作表彰奖励制度,从而将社会体育指导员的工作积极性和创造性充分发挥出来。

三、社区体育活动管理

当前,我国社区体育活动的类型主要有以下几种:街道办事处级体育协会组织的活动、单项体育协会和社区体育俱乐部组织的活动、晨晚练活动点的活动以及社区内单位体育组织的活动。这几种类型的活动组织管理方式都有一定的差异性。

(一)街道办事处级体育协会组织的活动与管理

街道办事处级体育协会组织的活动,是在社区或街道政府的组织和支持下进行的。通常情况下,其特点主要表现在以下几个方面:第一,活动与竞赛的等级高、规模大、综合性强;第二,设项多,传统与创新项目相得益彰;第三,区域限制严格;第四,组织工作较为规范。另外,这种类型活动的开展以大型活动2~4年为一个周期、中型活动每年1~2次为标准。

街道办事处级社区体育活动和竞赛的组织实施流程主要包括以下几个方面:

1. 成立筹备委员会

街道级社区体育活动的竞赛前,要成立筹备组(或筹备委员会),它是由主管街道体育工作的领导、文教干部、文体中心主任组成的,其主要职责为讨论制订组织方案,设置工作机构。整个活动由各工作机构以组织方案为依据来实施。

2. 确定组织方案

组织方案是整个活动的依据,其包括较多较为具体的内容,具体有以下几个方面:

(1)活动的名称和宗旨。主要以体育运动的方针、任务和本次社区体育活动的性质和要求为依据来将活动的名称和宗旨确定下来。

(2)活动的主办和承办单位。街道级社区体育活动和竞赛,有时是由一家主办,有时是由几家主办,无论何种形式,都需要在组织方案中明确下来。另外,还要将主会场、活动的日期和地点在组织方案中明确出来。

(3)活动的内容与规模。以活动宗旨为依据将活动的内容和每项内容的设项,以及各项内容的参加单位和参加人数确定下来。

(4)成立组织工作机构。要以活动规模的大小、设项的多少为依据来成立相应的组委会。一般情况下,组委会是由街道主管群众体育工作的领导和有关方面的代表组成的。

(5)经费预算。其包括的内容主要有:主会场布置费用、宣传费用、车辆使用费、招待费、文具费、工作人员的补贴费、印刷费、开闭幕式的费用以及各分会场的各项费用。

(6)确定活动日程。要以活动日期为依据制订整个活动的日程总表,分项组委会要以日程总表为依据来将各分项活动日程表制订出来,从而保证整个活动的有序进行。

(7)制定各分项的活动规程。分项组委会要以大会的组织方案为依据来将各项活动规程制定出来。

(8)严明纪律、奖励先进。为保证运动会的顺利进行,大会组委会要对各承办单位、参赛队、裁判员提出纪律要求,对违反纪律的要给予处理。同时,还要做到奖罚分明。

(9)做好活动资料的收集、整理工作。建立社区体育活动档案。

(二)社区体育俱乐部(单项体育协会)的活动与管理

社区体育俱乐部是社区体育组织的基本形式,是在社区或街道政府的领导和指导下进行的。这一活动形式的优势主要表现为:组织目标统一、组织结构相对封闭、组织活动内容专业性强、自主性组织管理、民主性组织关系等,同时,这些也是目前乃至今后社区体育组织的发展方向。

社区体育俱乐部的基本要素主要包括:人员要素、设施要素、固定的活动内容和活动时间、独立的运行体制和经营体制、统一的目标等几个方面。社区体育的大多数活动或日常组织管理是在单项体育协会和社区体育俱乐部组织的框架内进行的。

需要注意的是,由于场地、经费、政策等几个方面的制约,我国社区体育俱乐部发展十分缓慢,明显滞后,这种状况不利于社区体育、全民健身的进一步普及。因此我们必须拓展思路,加强管理,进一步使其向规范化、合理化、开放化的方向发展。

(三)晨晚练活动点的活动与管理

由具有共同体育兴趣的人们自发组织起来,在清晨和傍晚利用公园、空地、广场进行体育活动的组织,就是所谓的晨晚练活动点。其是当前我国社区体育最基本的组织形态下的基本活动方式,社区成员的最基本的体育锻炼和健身活动在晨晚练活动点的活动中得以实现。这一形式的主要参与者是中老年人,并且以女性占多数,其主要活动内容为操、拳、功、舞,通过自发松散的形式在清晨、傍晚进行锻炼。

由于目前的体育活动点较多,鉴于此,为了进一步发展壮大这种松散的体育活动点,我们需要加强管理工作。

街道社区体育的直接领导者是街道社区体育协会和居委会体育组织,对晨晚练活动点进行管理应该包括以下几个方面。

(1)制定晨晚练活动点管理办法。活动点管理办法主要要对以下几个方面的内容提出要求和规定:活动点的注册登记、活动内容、收费标准、活动安全、活动点的卫生、活动点指导者的责任等。

(2)做好晨晚练活动点的管理工作。首先要对本社区晨晚练活动点的总量、各类活动点的数量和规模进行充分的了解和认识,然后在此基础上进行规划和分类管理。

(3)做好指导员的选拔培训工作。晨晚练活动点的指导员不仅是活动的组织者,同时,还是活动点与街道社区的联络员。因此,做好活动点指导员的选拔培训工作非常重要且必要。具体要求街道社区体协通过讲座、观摩、学习、交流,分期、分批地对各类项目活动点的指导员进行培训,从而使他们的理论水平和技术水平得到有效提高。

(4)组织活动点之间的比赛交流。活动点之间的比赛和交流可以通过竞争将人们参加体育锻炼的动机激发出来,从而增强他们的兴趣,提高他们参与的积极性,同时还可以通过比赛和交流加强社会交往、互相学习、共同提高。

(5)为活动点解决场地方面的困难。目前晨晚练活动点面临的一个最大困难就是活动场地不足。常常会出现活动点场地被挤占的现象,这就要求街道社区体协帮助活动点抵制不合理的挤占行为。

(6)做好宣传工作。通过多种形式进行宣传,动员、组织居民积极参加晨晚练活动点,鼓励居民开设新的活动点,从而吸引更多居民参与到体育健身活动中来。

(四)社区内单位体育协会与组织

在单位工会或单位体育组织的组织和指导下开展的职工体育锻炼和健身活动,就是所谓的社区内单位体育组织的活动。

我国目前的社区体育和社区体育组织尚处于成长阶段,而一些大中型企业或单位的职工居住地也相对集中和独立,在这种情况下,显然非常有必要将工会或单位体育协会的作用充分调动并发挥起来。

职工体育的主要组织者之一就是企业工会或单位体育协会。群众体育和社区体育的重要组成部分是职工体育,厂矿企业、事业机关等单位的职工是主要参与对象,其主要目的是健身娱乐,以业余、自愿、灵活、多样的原则为依据开展体育活动。职工体育有着非常重要的作用和意义,具体来说,主要从以下几个方面得到体现:第一,开展职工体育是社会主义物质文明建设的需要,能够使职工的体质得到有效增强,工作能力、出勤率和生产效率得到提高,从而对社会的物质文明建设起到积极的促进作用;第二,职工体育是社会主义精神文明建设的需要,具体来说,其能使业余文化生活进一步活跃,从而形成健康文明的生活方式和社会风尚;第三,职工体育是企业文化的重要内容,是树立企业形象的窗口。

为了更好地贯彻我国职工体育工作的方针,将职工体育组织管理的效能充分发挥出来,在进行职工体育的组织管理工作时,应遵循几个基本原则,具体表现为:主业与职工体育主次分明原则、指令性管理与指导性管理相结合的原则、定性管理与定量管理相结合的原则以及纵向管理与横向管理相结合的原则。

四、社区体育场地、设施管理

社区体育场地设施建设要遵循一定的原则和要求,具体表现为:科学规划、合理布局、有效利用和及时维修,以及人性化管理等,具体如下。

(一)科学规划

科学规划是新建、改建、扩建社区体育场地设施首先要做的工作。这项工作不仅要与城市总体规划相适应,要与社区建设规划相协调,还要对社区体育传统文化和大多数社区业主的愿望予以高度的重视。

(二)合理布局

社区体育场地设施建设,要对人群、场地和设施不同的各种类型进行关注。修建适合老年人群体育活动的场地和设施的同时,也要修建适合中青年人群和少年儿童的体育活动的场地和设施。除此之外,还要以社区的具体情况和体育活动传统为主要依据,建造和配置相应的体育场地设施,以满足人们健身锻炼的需要。

(三)有效利用和及时维修

当前,我国的健身事业发展迅速,我国社区的体育场地设施的发展已经远远落后于群众体育健身的发展,不能满足体育健身的需求。因此,这就要求对社区现有的体育场地设施继续充分利用,开展相应的社区体育活动。同时,还要对社区的体育场地设施的保养和维修高度重视,以使社区体育场地和设施处于一种良好的、利于群众使用和促进健身活动的状况。

(四)人性化管理

对社区的体育场地设施的管理要以人为本,并且能够将便民、为民、服务群众的精神和原则充分体现出来。

五、社区健身房服务管理

(一)社区健身房的分类

依据不同的分类标准,可以对我国社区健身房进行不同的分类。通常情况下,社区健身房的分类方法主要有以下几种。

1. 以健身的目的为依据对健身房进行分类

按照这一分类标准,可以将社区健身房分为三种类型,即休闲娱乐室、减肥室、提高身体机能和素质室,具体如下。

(1)休闲娱乐室

这类健身房主要为社区业主提供健身享受。通常情况下,这类健身房包含的内容主要有:摇滚舞、健美操、健身操、体育舞蹈、氧吧、推拿、按摩等。

(2)减肥室

为身体肥胖的健身者提供各种有氧运动的练习器械和环境,是这类社区健身房的主要目的。

(3)提高身体机能和素质室

顾名思义,提高身体机能和素质室的主要目的就是提高身体素质,尤其是为力量水平不高的中青年健身者提供以发展力量为主的身体素质的练习器械和健身指导。

2. 以功能为依据对健身房进行分类

按照这一分类标准,可以将社区健身房分为两大类,即有氧运动健身房和无氧运动健身房。

(1)有氧运动健身房

这类健身房包括的内容主要有健美操、韵律操、舍宾、瑜伽、塑身运动、艺术体操、轻器械健身项目、体育舞蹈等。因此,其主要提供这些内容的场地设施和健身指导。

(2)无氧运动健身房

提供发展力量等身体素质和身体机能所需要的练习场地、器械、设施和健身指导,是这类健身房的主要功能。

3. 以消费层次为依据对健身房进行分类

目前,按照这一分类标准,可以将健身房分为大众型健身房、中档健身房和高档健身房三大类。

4. 以年龄层次为依据对健身房进行分类

按照这一分类标准,可以将健身房分为儿童健身乐园、青少年健身房、中老年健身房等几大类。

(二)体育健身房项目的经营管理

从事体育健身房项目的经营管理活动,应该具备一定的条件。具体来说,主要表现在以下几个方面。

(1)要具有合法的经营资质。这是最基本的条件之一。

(2)要具有适合体育健身房项目经营活动的场地和设备。这是从事体育健身房项目经营管理活动最基本的物质条件。

(3)要具有体育专业指导人员,并且这些人员要与活动项目、形式、计划相适应,还要具有相应的资质。

(4)从事体育健身房项目培训、辅导经营活动的,还应该提供完整详细的计划书、培训教学提纲、教材和各项有关内容安排说明,并且要将预防措施和救护制度落实下来。

(5)从事体育健身房项目表演、经纪经营活动,应提供体育专业表演人员资质证书、体育经纪人资质证书,体育健身房项目表演的内容需经备案审核。

(6)制定和落实健身房管理规章制度。

(7)落实体育健身房经营活动,将提示内容公开出来,并且将从业人员、管理人员的相关内容落实下来。

第三节 现代新型社区体育管理的模式及发展

一、现代新型社区体育管理的模式

为了达到社区体育管理的目的而采取的各种管理体制、机制、手段、方法的有机结合体,就是所谓的社区体育管理模式。以目前社区体育管理的现状为主要依据,从社区体育管理活动的主体差异出发,可将社区体育管理模式分为三种类型,即政府导向型、市场导向型、社会导向型,具体如下。

(一)政府导向型管理模式

这种管理模式的核心是政府,在现阶段的主题为城区人民政府下派的街道办事处,在居委会、中介组织、社会团体等各种社区体育主体的共同参与配合下,对社区体育的公共事务、社会事务等进行管理。强化基层政府的行政职能,通过政府职能、体育资源的调控,实现自上而下的社会整合是这一管理模式的实质所在。通常情况下,这一管理模式的社区体育管理范围为原街道行政区域。这种模式既有一定的优点,同时也存在着相应的缺点。其中,优点主要表现为:凭借坚实的政府调控能力、经济资源,条块结合、以块为主的行政管理网络在社区体育建设中发挥主导作用;而其缺点则主要表现为:这种政府办社会的方式,由于有"全能政府"、社区体育"单位化"之嫌,使民间的活力得到了一定的抑制,从而使政府的工作效率大大降低,政府的财政负担进一步加重,政府机构有再度膨胀的趋势。

(二)市场导向型管理模式

所谓的市场导向型管理模式,就是通常我们所说的"物业管理模式"。物业管理行业最早在我国出现是1981年3月全国第一家物业管理公司——深圳物业公司的成立,时至今日,物业管理模式已经迅速成长并逐渐壮大起来。虽然这一管理模式还不够成熟,其结构体制和运行机制还存在许多不完善的地方,但是,从目前的发展态势来看,这种管理模式已经成为城市居民日常生活中一种重要依托,具有非常重要的作用和意义。和政府导向型管理模式一样,其也具有一定的优点和不足。其中,优点主要表现为:由于引入了市场竞争机制,社区体育的建设和管理表现出了一定的生命力;而其不足之处则主要表现为:当前物业管理不规范,亟待加强管理。此外,需要强调的是,这种市场化运作的管理模式不能将小区中的社会管理和体育管理完全覆盖起来,因此,还不能说是一种完全意义上的社区体育管理,其地域的范围通常只是封闭性的小区。

(三)社会导向型管理模式

以社区居民为核心,联合社区内各种社区体育组织、机构,共同参与社区体育事务的管理,实行真正民主自治管理的一种模式,就是所谓的社会导向型管理模式,也可以将其称为社区体育居民自治模式。社会导向型管理模式也有相应的优点和不足。其中,能够将社区内居民广泛参与社区体育事务的积极性充分调动起来,使社区居民真正成为社区体育的主人,管理自己的事务,对于社区居民对社区体育的认同感、归属感的形成,以及良好的社会体育风尚的形成都较为有利,这是社会导向型管理模式的主要优点所在。此外,其优点还表现为:从经济的角度来看,社区居民自治这一管理模式的管理成本较低;从政治的角度看,社区居民自治对于推进基层的民主建设、公民的政治参与较为有利,同时对于造就新一代的公民和培养体育人口也是较为有利的。而这一管理模式的不足之处则主要表现为:从现阶段社区体育管理实践看,离开政府的引导,离开法律的规范,社区体育自治有流于形式、纸上谈兵之嫌。

上述三种管理模式都有不同的特点,实际生活中的社区体育管理通常遵循的是上述三种管理模式的有机整合,以政府为统一领导,根据"政企分开、政社分开、政事分开"的基本原则,将各种社区体育主体分工合作、协调共建的作用充分发挥出来。

二、现代城市社区体育管理的发展

现代新型社区体育管理的发展,主要表现在观念、体制、内容、手段等几个方面。下面就对这几个方面的发展进行分析和阐述。

(一)社区体育管理观念的发展

社区体育管理观念的发展不仅是时代的需要,同时也是社区体育管理发展的需要。要使社区体育管理与知识经济时代下社区体育发展的需要相符合,就必须做到从以下几个方面着手。

1. 从单一管理逐渐转变为系统管理观念

随着社区体育的不断发展和完善,单一的管理观念已经很难与时代的需要相适应。因此,这就要求必须从系统的观念出发进行社区体育管理的发展。由于社区体育的范畴已经远远超过了以前街道的范围,社区体育建设的内容也得到了较大程度的拓展,仅仅依靠单一行政管理手段的运作方式已无法使现实中社区体育发展的需要得到满足。因此,这就要求采取新型的与之相适应的管理方式。社区体育综合管理系统的重要手段主要包括经济手段、法律手段、社会手段、情感教育手段等。

2. 从物本管理逐渐转变为人本管理观念

传统的管理理念是把物作为管理的目标,把人作为物的从属物。而知识经济以知识的生产、配置为基础,把经济的增长依托于知识的积累、传递、应用与创新。人有着非常重要的、不可替代的作用和意义,因此,在社区体育管理中,应该顺应时代发展的趋势,进一步转变观念,对人本管理引起高度的重视,将"以人为本"的理念充分体现出来,将社区居民的主体地位确保下来,使社区中的居民成为社区体育建设的主体,将广大社区的居民参与社区体育事务的积极性和主动性充分调动起来。这是社区体育管理工作的首要目标,也是衡量社区体育管理工作得失的最基本标准。

3. 从集中管理逐渐转变为民主管理观念

集中的管理对政府的权威较为注重,同时也强调权力要集中、统一运行,过度集权与行政现代化建设发展趋势背离。因此,在社区体育管理中,就要求必须适当地分权,让广大的社区居民、企业、社会团体等社区体育主体参与到社区体育事务中来,从而形成社区体育事务逐渐转变为社区体育内各种主体共同建设的良好局面。

4. 从命令管理逐渐转变为服务管理观念

从命令行政到服务行政的转变,将使公共权力回归到为公众服务的本来性质、本来面目。为社区体育建设创造一个良好的社会环境,培育社区体育内各种利益主体、社区体育的共同意识,对社区广大居民积极参与社区体育的事务进行积极的引导和教育,减轻政府的负担,是现代社区体育管理的主要目的。而这个观念的转变对于政府为社区体育的建设提供更多的"服务产品"是非常有利的。

5. 从静态管理逐渐转变为动态管理观念

随着社区体育的建设和发展,社区体育方面的工作越来越多,这就要求社区政府对过去那种传统的"上传下达"的单向沟通模式进行改革和完善,使政府的核心作用得到强化,办事效率得到提高。原来静态、被动地坐在办公室里研究对策,进行政策运行的社区体育管理方式已经很难与时代发展的需要相适应。因此,这就要求必须以社区体育的客观实际环境的变化为主要依据,对管理的政策进行调整,改变政策运行手段,制定不同的评估标准,使社区体育管理的运行与社区整体环境的变化相适应,使社区体育管理职能得到转变。

(二)社区体育管理体制的发展

随着计划经济逐渐过渡为市场经济,我国城市的社会生活和管理体制正在发生整体的深刻变革,并且正在形成"小政府,大社会"的格局。由此,也将"单位制"向"社区制"、"国家制"向"社会制"等一系列制度创新充分带动了起来,从而对我国城市社会的变迁进程起到了积极的推动作用。

从城市社区体育建设发展的角度上来说,新中国成立以来,城市体育的开展已经取得了大量的经验,但是,需要注意的是,这些经验主要针对计划经济条件下的体育形态。因此,在社区体育管理体制的发展中,应该着重关注的方面主要包括建立新时期我国城市体育管理体制,对社区体育健康顺利的发展进行积极的指导,将它在城市体育中的重要作用充分发挥出来。

(三)社区体育管理内容的发展

政府管理的作用非常重要,其在任何现代国家的社会管理中都是不可或缺的。当前,提倡的"小政府、大社会"并不意味着政府将社会管理的责任放弃掉了。需要强调的是,城市社区体育最终的目的还是要实现它的自治,具体来说,就是由城市社区居民自己管理自己的社区体育事务。当然,实现城市社区体育自治,不可能一步到位,它有一个循序渐进的过程。具体来说,主要体现在以下几个方面。

1. 将社区体育组织的作用清晰地明确下来

更广泛意义上的由社区体育组织进行联络和整合的民间社会,是今后社区体育的定位。另外,应将街道行政区与社区体育、行政管理事务与社会管理事务都区分开来。要达到这一目的,就必须转变社区体育管理方式,政府合理进行分权和放权。这样,不仅能够使社区体育内的街道办事处和各类职能部门所拥有的管辖权更加切实,而且还赋予了社区体育社会组织更多的权利与影响力,这对于行政力量与社会力量的平衡发展是非常有利的。

2. 使社区居民的民主参与意识得到有效提升

公众参与就表示着社区居民对社区体育责任的分担和成果的共享。只有切实提高社区居民的民主参与意识和自治意识,才能够使社区体育工作从政府管理逐渐向广大居民的自我参与和管理转变,并最终形成社区体育自治的管理模式。而要达到这一目的,就要求积极拓宽居民参与的渠道和途径,让居民将自己对社区体育建设的要求和建议充分表达出来,从而进一步加强对政府政策的支持与合作。社区体育的娱乐设施与文化活动,能够使居民的精神生活更加丰富多彩,居民的情操得到陶冶,居民之间的交往得到增进,居民的素质有所提高。除此之外,建立社区体育服务志愿者队伍,能够使社区体育人力资源开发的力度进一步加大,居民的公益精神和奉献精神得到有效的提升。

3. 使社区体育组织管理法律制度进一步健全、完善

这一方面内容的发展主要表现在以下几个方面：第一，以法律形式将社区体育管理委员会等决策组织的法人地位确定下来，并且赋予其相应的权利和义务；第二，通过法规和规章，赋予社区体育各类执行机构一定的权力；第三，对社区内各类体育组织建制明晰，将各组织相互之间的职权范围清晰地明确下来。除此之外，还要在出台全国性的法律之前，以各地的特点和发展情况为依据将一些地方性法规制定出来。

4. 使社区体育组织要素的社会性功能进一步发展

具体来说，就是所谓的加强社区体育组织在横向方面的发展。不同的社区体育组织其社会性功能都有一定的差异性，具体表现为以下几个方面：第一，社区协调议事委员会的功能主要表现为：对社区体育内的各种社会资源进行积极的调动，统一规划社区体育发展与社区体育服务的方向、内容、资金和行动，对其他各组织的关系进行协调，进而做出决议并监督规划实施的情况。第二，社区工作委员会组织的社会功能主要表现为：对社区体育起舆论监督和咨询服务作用。第三，有偿服务型组织的社会性功能主要表现为：承担政府转移出来的职能，发挥服务与中介作用。第四，健身产业经营与开发组织的主要社会性功能主要表现为：增强社区体育的经济整体功能和提高社会效益。

5. 要两手齐抓硬件与软件

这里所说的硬件主要是指社区内的体育场地、设施建设，具体来说，主要包括满足社区居民生活需要的体育基础性设施，比较具有代表性的有健身路径、环境绿化、健身器械、文化娱乐设施等。这些体育设施的管理必须具备两个条件，一个是有管理人员，一个是有相应的管理制度。社区内的公园、闲置空地和楼群间要有布局合理的简易体育健身设施；每个居委会有1个以上固定的晨、晚练指导站（点）。

可以说，软件的管理是一种"人本主义"的管理。可以将软件的建设看作是硬件的一种提升，软件建设是人们在改造客观世界的过程中进行的主观世界的改造，其包括的内容主要有体育思想、体育道德建设、文化建设等几个方面，软件建设在一定程度上标志着一个社区的文明程度。

（四）社区体育管理手段的发展

社区体育管理手段也有了一定程度上的发展，具体来说，其发展主要体现在以下几个方面。

1. 由直接管理手段逐渐过渡为间接管理手段

社区体育管理采用的直接管理手段，即单纯依靠行政机关的行政命令去管理社区体育的事务，在管理事务的过程中仅仅将行政系统的主导作用发挥了出来。这种管理手段能够集中力量统一办事，便于政府管理职能的

发挥,解决社区体育的一些特殊问题,这是其主要优势。但是,随着经济的不断发展,人们的民主意识不断增强,这种管理手段与社区体育发展的需要越来越不相适应。这就展现出了直接管理手段的不足之处,即不利于分权,不利于发挥其他系统的作用,横向沟通困难等问题。改进管理方式就显得非常重要且必要。

法律规范手段、制度手段、经济运行手段等是主要的间接管理手段。其中,经济运行手段是其中较为重要的一个方面。在社区体育管理中要通过经济运行手段的运用,将市场竞争在管理中的作用充分发挥出来,使社区体育事务的管理效率得到有效提高。

政府间接管理手段的实施使政府的职能得到了转变,政府的负担减轻,为政府能够提供更高效的社区体育服务奠定了坚实的基础。

2. 管理手段的多样化程度越来越高

社区体育管理手段发展的另一种趋势是管理手段的多样化。随着社会的发展,社区体育事务变得越来越复杂,单一的行政管理手段已经难以与社区体育发展的需要相适应,这就要求在进行社区体育管理时,必须吸收社会团体及组织自治性管理手段和企业单位市场行为的管理手段的长处和优势,使单一行政手段的不足得到尽可能的弥补。

3. 管理手段逐渐趋于信息化、网络化

随着世界经济的全球化、信息的一体化以及信息技术广泛的推广和应用,管理手段的一个重要发展趋势即为信息化、网络化,信息化、网络化管理在社区管理的各个环节中都得到了充分的体现。社区中网络工程的启动,为社区体育管理手段的信息化提供了可能和条件,逐渐提高了社区体育管理手段的知识技术含量,知识管理手段成为社区体育管理的一种新手段。把社区内的各种信息与体育活动、信息与人有机地结合起来,实现信息资源的共享,进一步拓宽了社区体育管理者获得信息的渠道,这对于社区体育管理者决策的科学化、合理化都是非常有利的。

第四章 社区体育资源配置管理

第一节 社区体育资源概述

一、社区体育资源的概念

目前,关于社区体育资源概念大多是从体育资源概念的基础上延伸而来的。

从现有关于社区体育资源的概念来看,基本上是从要素、投入和产出三个方面展开的。据此我们可以认为社区体育资源的使用主体是社区居民,社区体育资源是社区居民参与体育锻炼和健身活动的重要载体。但上述关于社区体育资源概念的界定存在着对概念内涵的描述较乱、对概念内涵的指向不明确等问题。同时还存在着对概念界定的角度不够清晰、概念界定所涵盖的面过于宽泛等问题。

社区体育资源是指在一定社区范围内,用于满足社区居民进行体育活动的一切物质和非物质要素的集合。其中,物质要素主要包括各类体育场地、体育设施等,非物质要素包括社区体育健身知识、社区体育活动信息等。本文主要强调社区体育资源是一种资源要素的集合,进而强调社区体育资源要素的系统性特征。本研究中包含的社区体育资源主要有社区体育人力资源、社区体育物力资源、社区体育财力资源、社区体育信息资源、社区体育组织资源、社区体育制度资源、社区体育市场资源、社区体育文化资源八个方面。

二、社区体育资源要素的内涵

社区体育资源要素是指社区体育资源整体的重要构成。一般认为,只要是为促进社区体育发展而投入的所有要素均为社区体育资源。而由于资源的存在形式各异,社区体育资源包含有形的社区体育资源(人力资源、财力资源、物力资源等)和无形的社区体育资源(制度资源、信息资源、文化资源、组织资源、市场资源等);社区体育资源还可以依据其认识形态将其分为显性的社区体育资源和隐性的社区体育资源;社区体育资源还可以依据其物质形态分为物质性的社区体育资源和非物质性的社区体育资源;社区体育资源还可以依据其作用的直接性和间接性分为直接性的社区体育资源和通过一定的转化来为社区体育提供支持的间接性的社区体育资源。社区体育资源是一个复杂的系统,不同类型、不同层次、不同形式的社区体育资源之间相互作用,互为补充,为社区体育整体的发展及良性运行发挥着重要的作用。

本文对社区体育资源的界定是:"能满足社区居民进行体育活动所需要的一切物质和非物质的要素。"研究认为社区体育资源是一种社区体育资源要素的集合,社区体育资源是一个复杂的系统。社区体育资源要素主要包括:社区体育人力资源要素、社区体育物力资源要素、社区体育财力资源要素、社区体育信息资源要素、社区体育组织资源要素、社区体育制度资源要素、社区体育市场资源要素和社区体育文化资源要素八个方面。理论研究中制度、文化、市场等资源要素均属制度资源范畴,由于上述三种资源要素的配置主体不同,本文对制度资源加以细分,此处所指的制度资源仅指正式的制度,社区体育人力资源要素是指对社区体育发展起直接推动作用的人员现实及禀赋的总和,主要由社区体育管理和工作人员、社会体育指导员、社区体育志愿者等共同构成;社区体育财力资源要素是指为了开展社区体育投入的货币表现形式的总和,一般包括政府财政投入资金、体育彩票投入资金、社会捐助和社区居民个人体育消费等。社区体育物力资源要素是指用于社区体育发展的各种物质资源,为社区体育的发展提供了物质保障,通常包括公共体育场馆和设施、全民健身路径和工程、各类健身球类场地等。社区体育信息资源要素是指为促进社区体育发展、传递社区体育活动信息、传播体育健身知识而采用的媒介形式,一般包括社区体育的书刊、报纸、网络、报栏宣传等。社区体育组织资源要素是指为促进社区体育的发展而组建起来的组织、协调社区体育活动,并与外部环境进行相互交流的有机系统,一般包括社区体育的晨晚练点、健身团队、社区体育俱乐部、指导站和辅导站等。社区体育的市场资源是指为促进社区体育的发展,以经营社区体育所需物品和服务为主要内容的交易机制和体系,一般包括社区体育物质市场、社区体育服务市场等。社区体育制度资源要素是指政府部门及体育相关行政机构为了推动社区体育的良性发展,对基础性核心社区体育资源要素进行合理配置的基本方式,通常包括国家颁布的各种群众体育和全民健身的政策法规和措施以及社区体育组织的各项规章制度等。社区体育文化资源要素是指社区体育人力资源要素在推进社区体育发展和组织社区体育活动过程中逐步形成的价值观、思维方式和行为习惯等。

目前，国内研究者对于社区体育资源的研究都是基于其内容特质而展开的，主要包含社区体育人力资源、社区体育物力资源、社区体育财力资源、社区体育信息资源、社区体育组织资源等几个方面，而缺少从社区体育资源的内在特质上对社区体育资源进行深层次的把握，从而不能对社区体育资源有一个系统而深刻的认识。本文认为社区体育资源是作为一个系统而存在的相互依存的整体，社区体育的发展和社区体育活动的开展依赖上述各种资源之间的相互配合、协调和共同作用，而其中任何一种资源的缺失或不足都可能会影响社区体育资源整体功能的实现。因此，上述构成社区体育资源整体的八种资源要素在社区体育活动中发挥积极的作用，具有要素的特征。而社区体育资源的整体又是作为上述八类资源的集合而存在的，具有系统的特征。

三、社区体育资源整体的特征

社区体育资源要素的本质是资源，具有资源的一般特征，如稀缺性、选择性和需求性。社区体育资源作为社会资源的重要组成部分，除具有资源的一般性特征外，还具有其自身的特征。

（一）社会性特征

社区体育的本质是社区居民为了增进身体健康，联络社区居民的感情，依托社区及辖区范围内的体育场地设施开展的群众性体育活动。社区体育人力资源的重要构成给予社区体育活动以组织和指导。社区体育人力资源是社区体育发展过程中最具有能动性的资源要素，是开展社区体育活动的"第一资源要素"。政府部门及体育相关行政机构给予社区体育以资源支撑和物质保障。社区体育组织资源是开展社区体育活动的重要载体。社区体育信息资源通过多种媒介形式进行相关知识、信息的传递。同时制度、文化、市场等多种配置力作用于基础性核心社区体育资源以实现社区体育资源的合理配置，从而促进社区体育的良性发展。社区体育资源要素作为社区体育开展的支撑和保障，具有社会性特征。

（二）战略性特征

人力资源是当今社会最重要的资源。人力资源是社会生产必要的先决条件，但经济的发展主要靠人口素质的提高，而人口素质主要表现为人的体质、智力、知识和技能四部分。体质状况、身体健康水平成为衡量人口素质的重要组成部分。而自职工体育逐步被社区体育的发展所逐步代替，其在提高我国居民身体健康水平方面的作用日益明显。社区体育资源的整体配置情况具有战略性特征，是国民素质普遍提升的重要条件。为社区体育配置了相应的场地设施、健身指导等社区体育服务和产品,对提高国民健康水平,培育健康优秀的人才,进而推动经济、社会的健康发展具有重要的作用。因此,社区体育的开展情况是关乎我国居民身体健康发展的重要的战略活动,社区体育资源具有战略性特征。

（三）稀缺性特征

稀缺性是经济资源最基本的特征。在既定的技术和资源条件下,物质资源、经济资源和人力资源都是有限的。在一定条件下,社区体育资源也具有稀缺性,它决定着社区体育服务和产品供给能力的有限性。社区体育资源的稀缺性特征主要表现为当前社区体育资源的配置情况与人民群众日益增长的多样化的体育需求之间仍存在一定的矛盾。由于社区体育活动的开展需要投入一定的人、财、物、信息等,社区体育资源的开发就需要相应的成本投入。因此,在一定的时间、空间及其他条件的约束下,社区体育活动受人、财、物等资源的约束,其拥有量总是有限的。

（四）共享性特征

对社区体育资源的使用主要表现为占用和损耗。当社区体育资源的配置情况一定时,在资源所能承受的一定范围内,社区体育资源的使用是共享的,表现出资源的正外部性,增加一个社区居民对社区体育资源的享用,其边际成本并不会增加,即社区居民对社区体育资源的共享性。当超过了资源所能承受的一定范围后,会出现社区体育资源利用的拥挤现象,即会出现"你多我少"的现象,这时就会呈现出一定的竞争性。所以,社区体育资源在一定的范围内呈现出共享性的特征,但超过一定的承受能力后即会体现出竞争性,其竞争性主要还是由资源稀缺性的本质特征决定的。

四、社区体育资源要素的分类

社区体育资源的分类是指以社区体育资源的本质或显著特征为依据,基于系统化的认识将其分类并形成相对稳定的结构的过程。社区体育资源的分类应根据社区体育资源的性质、特点,按照一定的标准和方法,将其组合成不同类型的过程。

（一）以社区体育资源的创生主体为分类标准的社区体育资源要素分类

社区体育资源要素的形成过程在某种程度上遵循制度变迁的一般规律。制度变迁通常指某一制度安排的变化,而不是指整个结构中所有制度安排的变迁。著名经济学家林毅夫在关于制度变迁的理论研究中,依据制度变迁推进主体的不同,将制度变迁划分为"由社会推进的诱致性制度变迁"和"由国家推进的强制性制度变迁"。两种不同的制度变迁的主要区别是：前者是指由社会新增利益引致的自发性制度变迁；后者是指由政府行政命令和政策法规引致的强制性制度变迁。

本文依据社区体育资源创生主体的不同，将社区体育资源要素分为"诱致性社区体育资源要素"和"强制性社区体育资源要素"。诱致性社区体育资源是在社区居民体育健身意识不断增强的背景下通过社区体育需求的诱导，并经过一定时期的历史积累而逐步显现并发挥主要作用的社区体育资源要素；后者是指在一定的法规秩序和行为的规范下，国家体育机构及其附属组织作为权力中心在短期内迅速形成并且发挥作用的社区体育资源要素。两种资源要素通过长期的积累和相互协调才能不断完善，并逐步发挥出其在社区体育公共服务和产品的供给以及对社区体育活动有效开展的支撑作用。"诱致性社区体育资源要素"主要包括社区体育人力资源、社区体育物力资源、社区体育财力资源、社区体育信息资源、社区体育组织资源、社区体育文化资源、社区体育市场资源等要素；"强制性社区体育资源要素"主要是指社区体育制度资源要素。

（二）以社区体育资源的内容特质及相互关系为分类标准的社区体育资源要素分类

由于社区体育资源各要素的存在形态和内容特质各不相同，并在社区体育发展和社区体育活动开展过程中发挥着不同的作用，且相互之间有着相互关系。因此，本文以社区体育资源的内容特质及其相互关系为标准，将社区体育资源要素分为"基础性核心社区体育资源要素"和"整体功能性社区体育资源要素"两大类。基础性核心社区体育资源要素包括社区体育人力资源要素、社区体育信息资源要素、社区体育物力资源要素、社区体育组织资源要素、社区体育财力资源要素等。他们作为社区体育的核心要素，为社区体育活动的开展提供了资源保障，是社区体育发展和社区体育活动开展必不可少的资源要素。整体功能性社区体育资源要素主要包括社区体育文化资源要素、社区体育市场资源要素和社区体育制度资源要素。上述三种资源要素作为有效的配置力作用于基础性核心社区体育资源要素，以实现社区体育公共服务和产品的有效供给。整体功能性社区体育资源的三种主要构成以配置力作用于基础性核心社区体育资源要素，其配置作用主要表现为配置的数量和规模、配置的效率以及配置的稳定性等三个方面，并在对基础性核心资源要素的配置过程中逐步完善并发展成熟。上述两种资源要素的构成及其相互作用的关系共同决定了社区体育资源配置效率的高低和社区体育活动开展的水平。根据本文研究的需要，文中主要采用这种分类方法对资源要素进行分析。

五、社区体育资源要素的特征

(一)基础性核心社区体育资源要素的特征

就基础性核心社区体育资源而言,社区体育人力资源、物力资源、财力资源是促使社区体育良性发展、社区体育活动开展的重要支撑。三者相互配合共同实现了对社区体育活动的基础性支持作用。而最能反映社区体育发展水平的是社区体育物力资源和财力资源的整体配置情况;人力资源、信息资源和组织资源在社区体育发展过程主要起引导和补充的作用,它们也是反映社区体育发展水平的重要指标。基础性核心社区体育资源的特征主要表现如下。

1. 外部性特征

由于社区体育资源属于公共物品和准公共物品的范畴,基础性核心社区体育资源的不同构成又可以分为准公共物品、俱乐部物品等。因此,基础性核心社区体育资源具有公共物品或准公共物品的一般特征,基础性核心社区体育资源的投入——产出结果消费的非排他性,对于全体社会来说,具有正外部性;而对于社区体育活动的参与主体而言(辖区内的社区居民),则具有负外部性。此外,整体而言,社区体育本身是在一定辖区内进行体育活动,其具有布坎南所阐述的俱乐部物品的特性,因此,基础性核心社区体育资源不可避免地会产生"拥挤"现象。

2. 开放性特征

社区体育的财力资源和物力资源超越了一般意义上资源对时间和空间的限制,进而成为全国性的资源;社区体育资源的开放性为辖区及周边的居民提供了身体锻炼的空间。此外,社区体育资源在不同的区域、街道和社区之间的共享也可以有效提高社区体育资源配置的效率。

3. 消费的非排他性特征

消费的非竞争性和非排他性是公共物品的基本属性,所谓消费的非排他性是指公共物品一旦提供,便会有众多的受益者,大家将共同消费这一物品,不可能将其中的任何人排斥在外。非排他性包含两层含义:一是指消费的非排他性,社区体育资源一旦被提供便可以同时被多个社区居民共同消费,要排除他人共同消费社区体育资源是非常困难的或是成本较高的,无论社区居民是否为社区体育服务和产品支付了价格。二是指提供的社区体育服务和产品也具有非排他性,其主要表现为社区居民的受益与社会的受益存在着巨大的差距。

4. 消费的非竞争性特征

所谓消费的非竞争性是指社区体育资源作为公共物品一旦被提供了，多个社区居民同时消费社区体育资源并不影响其他居民的消费使用，同时社区居民之间也不会出现竞争或争夺消费社区体育资源的情况。由于社区体育资源具有公共物品的基本属性，因此，社区体育资源即具有效用的不可分割的性质。由于社区体育资源具有公共物品的不可分割性，社区居民消费社区体育资源在产生拥挤之前，每增加一个社区居民的边际成本等于零或接近于零，这时的社区体育资源即具有消费的非排他性。而当社区居民对于社区体育资源的消费产生竞争时，就必须采取限制消费人数的措施，那么这时社区体育资源的属性就会发生相应的转变，变为需要限制使用的公共性资源。

5. 区域分布的差异性特征

社区体育资源的分布与发展情况受经济社会发展自身规律的影响，在社区体育资源配置的过程中，除国家统一配置和体育彩票公益金参与配置外，各级地方政府及体育行政部门均会对社区体育配置相应的人力、物力、财力等资源。而由于区域之间经济发展和社会更替等原因，经济水平高的地区，社区体育资源的配置情况较好，而经济水平较低的地区，其社区体育资源的配置情况较差，进而体现出区域分布的差异性。

（二）整体功能性社区体育资源的特征

1. 功能性特征

社区体育制度资源、社区体育文化资源和社区体育市场资源具有配置基础性核心社区体育资源的功能，上述三种资源通过作用于相应的基础性核心社区体育资源以实现社区体育资源的优化配置，并提高社区体育资源配置的效率，同时兼顾配置区域之间的均衡性，最终实现基础性核心社区体育资源的功能。

2. 累积性特征

整体功能性资源的三个重要构成（社区体育制度资源、社区体育文化资源和社区体育市场资源）是在社区体育不断发展变化的过程中逐步形成的，经历了从无到有的历程，其对基础性核心社区体育资源的有效配置也是在其配置过程中不断累积、不断完善的过程中逐步演化而来的。

3. 强制性和引导性特征

社区体育制度资源要素是由国家行政部门及体育主管部门依据社区体育活动自身的规律性和社区体育活动发展的需要而制定的各种政策、法规文件等，具有国家普通政策、法规同样的法律效力，并依靠强制力保障其有效实施。此外,社区体育制度资源对社区体育文化资源和社区体育市场资源还起到了规范和引导的作用,以使其向着有利于社区体育活动良性运行的方向发展。

4. 自发性特征

社区体育文化资源和社区体育市场资源自社区体育产生以来就处于萌芽状态,并伴随着基础性核心社区体育资源的相互作用的过程逐步发展,随着各种体育需求的诱导而不断完善和发挥作用,其现实的引导和调控作用正不断增强,其不断发展变化的过程具有自发的特征。

六、社区体育资源要素系统的提出

系统是由许多不同的具有特殊功能的要素组成的,而这些功能部分之间既有区别又相互联系,系统各组成部分之间按照一定的相似性规律进行归类整合后,形成了隶属于系统的若干子系统,这些子系统构成了系统的整体。根据社区体育资源要素的内容特质和相互关系将其分为基础性核心社区体育资源要素子系统和整体功能性社区体育资源要素子系统。两个子系统之间相互影响、相互作用、相互辅助构成了社区体育资源要素系统,其中基础性核心社区体育资源要素子系统是整体功能性社区体育资源要素子系统的前提和保障,起支撑作用;整体功能性社区体育资源要素子系统对基础性核心社区体育资源要素子系统起完善和配置作用。

(一)社区体育资源要素系统

基础性核心社区体育资源要素子系统与整体功能性社区体育资源要素子系统在相互作用的过程中逐步实现了由要素到整体的提升。整体功能性要素子系统对基础性核心要素子系统具有配置、协调和完善的功能。依据"自组织"理论,基础性核心社区体育资源要素子系统内部各资源要素相互作用不断地输出熵,使其熵值朝着增大的方向发展。同时整体功能性社区体育资源要素子系统通过对基础性核心资源要素的不断调控,使整个系统的熵值朝着减小的方向发展,从而使基础性核心资源要素子系统和社区体育资源要素系统朝着协调、稳定、有序的方向发展,这对于提高基础性核心社区体育资源的配置效率,促进社区体育资源要素系统整体效率的提高和优化社区体育资源配置具有积极的作用。基础性核心社区体育资源要素子系统是社区体育资源要素系统运行的基础和前提,对资源要素系统整体起支撑作用。同时它还是整体功能性社区体育资源要素子系统组织、支配和作用的对象,在整体功能性资源要素子系统和基础性核心要素子系统的相互作用下,共同构成了社区体育资源要素系统。

(二)基础性核心社区体育资源要素子系统

基础性核心社区体育资源要素子系统主要由社区体育人力资源要素、社区体育物力资源要素、社区体育财力资源要素、社区体育信息资源要素和社区体育组织资源要素等五种资源要素组成,上述五种资源要素对社区体育活动的开展起人才保障、智力支持、物质支撑和组织保障的作用。社区体育的人力资源要素(社区体育工作人员、社会体育指导员、社区体育志愿者等)是诸要素中最具能动性和创造力的资源要素,对其他各资源要素起支配作用,人力资源要素使用效率的高低以及配置的合理与否,不仅会影响到其他资源的开发及使用,而且还会直接影响到社区体育活动系统的整体效益和效果,因此称其为"第一要素"。社区体育财力资源、物力资源、信息资源和组织资源是社区体育人力资源组织、指导开展社区体育活动的基础要素,其资源的数量、质量及其稳定性直接影响人力资源要素主观能动性的发挥,对其起到基础支撑的作用,本文将其称之为"支撑要素"。

社区体育人力资源要素的数量、质量及其能动性在很大程度上影响其他资源配置的规模、效率及均等性,甚至对社区体育的发展水平也起着举足轻重的作用。社区体育财力资源要素为社区体育活动的开展、社区体育公共服务和产品的供给提供资金支持,社区体育发展的程度、社区居民的健康水平、社区体育资源配置效率的高低与财力资源要素的投入程度成正相关关系。社区体育物力资源要素是提供社区体育公共服务和产品,满足社区居民体育需要的物质基础。社区体育信息资源要素是人力资源要素宣传健身方法、提高社区居民健身意识、组织开展社区体育活动的信息支撑。社区体育组织资源要素是社区体育活动的组织者和发起者,同时还是社区体育服务和产品的生产者和提供者。因此,组织资源要素是促进社区体育发展和开展社区体育活动的重要载体。

(三)整体功能性社区体育资源要素子系统

整体功能性社区体育资源要素包括社区体育制度、市场和文化等三类资源要素。其中社区体育市场资源要素和文化资源要素属于"诱致性社区体育资源要素",社区体育制度资源要素属于"强制性社区体育资源要素"。上述三种资源虽有不同的分类,但三类资源要素均属于制度范畴,只不过制度和市场资源要素属于正式的制度范畴,文化资源要素属于非正式的制度范畴。社区体育市场资源要素和文化资源要素具有"自组织"的性质,而制度资源要素则具有国家强制性的人为设计特点。

目前,我国社区体育市场资源要素还处于初级发展阶段,它是在基础性核心社区体育资源之间相互作用的过程中为了实现社区体育资源的合理配置、提高资源配置的效率、保证社区体育公共服务的均等性而逐步形成和发展出的,具有自组织性、实施费用低、资源配置效率高等特点。由于通过自组织过程提供的制度安排的供给将少于最佳供给,同时由于基础性社区体育资源要素具有公共物品的特性,将会使社区体育文化资源要素和社区体育市场资源要素在配置的过程中存在无效率区域。因此,需要政府及其相应组织提供相应的制度供给,对市场资源和文化资源要素进行干预,以弥补两种资源要素在社区体育资源配置过程中存在的不足。政府部门对于社区体育制度资源要素的供给不仅可以有效地对市场资源要素和文化资源要素进行规范和引导,提高资源配置的效率,而且可以有效地减少配置无效率区域的存在,进而完善其资源配置的功能。一般情况下,社区体育制度资源要素的供给是以市场资源要素和文化资源要素为依据和前提的,而市场资源要素和文化资源要素在一定程度上也会影响社区体育相关政策、法规的制定和执行。二者是相辅相成、相互影响的关系。社区体育文化资源要素是社区体育人力资源要素及其资源供给对象在资源配置的过程中逐步形成的行为习惯、价值观等,其对社区体育资源的优化配置起到潜移默化的作用。良好的社区体育人力资源要素有利于减少逆向选择和干预社区体育活动行为的发生,从而减少"搭便车"现象,进而达到节约交易成本,提高资源配置的效率的目的。文化资源要素不仅是社区体育资源要素系统中重要的组成部分,而且还是一种有效的资源配置方式。

第二节 社区体育资源配置的方式、方法

一、社区体育资源配置方式

(一)社区体育资源配置方式的含义和决定因素

所谓社区体育资源配置方式,是指分配社区体育资源时所采取的形式。要对社区体育资源配置方式进行深入研究,首先应对社区体育资源配置方式的决定因素进行分析。资源配置方式主要是由其使用主体的经济体制决定的。如:实行计划经济体制的国家,一般采用计划配置方式,而实行市场经济体制的国家,一般采用市场配置方式。

计划经济体制的显著特点主要有以下三个:第一,从决策结构来看,国家以制订和负责实施计划的方式集中掌握和支配着社会资源的配置。决策权力的分配采取行政性的方式,形成一种金字塔式的等级结构,决策权以行政系统为载体,层层分割,分级实施管理;第二,从信息结构看,信息的流动

以纵向为主;第三,从动力结构来看,决策的制定者和执行者是分离的,决策执行者执行的决策往往并不是根据自己的利益而做出的选择,因而,要使决策得以贯彻执行,就需要决策制定者人为地加以推动。因此,在计划经济体制下,社区体育资源的配置方式只能实行与计划经济体制相适应的高度集权的计划管理型配置方式。

市场经济体制的显著特点主要有三个:第一,社会组织、企事业单位行为自主化,不再受国家直接的行政干预,拥有充分的自主决策权,能够根据市场条件的变化来自主决策。第二,资源配置市场化,国家不再制订和实施周密细致的行政计划来掌握和控制社会资源的配置,社会资源的配置由计划转向市场,主要通过制定和执行规则来维护市场秩序,保持公平竞争,为市场机制正常发挥作用创造条件。第三,宏观调控间接化,政府的职责主要是对经济发展进行宏观调控,使市场经济有序稳定发展,政府主要是针对宏观经济的总量进行间接调控,主要是通过制定有效的宏观调控政策来引导经济的发展。因此,在市场经济体制下,社区体育资源的配置方式只能实行与市场经济体制相适应的市场型配置方式。

通过对社区体育资源配置方式决定因素的分析,研究认为:从词源意义上来说,社区体育资源配置方式是指体育资源配置时所采取的形式,但从本源上说,社区体育资源的配置方式就是指配置社区体育资源的根本体制。即计划经济体制的国家或者处于该体制的发展阶段就采用与之相适应的计划配置方式;市场经济体制的国家或者处于该体制的发展阶段就采用与之相适应的市场配置方式;处于由计划经济向市场经济转型时期的即采用计划与市场相结合的配置方式。

(二)社区体育资源配置方式的分类

社区体育资源与其他资源一样,在一定的时期、一定的条件下都存在着稀缺性。为了使社区体育资源的配置发挥最好的社会效益和经济效益,应根据经济体制的转变过程分别采取相适应的配置方式。

1.计划配置方式

所谓计划配置方式,就是指社区体育资源的分配由政府决定,政府命令行政单位、企事业单位和个人按照国家体育发展计划行事的一种方式。政府可以通过各种手段直接或间接地调节资源配置,这种方式有利于集中有限的资源实现预期目标,从而以较低的成本使体育资源配置符合经济和社会发展的要求。政府设立专门的体育管理组织,依靠计划原则和行政方式进行全面管理,而各种社会体育组织则常常不具备实质性的管理功能。

采用计划配置方式实现社区体育资源合理有效的配置,必须充分了解社区居民的体育需求情况,以及社区体育资源的整体状况和供给能力,只有达到供给与需求的平衡,才能实现良好的经济效益和社会效益。计划配置方式还需要建立和健全信息系统,只有通过信息系统建立供给与需求之间的信息沟通,才能对社区体育资源配置系统进行合理调节。而且计划配置方式在对社区体育资源进行调节过程中还要处理供需双方的利益问题,同时由于社会体育组织、企事业单位、第三部门等利益相关组织的存在,它们的主动性和积极性如果不能充分调动起来,就不可能实现社区体育资源的合理配置。同时,由于政府部门也是利益主体的一部分,一些决策及目标的设立会受到决策者主观意愿的影响。因此,以这种带有个人主观性和多元化特点的政府调控为中心,通过计划配置的方式进行社区体育资源的配置,显然存在许多弊端。

2. 市场配置方式

市场配置方式是指社区体育资源的流向和配置完全由市场来支配,这是一种以市场机制为前提的资源配置方式。市场机制就是通过市场价格的波动、市场主体之间对利益的竞争、市场供求关系的变化而调节经济运行的机制。由于市场机制以利润和亏损为标准来解决资源配置的各种问题,具有物质利益性、自主性、平等性、竞争性、开放性等属性特征,因此,它对社区体育资源配置效率的提高是非常有益的。

对于社区体育资源配置方式的深入研究,需要市场化理论和经济思想理论的有力支撑。所谓市场化就是政府逐渐放松规制,合理配置资源的过程,经济对市场机制的依赖程度不断加深和增强,也是市场机制逐步产生、发展到成熟的演变过程。从经济思想理论来看,古典与新古典经济主义主张,发挥市场自由竞争和自我调节的作用,国家少干预经济。凯恩斯主义认为,现代资本主义经济是由公共经济部门和私有经济部门组成的混合经济,因此,既要发挥市场机制的作用,又要对经济进行干预,用市场机制补充国家调节的不足。新凯恩斯主义则认为市场和政府都不是完美的,二者需要相互结合,政府要发挥有限的干预作用维持市场的竞争秩序。

社区体育资源的市场配置方式是指由政府分配社区体育资源向市场调节社区体育资源的转化,具体地说,就是放松国家对社区体育资源的数量和价格的管制,通过市场价格的波动、市场主体的竞争、市场供求关系的变化而调节体育资源配置的一种方式。在具有竞争性的市场体制中,市场供求比例的变化以及由此而引起的价格波动,为配置主体传递反映社区体育资源稀缺程度的市场信息,并给他们带来赢利的刺激,引导他们的资源向资源稀缺程度最大的供不应求的生产部门转移,进而缓解社区体育服务和产品供给和需求的矛盾,从而使社区体育资源得到有效的配置。但是,以市场配置方式实现社区体育资源的帕累托最优需要一定的环境和条件。其一,必须具有健全和完善的体育市场体系。其二,不能存在任何形式的垄断。而上述两个条件在现实的社会环境中是难以实现的,因而单纯地依靠看不见的手来调节社区体育资源的配置必然存在某些弊端。一方面配置主体之间因自身追求利益的最大化,会使各配置主体之间产生不正当竞争而引起资源配置效率低下。另一方面,市场化情况下,各配置主体为了追求利益最大化,社区体育资源配置会向着经济发达的地区倾斜,这会导致社区体育资源配置结构的不合理。总之,社区体育资源的配置过程是提供社区体育服务和产品的过程,除了要考虑经济效益外,还要注重社会效益,因为社区体育资源配置本就是社区公共服务和社会福利的重要构成部分。

3. 计划与市场相结合的资源配置方式

计划配置方式和市场配置方式都有其存在的优点和不足。在进行资源配置的过程中,以市场机制为主,辅之以计划手段进行间接的宏观调控,以弥补市场机制的不足。这两者之间的关系实际上就是经济领域里"看不见的手"与"看得见的手"的关系。然而这一理论即便是在纯粹的经济领域也有其一定的适用范围和局限性,会产生市场失灵的状况。需要政府这只"看得见的手"进行资源配置过程中的干预和优化,以维持效率、平等和稳定。

计划与市场相结合的配置方式在全球有着广泛的使用范围。许多国家都根据自己的国情,不断地调整着资源配置的方式。即使这样,计划与市场相结合的配置方式也存在一定的区别,有的是政府主导型,有的是市场主导型。由此,混合型的资源配置方式又依其侧重点的不同分为多种类型。

在社区体育资源的配置方式过程中,也需要"看不见的手"和"看得见的手"有机结合,共同配置社区体育资源。在体育资源的配置中,既要依靠市场的价格机制、供求机制、竞争机制以更新资源、优化配置,将资源配置搞活,提高资源利用效率,又要采取必要的法律、行政手段进行干预和指导,规范市场行为,并使社会成员在使用体育资源方面享有必要的平等性。就社区体育资源配置而言,根据社区体育服务和产品的公共性以及社区体育在体育事业发展中的重要性,宜采用政府主导型的资源配置方式。由于社区体育资源的配置更加注重其配置的社会效益,因此在配置过程中应实行较强的计划配置,以满足社区居民不断增长的体育需求和保障社区居民的体育权利。但同时也要发挥市场的作用,以保证配置效率的提高和配置结构的优化。

(三)我国社区体育资源配置的方式

在计划经济时期,体育曾被看成是一种社会福利事业,其生存和发展均受制于政府的需要和行为,计划配置方式就成为该时期的特定产物。随着我国的经济体制由计划经济体制向市场经济体制的转型,计划配置方式已不能适应经济体制变革。市场配置方式成为转型过程中社区体育资源配置方式的必然选择。市场经济条件下,社区体育资源的产权发生了变化,配置主体从单一的政府主体向多元主体发展,社区体育的福利性减弱,市场配置方式成为必然。然而,由于我国经济体制的变革正处于转型阶段以及市场这只无形的手存在的弊端,又需要政府通过计划对市场进行调控和约束,因此,计划与市场相结合的混合型配置方式成为我国现阶段社区体育资源配置方式的最佳选择。用计划约束市场以克服市场的盲动,用市场盘活计划以褪去计划的呆板。

计划配置方式在一定时期内的存在也是合理的、可行的、有效的。由于政府运用计划配置方式可以使有限的资源集中在重点领域,使社区体育可以在局部有所突破,所以其存在也有效地促进了我国社区体育的发展,但其不足也是现实存在的。主要表现在:第一,配置主体的单一性;第二,配置手段的行政性;第三,配置模式的官办合一;第四,配置结构的失衡性;第五,配置方向的倾向性。

目前,我国的社区体育资源配置方式正逐渐由政府配置为主向以市场配置为主的方向转变,资源配置的主体也出现了多元化的趋势,形成了政府及行政部门、企事业单位、社区居民个人等多种配置主体。

但这种配置方式既不同于计划配置方式,也不同于市场配置方式,而是带有明显的政府主导型的过渡性质的社区体育资源配置方式。政府主导型的社区体育资源配置方式比以前的计划配置方式有了不少改进,但由于其过渡性质和路径依赖的约束,决定了它存在着一定的弊端,在一定程度上可以促使社区体育资源配置效率的提高,但还不能达到社区体育资源配置的帕累托最优。因此,社区体育资源配置方式的改革还要继续加强,以促使社区体育资源配置效率的提高和结构的优化。

二、我国社区体育资源配置的方法

(一)社区体育资源配置方法的含义

资源的稀缺性决定了任何一个社会都必须通过一定的方式把有限的资源合理分配到社会的各个领域中去,以实现资源的最佳利用。资源配置历来是经济学家关心的课题,资源配置不仅是一个经济问题,还是一个与人类生存、发展和价值目标追求密切相关的社会问题。社区体育资源包括人力资源、物力资源、财力资源、信息资源和组织资源等。如何能使稀缺的社区体育资源的配置效率达到帕累托最优,使其发挥最大的效益,同时能够合理优化社区体育资源配置的结构,兼顾"公平和效率"是社区体育资源配置研究的主要内容。

社区体育资源配置方法是指在规划、分配社区体育时采取的门路、程序等。决定社区体育资源配置方法的要素很多,但起决定性作用的是社区体育资源的配置模式。一般来说,社区体育资源的配置模式主要有两种:一种是粗放式的配置模式,另一种是集约式的配置模式。因此,社区体育的资源配置方法也可以分为粗放式的社区体育资源配置方法和集约式的资源配置方法。

(二)社区体育资源配置方法的决定因素

体育资源配置的模式决定着社区体育资源配置的方法。依据体育资源配置模式的粗放型和集约型,与之相对应的社区体育资源配置方法也可以分为粗放式社区体育资源配置方法和集约式社区体育资源配置方法。从某种意义上来说,体育资源的配置模式是决定社区体育资源配置方法的基本前提。如果一个国家采用粗放式的体育资源配置模式,其采用的社区体育资源的配置方法也将主要采用粗放式的方法;相反,如果一个国家采用集约式的体育资源配置模式,其社区体育资源的配置方法也将主要采用集约式的方法。随着我国经济体制的转轨和社会体制的转型,社区体育资源配置方法也在发生着转变。从词源意义上来讲,社区体育资源配置方法固然是指分配社区体育资源时所采取的门路和程序,但从本源上来说,社区体育资源配置方法就是指体育资源配置的模式。

新中国成立以来,我国的体育事业是在计划经济体制的环境下发展起来的,并随之形成了一套建立在计划经济体制基础上的体育发展模式,这种模式是一种典型的粗放型经营模式。粗放式的体育资源配置模式主要有以下特点:第一,对体育资源的配置只讲求结果,并不认真研究配置过程中的投入产出比,有时为了追求各项体育发展目标,投入大量的体育资源,但投入过程中由于缺少必要的核算和监管,导致产出效率低下。第二,对体育资源的配置只注重整体,忽视细节,往往是根据既定的体育投入计划,将体育资源投入某些方面,但对配置过程中的细节缺少必要的研究,导致配置过程中存在大量的资源浪费现象。在计划体制下,体育决策部门根据自己掌握的有关全社会稀缺资源的状况,生产和消费需求的各种信息,然后计算怎样在不同的地区、不同的部门之间去配置,才能取得最佳效益,然后根据计算结果,编制统一的体育发展计划,并把每个计划层层分解,一直到基层执行单位。在计划经济条件下,由于配置主体单一、统得过死,信息的不完全性使得体育投入的计划不能完全实现,也不能实现资源的合理配置。第三,体育资源配置需要结构平衡的概念,大量的体育资源投入到体育事业中去,但由于缺少必要的结构平衡把握,导致体育发展结构性失衡。如公共体育场馆的建设并不是按人口和区域分布进行建设的,而是按照部门单位和行政区划进行建设的,使得大量场馆建设投入到了大城市和机关单位,严重影响了场地设施配置的经济效益和社会效益。

当前,广大人民群众日益增长的体育需求和社会体育资源相对不足之间的矛盾仍然是我国体育事业发展的主要矛盾。人民群众的体育需求也因体育资源的高消耗、低产出而无法得到满足。随着社会主义市场经济体制的逐步确立,我国体育事业发展的那种高指标、高投入、低效率的粗放型发展老路子显然已经与当前的社区体育的体育发展模式不符。必须走消耗少、成本低、效益高的集约式发展模式。集约式的体育资源配置模式具有如下几个特点:第一,对体育资源的配置不仅讲求结果,还要求认真研究配置过程中的投入产出比,确保用最少的体育资源投入达到既定的体育发展目标,或者在体育资源投入既定的前提下获得最大的体育发展效果。体育事业的集约型讲求低投入、高产出的发展方式,它所包含的实际含义是:在体育资源一定的情况下,体育部门向社会所提供的产品包括商品和劳务的数量越多、质量越高,体育资源投入的效益就越高,反之则越低。第二,对体育资源的配置不但注重总体,更重视细节,在体育资源配置的过程中,确保不浪费一丝一毫的体育资源,使体育资源得到最大限度的利用。体育资源的有限性,使得人们在使用体育资源的过程中,不仅应当考虑体育的社会化公共属性,还要考虑其经济性。要充分利用市场的价值规律和竞争机制,保持生产与需求之间的均衡,从而实现体育资源的有效配置。第三,对体育资源的配置注意把握结构平衡。在体育资源配置的过程中,确保体育资源的配置与体育发展的需求相一致,确保整体协调发展。在集约式的体育资源配置模式下,社区体育资源的配置方法也必然是与集约式的配置模式相一致的集约式方法,有力保证了社区体育资源的配置效率。

从根本上讲,体育增长方式的转型是体育事业发展速度与投入要素的使用效率、效益问题,其实质就是体育事业整体发展水平的提高。这种转变,一方面在于构建适应社会主义市场经济体制的体育资源配置方式,即发挥市场对体育资源配置的基础作用;另一方面在于转变体育资源的利用方式,即立足于效率和效益的提高,走"集约化"发展道路。

（三）社区体育资源配置的方法分类

前文已有关于社区体育资源配置方法分类的论述,即采用粗放式的体育资源配置模式的国家,其社区体育资源配置方法将主要采用粗放式的方法;而采用集约式的体育资源配置模式的国家,其社区体育资源配置方法也主要采用集约式的方法。因此,依据资源配置类型来划分,社区体育资源配置方法可以划分为两种:即粗放式的社区体育资源配置方法和集约式的社区体育资源配置方法。

粗放式的社区体育资源配置方法,就是指强调投入,扩大规模,而不计效益的资源配置方法。在粗放式的社区体育资源配置方法下,虽然投入了大量的社区体育资源,但由于社区体育资源浪费现象严重,投入产出比例很低,社区体育服务和产品的产出并不高,社区体育资源配置效率难以保证。实行粗放式社区体育资源配置方法的,主要集中在传统计划经济体制下的国家。粗放式的资源配置方法在我国竞技体育事业和群众体育事业发展过程中起到了重要作用。但这种粗放式的发展模式也有其自身无法克服和解决的局限性。首先,粗放式的社区体育资源配置方法只适用于发展水平较低的社会环境。改革开放前,我国生产力水平低下、社会变迁缓慢、社会环境封闭、社会价值体系高度统一。在这种体制和结构下,采用粗放式的资源配置方式是与当时的社会环境相匹配的。在我国逐步进入市场经济的条件下,各种社会因素变得日益显著,粗放式的配置方式已不能适应新的社会环境,其配置方法阻碍了社区体育资源配置效率的提高。其次,粗放式的社区体育资源配置方法仅适合体育需求较低的社会环境。随着人们生活水平的提高、社会的开放,社区居民的体育需求出现了多元化和多层次化的发展趋向。粗放式的社区体育资源配置方法已不适用体育需求逐步增加的社会环境。最后,粗放式的社区体育资源配置方法仅适用于依靠行政强制手段加以维持的社会环境。社区体育资源配置的计划体制在强有力的政府行政干预下的确可以发挥集中力量办大事的效果,但是当社会经济转向市场经济的轨道,社区资源配置主体的多元化成为发展的必然趋势,单一的政府力量和僵化的科层体制根本无法适应新形势下的社区体育发展需求。多元化主体参与社区体育资源配置的局面正在逐步形成。

集约式的社区体育资源配置方法是指依靠提高效率实现产出增长的资源配置方法。这种配置方法讲求高效率,社区体育资源得以充分利用,投入产出比高,社区体育资源的配置效率高。随着经济体制的转轨,社区体育资源配置方法也在逐步向集约式的社区体育资源配置方法转型。首先,集约式的社区体育资源配置方法表现在资源配置的市场化方面。在我国经济体制转型的过程中,社区体育资源配置方式正逐渐由以政府配置为主向以市场配置为主的方向转变,社区体育资源配置的主体逐渐多元化,形成了政府、社会、社区居民个人等多种配置主体的局面。在市场经济条件下,竞争能够使成本低的体育产品和劳务的生产与经营替代成本高的生产与经营,把体育资源配置到效益较好的环节中去。但是,社区体育资源作为准公共物品,并非将社区体育资源的配置全部推向市场,在实际的配置过程中可以依据现实情况选择。所以,集约式的社区体育资源配置方法会打破原有计划经济体制下由政府独立办体育的局面,实行社会化、产业化。社区体育资源配置在以效益为导向的前提下,积极吸纳社会力量参与社区体育资源的配置。此外,社区体育资源配置也应当遵照市场经济的规律,充分利用市场经济的基本原则、方法和手段。以实现社区资源最优配置的市场化运作。最后,集约式的社区体育资源配置方法讲求低投入、高产出的发展方式。在社区体育服务和产品的数量和质量一定的情况下,体育资源的投入或耗费越少,资源配置效益越高,反之则低。

(四)我国现行社区体育资源配置方法及成因

随着经济体制的转型和社会体制的转轨,我国的社区体育资源的配置方式也逐步从粗放式配置方法向集约式配置方法转变,但由于改革的滞后性,粗放式的配置方法仍然占据着主要位置。无论是从投入产出比率来看,还是从社区体育资源的管理来看,粗放式的体育资源配置方法的痕迹仍然很明显,其影响着我国社区体育资源配置效率的提高和配置结构的优化。但随着改革的逐步深入,配置效率逐步得到提高,配置方法也必须做出相应的改进。

粗放式的配置方法作为现行社区体育资源配置方法的主体,有其体制、管理和技术等方面的原因。充分认识现行社区体育资源配置方法存在的原因和影响因素,对于改进社区体育资源配置方法,提高社区体育资源配置效率,优化社区体育资源配置结构具有重要的意义。粗放式的社区体育资源配置方法的特征主要表现在:第一,只强调投入和扩大规模,而不计配置效益。在粗放式的配置方法的支配下,存在着大量的资源浪费现象,往往是投入了大量的资源,而效率却比较低,效益情况也很差。第二,价格体系不能充分反映社区体育资源的稀缺程度。在社区体育资源配置的过程中,市场通过其价格体系也发挥着基础性配置作用。但由于需要按照计划的形式将大量的社区体育资源投入到社区体育运行中去,市场价格必然会出现与资源的稀缺程度相违背的情况,市场价格并不能反映社区体育资源的真实的供给与需求情况。第三,管理手段滞后。管理手段的滞后不仅是粗放式配置方法的成因,也是粗放式配置方法表现出来的显著特征。我国社区体育工作主要依靠群众体育的行政部门来管理和调控,造成了政事不分、官办不分,束缚了社会力量办体育的积极性和创造性。这种单一的体育管理模式排斥体育的社会化和市场化,一方面造成了政府社区体育资源供给的不足,另一方面提供的社区体育服务和产品无法满足人民群众日益增长的体育需求。第四,配置结构失衡。在粗放式配置方法的支配下,社区体育资源配置只能按照计划的方式配置到相应的地区和人群。不能统筹兼顾社区体育的可持续发展,配置结构的失衡是粗放式配置方法的主要特征。

政府作为我国社区体育资源配置的配置主体,政府投入大量的人力、物力和财力以满足社区居民的体育需求。但由于这种配置方式需要大量社区体育资源的投入,同时由于我国现行的社区体育资源配置的计划也是以社区体育资源的充分利用为目标的,以及现行的技术手段和管理方式的原因,共同决定着粗放式配置方法的现实存在。第一,体制的原因。我国现在正处于由计划经济体制向市场经济体制转型时期,体育改革的滞后性使得社区体育资源配置仍以计划配置方式为主,计划的制定体现了配置的政治性而削减了配置的经济性,因此,社区体育资源配置采用粗放式的配置方式也就在情理之中了。第二,管理方式的原因。我国体育管理体制的基本特征是:政府以计划经济手段配置体育资源,以行政手段管理体育。政府既是"办"体育的主体,也是"管"体育的主体。在计划体制之下,国有产权被虚置,产权代表是政府,但因为缺乏有效的责权利的激励和约束机制,所以没有人对国有资产实际负责。在此管理模式下,粗放式的社区体育资源配置方法起着主要作用,其配置过程不计投入产出效率。第三,技术手段的原因。市场经济条件下采用集约式的配置方法配置社区体育资源需要相应的技术手段的支持,而由于我国正处于转型期,技术手段的落后制约着配置方法的改进。第四,法制及社会监督的原因。计划经济体制下,体育事业的发展主要依靠国家政策的支持,缺乏统一的法律制度加以保障。即使有法律,其对体育资源在配置过程中权、责、利的界定也不清晰。体育资源的过度投入与低效产出,可以视为制度经济学中较为明显的"搭便车"现象。产权的不清晰使得体育资源在缺乏国家法律和社会监督的机制下无端流失。社区体育资源配置过程中,无论是政府还是其他配置主体都没有在有效的法律监督机制下配置社区体育资源,使得"搭便车"现象不能得到有效抑制。因此,粗放式的配置方法就成为社区体育资源配置的主要方法。

(五)国外社区体育资源配置的方法及启示

1. 国外社区体育资源配置的方法

发达国家大都采用集约式的社区体育资源配置方法,尊重市场规律,充分注意社区体育资源的有效利用,从而有力保证了社区体育资源配置的高效率。我国在从粗放式的社区体育资源配置方法向集约式的配置方法转型的过程中,应当借鉴国外的经验,并根据我国的实际情况加以应用。

许多国家都是以市场为导向,按照经济规律来配置社区体育资源的。各种资源的价格由市场来进行定价,市场供不应求的资源,其价格自会上涨,而市场供大于求的资源,其价格自会回落。政府一般不会出面干预体育资源价格的波动,而是由市场来自行调节,并将更多的体育资源用到有市场潜力和发展前景的方面,以此来促进资源的优化配置。按照市场运行的价值规律来调节社区体育资源配置,利益主体通过参与市场竞争来实现各自的利益。政府的职责是采取措施消除不必要的垄断和行政干预,保障各利益主体均等地参与市场竞争。著名的美籍奥地利经济学家熊彼特充分论证了技术变革对经济发展的影响,并将技术创新摆在了促进经济发展的重要位置。因此,许多国家采用先进的管理手段配置社区体育资源。如:信息技术的应用、网络技术的应用和 GIS 技术在社区体育资源配置中的应用等。一旦有技术上的突破,并且这种技术被证明可以应用到社区体育资源配置中去,就可以大胆采用,先进的方法会提高配置过程的便捷性。

社区体育资源的稀缺性决定了社区体育资源的配置目标应包含两个层面的意思。第一,使有限的资源能够被充分利用,产生最大的经济效益和社会效益;第二,为了达到同样的配置效益而消耗较少的社区体育资源。因此,国外许多国家都非常重视社区体育资源的配置情况,要让社区体育资源做到物尽其用,使社区体育资源真正得到充分利用。在日本,大众体育设施构成按照管理主体或所有制性质可以分为公共体育场地设施、企业(单位)体育场地设施、民间体育场地设施等。日本文部省从 1969 年起,几乎每隔 5 年就进行一次体育场地设施的现状调查。为提高体育设施的利用率,真正方便广大居民,日本政府在统筹规划体育场地的同时将地方的自主性放在首位,使各级政府能够根据自己的实际情况制订实施建设计划。在设施的管理和经营利用上则采取灵活实用的方式,并树立典型进行奖励和表彰。

2.国外社区体育资源配置方法的启示

发达国家依靠集约式配置方法对体育资源进行配置,有力保证了体育资源的配置效率。给我国改革社区体育资源配置方法和提高体育资源配置效率提供了一些重要的启示和借鉴。

(1)更加重视市场机制的调节作用

将稀缺的社区体育资源配置于生产多种社区体育服务和产品中,以满足社区居民的体育需求是社区体育资源配置的主要任务。从发达国家的实践和经验来看,市场机制可以使体育资源配置效率更高。在进行体育资源配置的过程中,应以市场经济为基础,以商品交换为前提,在社区体育的发展和运行过程中,应以基层社区现有的体育资源为基础,以基层社区体育组织为纽带,以社会化和市场为支柱,合理配置社区体育资源、优化社区体育配置结构、提高社区体育资源配置效率。改革开放以来,市场机制已经成为我国资源配置的基础性手段。但我国对体育资源配置的改革一直比较缓慢,严重影响了社区体育资源的配置效率。我国应借鉴发达国家配置体育资源的有益经验,在国家宏观调控的前提下,更加注重发挥市场机制对社区体育资源配置的调节作用。

(2)采用先进的技术手段和管理手段

技术手段和管理手段的先进与否,影响着社区体育资源配置效率,没有先进的技术手段和管理手段做支撑,提高体育资源配置的效率就不可能实现。纵观发达国家社区体育资源配置方法的实践,其先进的技术手段和管理手段发挥着巨大的作用。因此,我们应注重引进发达国家配置资源的先进手段和管理理念,以更加先进的技术手段和管理手段提高我国体育资源配置效率。

(3)提高体育资源配置的投入产出比例

在我国,社区体育场地设施主要是由政府主体配置的,而且大多由政府统一管理,极少部分通过委托管理的方式委托私人或社会团体管理。在日本,体育场地设施一般由体育协会、建造单位、专门经营场地设施的公司和企业管理,相比之下,我国场地设施管理单一且僵化,制约了其他社会团体和相关部门参与管理的积极性,从而出现了产权模糊和软约束的现象,场馆建设参与主体的责任感也相应地被削弱,致使我国体育场地设施不能物尽其用,从而造成物质资源和管理人员方面的巨大浪费。因此,我国在社区体育场地设施的开发和利用方面应该注意:无论是标准的公共体育场馆还是非标准的社区体育设施都应以其利用率的提高为主要目的。对于社区辖区范围内的学校体育场地应该促使其对外开放,以供社区居民使用,进而提高其使用率。衡量社区体育资源配置效率高低的一个重要标准,是社区体育资源的投入产出比例,如果社区体育资源的投入产出比例长期处于比较低的水平,就很难说社区体育资源得到了最优配置。因此,提高社区体育资源的投入产出比例,是提高社区体育资源配置效率的一个重要方面,我们在配置社区体育资源时,要将投入产出比例作为一个重要的参考目标。

第三节　社区体育资源优化配置的对策

基于前文对于社区体育资源配置系统理论的研究,本章主要从社区体育资源配置主体、社区体育资源配置的客体、配置环境等方面提出提高我国社区体育资源配置效率、优化社区体育资源配置的对策。该对策主要是基于省域面板数据影响因素的分析而提出的,但对于其他不同层级的社区体育资源配置活动同样具有指导意义。

一、社区体育资源配置客体方面

社区体育资源配置的客体包括社区体育人力、物力、财力、组织和信息等资源要素,而人力资源、财力资源、物力资源、组织资源、信息资源要素又是社区体育资源配置的基础性核心要素。其中社区体育人力资源要素是资源配置系统中最具能动性的要素,财力资源是开展社区体育活动、发展社区体育、提供社区体育公共服务和产品的经费保障,物力资源是提供社区体育公共服务和产品的物质基础①。前文对于社区体育资源要素的系统理论研究表明,基础性核心社区体育资源是社区体育资源配置过程中的关键性资源要素,对社区体育资源配置活动起着重要的支撑和保障作用,基础性核心社区体育资源的规模、结构和组合情况直接关系着我国社区体育资源配置的效率。

通过分析发现,造成社区体育资源配置效率不高的主要原因是:第一,相对于我国的人口规模来说,我国社区体育资源整体的投入不足;第二,资源配置过程中存在着资源配置结构不合理和资源浪费现象,从而影响了社区体育资源配置效率的提高;第三,社区体育资源投入的产出不足。基于此,本文提出以下对策以促进社区体育资源配置效率的有效提高②。

(一)加强社会体育指导员的培养、使用和管理,优化社区体育管理人员配置

社会体育指导员是发展社区体育的重要力量,是沟通体育管理部门和社区体育的桥梁。不仅是科学健身活动的组织者和指导者,还是健康生活方式的宣传者和倡导者。2011 年,我国已有公益性社会体育指导员 80 余万人,在满足社区居民健身指导需求和促进社区体育组织化、科学化和社会化方面发挥了重要的作用。现阶段社区居民旺盛的健身指导需求与体育健身指导供给不足的矛盾,主要是政府体育健身指导基本公共服务的数量的不足和质量缺乏保障,从而影响了社区体育的产出总量,进而影响了社区体育资源配置的效率。

社会体育指导员技术等级制度颁布实施以来,社会体育指导员的整体发展规模较小,管理体制和运行机制尚不健全,社会体育指导员的指导率相对较低,社会体育指导员的总量、结构和素质均不能满足现实的指导需求,

---

① 李洪波. 城市社区公共体育资源合理配置研究[M]. 济南:山东人民出版社,2015.
② 同①.

社会体育指导员配置的区域间的不合理和发展的不平衡,在一定程度上均影响着社区体育投入产出的总量,影响着社区体育资源配置的效率。因此,应加大对社会体育指导员的培养力度,当然,加大对社会体育指导员的培养,并不仅仅是扩大社会体育指导的规模,还应处理好规模和效应之间的关系,在社会体育指导员整体数量有所增加的情况下,注意加强指导员的素质提高和组织建设。在社会体育指导员队伍规模合理、组织优化、效用充分发挥的情况下,经常参加体育锻炼的人数就会增加,社区居民的身体素质就会有所提高,进而促进了社区体育资源配置效率的提高。

社区体育管理人员是社区体育活动开展的重要资源之一,从目前我国社区体育管理人员的配置情况来看,主要是以兼职管理人员的形式投入到社区体育管理工作中去,专职的社区体育管理人员总数相对较少。一般情况下,兼职的社区体育管理人员还要负责文化等其他方面的工作,在一定程度上影响了社区体育管理人员的工作投入,进而影响社区体育人力资源投入的总量和配置的效率。因此,在社区体育管理人员的配置方面,应逐步加强兼职管理人员向专职管理人员的逐步转型,同时加强管理人员的培训,并注重社区体育管理人员在不同区域间配置结构的均衡。

(二)继续加大财力资源的配置力度,强化配置结构的优化和区域平衡

1. 加大政府的财力资源投入

社区体育资源的准公共物品属性决定了社区体育活动具有消费的非排他性和正外部性等特点。因此,政府在社区体育资源配置中的主导作用显得尤为重要。从2009-2011年财政投入的总额来看,2009年受奥运会的影响,全民健身活动广泛开展,投入了243亿元用于发展群众体育事业,2010年有小幅下降,投入了总计196亿元群众体育事业费,2011年有一定幅度的提高,投入了总计217亿元群众体育事业费。虽然我国的群众体育事业费的投入金额处于不断增长的状态,但由于人民的健身意识和健身需求的增加,国家财政投入的经费总额仍不能满足现有的需要。应不断加大地方政府财政投入的力度,同时也应适当增加国家财政投入的比例。上述财政投入的增加,在财力资源的配置规模上会对现有资金不足的现状有一定程度的改善,但社区体育资源配置还应以优化配置方式、改善配置方法,处理好配置的结构,在内部深化社区体育资源配置的合理性,以从根本上提高社区体育资源配置效率,优化社区体育资源配置。

2. 加强社会的资金投入

社会资金的投入主要是通过社会筹资和社会捐助等形式发生的社区体育财力资源筹集的重要渠道。社会筹资用于发展社区体育有利于提高社区体育配置规模和效率,加大社会资金的投入有利于更多的资金投入用于发

展社区体育,为社区居民提供充足的社区体育场地设施、健身路径、健身知识等,前文对于社区体育财力资源配置现状进行分析时已表明,虽然政府的财政投入仍然是财力资源配置的最重要的部分,但社会筹资在社区体育财力资源配置中起到了有效的补充作用。其一方面增加了开展社区体育活动的积累资金,另一方面通过社会筹资结合政府的政策供给,激励社区体育的发展。

建立社区体育财力资源投入的多元机制。长期以来我国的竞技体育和群众体育处于不平衡的状态。现阶段体育公共服务的重要性已经多次被提及,体育公共服务强调了体育部门应该承担的社会责任,单单仅靠政府部门的投入还不足以满足人民群众日益增长的多样化的体育需求。因此,应当扩大社区体育资金的投入渠道,积极引导社会筹资、社会捐助、居民个人投入的力度,建立政府、社会、社区居民个人为主要投资主体的相对稳定的投入体系,以促进社区体育财力资源投入的增加,弥补社区体育财力资源投入相对不足的现状。

通过对东、中、西部三个地区的群众体育财政投入和体育彩票金用于群众体育支出的总额的现状分析发现,东部地区的资金投入总额明显高于中部地区和西部地区的资金总额,说明在社区体育财力资源配置总额方面存在着配置不均衡的情况,后期对于东部地区财力资源的配置应合理配置资金总额,以优化配置结构和减少资源浪费为主导向,合理增加对于经费资源的投入;对于中西部地区而言,由于财力资源总额相对不足,应在继续加大资金投入的过程中,注意优化配置结构和提高配置的技术进步水平,同时注意减少资源浪费,进而提高社区体育资源配置的效率。

(三)加强群众性体育场地设施的建设,积极促进标准化场地和学校体育场地设施的对外开放和共享

各类健身场地设施是社区体育组织建设和开展社区体育活动的硬件保障。随着经济社会的不断发展,国家综合实力的增强,群众体育经费的不断增加,我国的群众体育场地设施无论是数量还是质量均有一定的发展。2020年全国体育场地统计调查显示,以2020年12月31日为标准时点,组织开展调查工作,其中符合体育场地普查要求的各类体育场地有371.34万个,标准体育场地有30.99亿平方米,人均体育场地面积2.20平米。此外,国家还根据群众健身的需求,有计划地系列地按照一定规模在全国实施全民健身工程。全民健身工程包括全民健身路径工程、全民健身活动中心、全民健身户外活动基地等。

长期以来公共体育财政体育基本建设资金建设的体育场地设施主要用于比赛、训练的大型的标准化的体育场馆,基层群众性体育场地设施不足。非标准化体育场地设施的面积只占体育系统全部体育场地面积的3.5%,

标准场地占96.5%,而群众性的体育室内场地设施只占全部场地建筑面积的1.4%。因此,应加强群众性体育场地设施的建设,同时积极促进标准化场地和学校体育场地的对外开放和共享。通过场地设施提供水平的提高来满足社区居民的健身需求,进而提高其参与的积极性,促进身体健康水平的发展,从而提高社区体育资源配置的效率。

(四)提供丰富多样的信息资源,营造良好的健身氛围,促使技术进步水平指数有效提高

社区体育信息资源配置内容和方式多样化对于增强居民健身意识、增加经常参与锻炼的社区体育人数、提高资源配置的效率具有重要的作用。社区体育信息资源配置的媒介途径包括:政府部门通过颁布相应的政策性文件,印刷社区体育宣传手册、科学健身指导手册等形式加强社区体育的宣传力度,是社区体育宣传工作开展的基础;社会体育指导员、经常参与锻炼的居民或是基层的社区体育组织通过板报、橱窗、健身讲座等形式宣传体育健身的功能和提高社区居民健身科学素养;通过新闻媒体(文字、广播、电视、网络)传播健身知识、提高健身科学素养。总之,上述三种途径是社区体育信息资源配置的重要方式。

前文对社区体育资源的配置力有过一定的阐述,制度、市场和文化是社区体育资源配置的配置力,在社区体育资源配置系统中,文化作为一种自发的社会秩序,其配置机制的形成可以影响社区体育资源配置主体和社区居民的参与行为,进而影响社区体育资源配置的方式和方法。在配置过程中,文化配置功能主要体现在其配置系统与外部环境的互动过程中,影响着基层社区体育组织、体育社团的配置行为。此外,社区体育信息资源的配置可以有效促进社区居民体育需求的增长,社区居民体育需求的增长是提高社区体育资源配置效率的关键所在。

就目前社区体育资源配置的现状来看,东部地区的配置规模大于中部和西部地区的资源配置规模,特别是东部地区由于经济发展水平较高,不断加大社区体育的投入力度,在当前技术进步水平未发生改变的情况下,容易产生资源浪费的现象,进而出现了部分西部地区的效率值高于东部地区的现象。通过社区体育资源配置效率的实证分析发现,我国东部地区各省的边际收益不高的主要原因是社区居民的体育参与程度不高和国民体质测试合格率增长缓慢。而社区居民体育需求的增长率不高是造成社区居民体育参与度不高和体质测试合格增长缓慢的主要原因。加强社区体育健身功能和健身知识宣传,有效提高社区居民参与社区体育活动的主动性,使宣传效应转化为社区居民的内在体育需求,将有助于提高社区居民参与健身活动的频次和增强身体健康。因此,通过社区体育信息资源的有效配置,提高社区居民体育需求的增长率成为提高社区体育资源配置效率的关键环节,只有社区居民体育需求的增长率提高了,才能促使技术进步水平指数的提高,进而促使生产函数发生相应的改变,从而提高社区体育资源配置的效率。总之,为社区居民提供丰富多样的社区体育信息资源,为社区居民营造良好的参与体育活动的氛围是提高社区体育资源配置效率的重要途径。

(五)加快社会体育组织的建设,形成全民健身组织网络,实现社区体育发展的社会化

社区体育发展过程中逐步形成的社会体育组织在发展过程中发挥了重要的作用,社会体育组织包括体育行政部门培育发展的行政组织网络、各类社会团体建设的社会团体网络、各类体育社团形成的体育社团指导网络,以及基层社区自行建立起来的基层体育运行网络。其具体是指晨晚练点、社区体育俱乐部、行业体育协会等。社会体育组织一方面组织社区居民参加日常的健身锻炼,培养居民的体育兴趣,组织社区居民积极参与各类群众体育活动,是推动社区体育健身组织化、科学化的纽带和桥梁;另一方面,为社会体育指导员健身指导服务提供了良好的组织环境,是提高社会体育指导员组织化和规范化水平的关键环节;最后,还是政府有效管理、提供多元化的社区体育服务和产品的组织保障。总之,社会体育组织的建设,全民健身网络的逐步形成,能够有效地衔接政府体育主管部门、社会体育指导员和社区居民之间的关系,政府部门的管理工作、社会体育指导员的指导工作、社区居民健身活动的参与都通过各类社会体育组织来实现。

基层社区体育组织是开展社区体育活动最基本的形式,直接关系到社区体育活动的开展情况。目前我国中西部地区多数省份配置效率较高,这并不能说明中西部地区的社区体育处于良性运行的态势,中西部地区效率较高的现实主要是由于各类资源投入总量相对较少而形成的投入总量不足情况下的高效率,因此应加快社会体育组织网络的建设,进而通过各类社区体育组织,在保持高效率运行的情况下有效提高社区居民需求的增长率和居民的健康水平,从而促进社区体育资源配置效率的提高。对于东部地区而言,虽已有较多各种类型的社会体育组织用于组织开展社区体育活动,仍应该加强社区体育组织的建设,其增长应以内部优化配置结构、提高技术进步水平为主要途径,进而提高社区体育资源配置的效率。

二、社区体育资源配置主体方面

(一)强化政府在社区体育资源配置中的主体地位,以配置政策为主要调控手段

社区体育资源的准公共物品属性决定了政府应该是其配置的主体,应由政府提供社区体育公共服务和产品,政府在提供服务和产品的过程中,一方面要考虑消费者的需求,另一方面还要注意自身的角色。政府在社区体

育资源配置过程中主要是为了纠正"市场失灵",主要提供社会和市场不能够有效提供的社区体育服务和产品,制定相应的法规、政策,进行监管,确保市场配置的有效性,确保市场在社区体育资源配置中作用的发挥。

《全民健身计划(2016—2020年)》(国发〔2016〕37号)实施以来,我国逐步加大了对群众体育的投入力度,但相对我国的人口规模和社区体育资源长期不足的现状,仍不能满足社区居民的需求[①]。同时,由于我国的健身市场才刚刚起步,发展还不够成熟,规模相对比较小。因此,政府应继续强化其在社区体育资源配置过程中的主体地位,担负起供给体育公共服务的职责,但在配置过程中应注意配置的地区、城乡、结构的均衡。同时政府还应该有相应的制度供给,以满足社会参与社区体育资源配置的政策需求。

(二)增加社会在社区体育资源配置中的角色扮演,突出制度、市场和文化配置力协同机制的发挥

在社区体育资源配置过程中,社会是指除政府和社区居民以外所有参与社区体育资源配置的部门和组织的总称。多种社会配置主体是政府配置社区体育资源的有效补充,不仅供给了多样的物力资源、财力资源,缓解政府配置社区体育资源的压力,而且配置了大量信息资源和制度规范,同时还引入了市场竞争的机制,提高了社区体育资源配置的效率。因此,坚持社会参与社区体育资源配置是配置模式创新的重要取向。

资源配置过程中,政府、社会和社区居民个人分别在制度、市场和文化三种配置力的驱动下,形成了社区体育资源配置的机制,完成了对基础性核心社区体育资源的配置。配置主体应在共同的价值理念指导下,以政府的制度供给为保障,以社会的市场配置为基础,以社区居民的配置为补充的协调机制,通过制度、文化和市场三种配置力对各种资源进行配置和整合,以提高资源配置的效率。

(三)积极引导社区居民参与社区体育资源配置,有效提升社区居民体育需求的增长率

社区居民作为社区体育服务和产品的供给对象,一方面是各类社区体育资源的享用者和参与者;另一方面,由于我国社区体育资源配置整体规模相对不足,不能满足社区居民日益增长的多种体育需求。因此,应积极引导社区居民购买需要的各类体育服务和产品,补充政府配置社区体育资源的不足。此外,社区居民作为社区体育活动的参与主体,社区居民参与体育健身活动状况和身体健康水平是影响资源配置效率的主要因素,所以还应加

---

① 赵芳,童绍刚,谢春生.全民健身战略与社区体育发展研究[M].长春:吉林大学出版社,2018.

强宣传,激发社区居民参与社区体育活动的兴趣,培养良好的健身习惯,提高社区居民体育需求的增长率,进而提高社区体育资源配置的效率。

三、社区体育资源配置环境方面

社区体育资源配置系统理论研究表明:社区体育资源配置效率是社区体育资源配置系统在与外界环境的相互作用、相互影响的过程中表现出来的配置效果。社区体育资源配置效率不仅受社区体育资源配置系统内部结构和运行机制的影响,还受外部环境的影响。社区体育资源配置系统的外界影响环境包括经济、教育、社会、政治等环境子系统在与社区体育资源配置系统的相互作用过程中逐步形成社区体育资源配置的环境超系统。环境超系统对社区体育资源配置起着支持和规范作用,影响着社区体育资源配置效率的提高。

(一)"积极调整社区体育资源配置的内部结构,促进资源配置结构优化升级"

社区体育资源配置主体的多元化丰富了社区体育资源配置的途径,多元化的社区体育资源配置主体结合配置方式、方法共同构成了社区体育资源配置结构。社区体育资源配置结构的优化升级是其不断发展和演化的过程,由于社区体育资源的公共物品属性,财政投入是社区体育资源配置的主体,可以弥补市场配置资源的"市场失灵",社会团体、企事业单位和社区居民个人的社区体育资源配置是对财政投入的有效补充,应鼓励社会团体、企事业单位及社区居民积极参与社区体育资源的配置,从而促进社区体育资源配置结构的优化升级,促进社区体育活动的开展和社区体育的发展,有助于社区体育资源配置效率的提高。

在对社区体育资源配置效率实证研究中多次提到社区体育资源配置结构的优化升级是提高社区体育资源配置效率的重要方式。资源配置结构优化升级的主要途径是加速发展全民健身服务业,加强社会对发展社区体育事业的投入,市场配置手段在一定程度上表现出较高的配置效率。因此,积极调整社区体育资源配置的内部结构,促进资源配置结构的优化升级,有助于社区体育资源配置效率的提高。

(二)转变社区体育的发展方式,优先发展社区体育的制度选择

面对群众体育实现全面建设小康社会和建设体育强国"双重奋斗目标"的艰巨任务,面对群众体育已成为体育发展的"最薄弱环节和基础性短板"的严峻现实,深化体育改革,转变体育发展方式,优先发展群众体育。社区体育作为群众体育未来重要的组织形式,其转变发展方式即是由"体制外"转向"体制内",由社区体育转向竞技体育。18年来,我国群众体育改革的主要形式是在政府主持下进行的制度选择和制度创新。这种改革是在保持

既有体育制度稳定、不与竞技体育制度冲突的前提下,在群众体育之内、竞技体育之外进行的。主要通过社会性的"体外循环"形式,借助外力调整体育利益格局和资源的供给。动员体制内潜在的、能发展社区体育的巨大能量,转变社区体育的发展方式是必然选择。

所谓由"体制外"转向"体制内"的改革主要是指在体育体制内转移竞技体育的人、财、物等资源为社区体育资源,为发展社区体育服务。能否供给满足全体公众基本体育需求所需要的人、财、物等资源是当前社区体育发展过程中的关键问题。而要动员出必要的人、财、物等社区体育资源的出路是深化体育改革,推进制度创新。

(三)转化教育模式,强化体育在素质教育中的重要作用

教育是人类社会特有的一种培养人、造就人,传递知识经验,促进人类社会进一步发展的社会活动。体育作为教育的重要组成部门、素质教育的切入点和突破口,应强化学校体育在学校教育中的角色的重要性。教育是一把双刃剑。一方面,学校体育可以使学生形成良好的学习兴趣,积极参与体育活动,掌握一些基本的锻炼方式和锻炼方法,形成良好的锻炼习惯;另一方面,可以培养大批热爱体育的学生,通过掌握更多的健身知识、锻炼手段,为培养其成为社会体育指导员奠定良好的基础[①]。当学生走向社会后,社区居民拥有强烈的体育需求和积极参与社区体育活动的意识,可以有效促进社区居民体育需求增长率的提高,进而影响社区体育资源配置的技术进步水平指数,促进社区体育资源配置效率的提高。一些热爱体育的学生走向社会后,可以发展成为社会体育指导员,积极组织社区体育活动,开展健身指导,能有效促进社区体育资源配置效率的提高。

通过前文对影响社区体育资源配置效率的因素分析发现,教育水平对社区体育资源配置效率的影响没有显著效应。一方面可能是由于教育经费的投入存在着浪费严重的现象;另一方面是体育在教育中的地位比较尴尬,青少年体质连续三十年下降的现实表明学校体育在现实中发展情况一般,应积极转化教育模式,强化体育在素质教育中的重要作用。

(四)完善社区体育资源配置政策,优化资源配置方式和方法

进一步完善社区体育政策,不仅符合我国社区体育发展的需要,而且能够有效提高社区体育资源配置的效率。首先明确配置政策的指导思想,在社区体育资源配置过程中,计划和市场两种配置方式的有效结合共同促进社区体育资源配置效率的不断提高。配置过程中市场的价格机制、供求机

---

① 李学华. 高校体育与社区体育一体化互动发展研究. 长春:吉林出版集团股份有限公司,2018.

制等共同促进了资源的优化配置，必要的配置政策、法规等可以有效规范市场配置的行为，规避"市场失灵"的影响。同时，也应处理好配置政策和政府管制之间的关系。明确政府和社会的事权划分，把一些职能转移给事业单位、社会团体和中介组织。总之，市场机制可以有效提高社区体育资源配置效率，政府可以放手让市场一显身手，而市场调节机制失灵时，政府加强政策的规制和引导，以弥补市场失灵，促进社区体育资源配置效率的提高。

长期以来，经济体制决定了我国在社区体育资源配置过程中一直采用的计划配置方式和粗放式的配置方法。在当前我国社区体育资源总量相对不足的情况下，粗放式的配置方法浪费了大量资源，加剧了资源供应不足的现状，而且在收益递减规律和相对成本递增规律的作用下，相同的资源投入所获得的社会效益和经济效益越来越低。因此，应扭转粗放式的资源配置方法，发展集约式的资源配置方法，以促进社区体育资源配置效率的提高。

第五章 社区体育指导员与社区体育人才网络的建立

第一节 社区体育指导员的特点与职责

一、社会体育指导员在国内外发展状况

经济的发展,社会体制的变迁,价值观念的改变,使大众体育逐渐成为各国政府普遍关注、人民积极参与的一个项目。为了增强国民体质,各国政府都制定了一些发展社会体育的方针政策。如英国政府制订的"城市计划",德国政府制订的"黄金计划"。在发展大众体育过程中,各国都很注重社会体育指导员的培养。

二、国内社区体育指导员发展情况概况

社会体育指导员制度在我国发展较晚,1994年6月10日《社会体育指导员技术等级制度》(以下简称《等级制度》)在我国正式实施。当时人们预测到20世纪结束,城镇街道将普遍建立体育组织,配备专职或兼职体育干部,在社区广泛建立体育辅导站、活动站,配备经过培训的业余辅导员,指导群众进行科学锻炼。农村各集镇将建立体育技术辅导站,设专职或兼职的辅导员。这些在我国一些经济发达地区和以上海各县为代表的富裕乡镇均已成为现实。经过十几年的努力,我国已有70余万名各级社会体育指导员。有关调查表明,参加体育活动"无人指导"的人口比例为71.27%,可见,目前体育指导员的数量与社会需求之间仍有较大差距。

三、社区体育指导员的内涵

从严格意义上讲,社区体育指导员是持有社会体育指导员证书,面向社区居民的实际需要,进行技能传授,锻炼指导和组织管理的人员。在实行《等级制度》之前,许多社区就活跃着一批社区体育骨干分子,他们往往在某个项目上有专长,乐于助人,善于表达,在群体锻炼中逐渐成为中坚力量,被

其他锻炼者尊为师傅①。还有一些社会体育团体,如太极拳协会、武术协会等,从本组织中选派一些骨干分子,到公园或健身苑宣传指导社区成员健身。有的是义务指导,有的进行有偿服务,随着《等级制度》的逐渐完善,一些未取得等级证书的人应接受培训,全面提高自己,取得相应证书进行社区体育指导。

社区体育指导员是社区体育发展的推动者,是促进体育发展的重要力量。由于目前我国社区体育指导员在数量、质量和综合素质上不能满足现实需求,其在社会体育中还不能处于主导地位,但随着社会体育的发展,随着社会体育组织和社会体育指导员体制的健全,在未来的社会体育发展中,社区体育指导员的地位会越来越高,将会成为社会体育发展的中坚和骨干。

四、社区体育指导员的特点

(一)非职务性

社区体育指导员是指具备社会体育指导员资格,在社区从事体育指导工作的人。其执业资格须经专门化的评审,由各级体育行政部门和国家体育总局认定。分为国家级、一级、二级、三级四个技术等级。社会体育指导员等级制度不同于教练员等专业技术职务制度,而类似于运动员、裁判员等技术等级称号制度,故与岗位、工资不挂钩②。

(二)社会服务性

社区体育指导员为社区成员的体育健身提供科学指导。提供的服务方式主要有两种,一种是义务性服务,许多资料表明,社区体育指导员多以兼职为主,提供义务服务。另一种是有偿服务,体育指导员在传授技能,进行锻炼指导时,收取必要的费用,用于弥补相关开支。社区体育指导员的服务突出社会效益,不以盈利为目的。

(三)工作内容的复杂性

在社区体育活动中,社区成员不仅需要社区体育指导员进行现场技术指导和健身咨询,还需要其有使用\维护多种运动健身器材的技能,运动心理和生理、医疗保健方面的知识和自身健康的形象。另外,为了扩大社区体育的影响,社区体育指导员也需要有良好的公关能力。

---

① 张晓徽,刘萍,武志鹏.基于京津冀区域一体化背景下的河北省城市社区体育发展模式研究[M].咸阳:西北农林科技大学出版社,2018.

② 隋姗姗,施鲜丽.休闲体育人才[M].上海:上海交通大学出版社,2020.

（四）工作对象的广泛性

参加社区体育的成员，包含了社会的不同阶层，他们年龄不同，职业各异，文化程度不一，对体育锻炼的需求动机和认知水平也各不相同。从活动的内容和指导方式看，涉及面广、杂。进行体育指导时，对不同对象采用不同的健身、健美、休闲娱乐、康复体疗指导方法。

（五）活动指导的平等性

社会体育指导员与社区成员处于平等地位。社区成员是整个体育活动中的主体，社区体育指导员提供服务和指导，并营造一种宽松、和谐、民主、互帮互学的锻炼氛围，促进邻里关系和社会交往。

五、社区体育指导员的职责

社区体育指导员的指导对象是社区居民，这就要求他们必须根据居民的收入水平、年龄结构、价值观念、学历程度、体质状况有区别的进行指导。社区体育指导员应履行的具体工作职责有以下几个方面。

（一）提高社区成员的体育参与意识

目前，我国有将近一半的人不参加体育锻炼，其中多数为家庭负担和工作压力最重的中年人。据国家医疗卫生部门的有关调查材料表明，在一些外资及合资企业中相当一部分年轻雇员患上了高血压、动脉硬化、冠心病，甚至脑中风、心肌梗塞等，有的中青年知识分子就因这类疾患而过早地去世，这些人中有近三分之二的人担任着业务的骨干和中上层领导职务。这一现象使我们认识到关爱生命，善待自己是每个人对社会的责任。为了唤起中青年人参加体育的意识，社区体育指导员应利用社区宣传媒介，进行体育健身的宣传，组织体育比赛，营造体育氛围；邀请体育界、医学界、心理学界等专家来社区作宣传演讲，从而调动中青年参加体育活动的积极性。总之，社区体育指导员要通过各种途径，使社区成员加入到全民健身的队伍中。

（二）积极组织居民参加体育活动

社区体育指导员在社区成员的体育活动中，充当着参与者、指导者、管理者等多重角色。在公园、健身苑等体育场地，社区体育指导员要带领已掌握技能的成员共同练习，对新加入者介绍方法原理，示范领练。另外，自身也要不断学习和掌握新的体育项目，以适应社区成员需求的变化。一个社区体育指导员就犹如一个市场策划者，把自己的服务首先介绍给居民，而后经过发展、成熟，直到重新提供新的服务。社区体育指导员应开展社区间体育比赛和组织经验交流，来推动社区体育发展。

（三）科学指导体育活动

如果不从自身实际条件出发而盲目地进行体育锻炼，非但起不到锻炼效果，还可能会损害身体健康。也有的成员因为不知道如何锻炼身体，而只是饭后散步，或在家看电视，打牌来打发时光。社区体育指导员应根据社区成员的体质状况和健康水平，有的放矢的进行指导，让其有章可循，循序渐进的掌握锻炼身体的方法。提高身体素质，充分科学的使用健身器材也离不开体育指导员的有效指导。定期或不定期的进行科学健身授课，是社区体育指导员工作的一部分。

（四）挖掘体育文化内涵

我国居民的生活正迈入小康水平，与经济水平提高相伴随的是消费结构和方式的变化，人们对教育、娱乐、文化及体育的需求日渐增多。体育不仅带给人们健康、强壮，也使人们感觉到参加体育活动所带来的轻松与潇洒、愉悦和自信。通过身体练习来完善自身的体育活动，体现着民族的传统文化和创造者与参与者的文化底蕴。社区体育指导员把体育文化介绍给社区成员，带其渐入佳境，使其豁然开朗，从深层次体会着体育带来的意境。也只有这样，才会使人们着迷于体育锻炼。

（五）充分利用学校场馆设施，提高社区成员锻炼效果

社区内的学校体育场馆设施大多数已对外开放，社区体育指导员利用就近场馆教授相应的技能，丰富社区成员的健身项目，并充分发挥体育老师对社区体育的作用。

第二节　社区体育指导员应具备的素质与培训管理

在社会高速发展的大背景下，人们经历着社会、经济文化、观念等诸多领域的变化。无论从宏观政策层面，还是人力资本层面，都促使大多数居民的体育利益取向指向了社区体育。作为推进全民健身支撑点之一的社区体育指导员，其素质状况直接影响着社区体育的发展。

一、社区体育指导员的素质

（一）思想素质

社区体育指导员要坚持社会主义道路，有较高的思想政治觉悟；要热爱社区体育工作，有强烈的事业心和责任感；要有自觉的法制观念和良好的道德修养，依法开展工作。

(二)科学文化素质

一个合格的社区体育指导员应具备广博的知识。专业理论水平的高低,不仅影响其个人才能的充分发挥,而且影响群众信赖和锻炼指导。社区体育指导员应具备的知识主要包括:锻炼指导知识和组织管理知识。锻炼指导知识包括体育锻炼的基本原理,体育锻炼的生理学、医学和心理学知识,以及各种体育技能的教学、训练和科学健身的理论知识;组织管理知识主要指社区体育的政策、法规的基本精神,以及同社区体育相关的经济、文化方面的政策法规,社区体育管理的原则与方法,社区体育活动的组织形式和工作计划以及各种体育活动与竞赛的组织管理方面的理论知识。

(三)业务素质

社区体育指导员所掌握的理论知识,只有应用到实践中,才能促进社区体育的发展。社区体育指导员的工作能力主要体现在组织管理能力和锻炼指导能力上。具体表现为对社区体育的宣传发动、计划总结、组织实施等方面的能力;简晰明了,富有感染力的语言表达能力和准确无误的示范表演能力;善于协调各个方面关系的能力;敏锐的观察、分析问题和评价锻炼效果的能力等[①]。

(四)生理、心理素质

社区体育指导员既是指导者,又是体育锻炼的实践者。精力充沛,身体健康,是体育锻炼效果在社区体育指导员身上的体现,是吸引社区成员积极参加体育锻炼的一种感召力。体育具有消除沮丧和焦虑,缓解紧张,调整心态的功能。一个优秀的社区体育指导员,应该是豁达乐观,积极向上,拥有良好心态的指导者。这种心态可以迁移到锻炼者身上,使他们拥有一个轻松愉快的心情。

二、社区体育指导员的培训与管理

社区体育指导员是发展社区体育事业,增进社区成员身心健康,提高生活质量,建设社会主义文明的一支重要力量。为了提高其综合素质和业务水平,规范社区体育指导员的管理,国家规定具备申报条件的社会体育指导员,经个人报名,体育行政部门同意,可以参加相应等级的培训。取得等级证书后,可以到社区等地方进行体育指导和组织管理。

---

① 周建梅. 区域经济发展与体育人才培养,竞技体育后备人才培养的温州模式研究[M]. 北京:北京体育大学出版社,2007.

(一)培训与审批
1. 培训方式

国家级和一级体育指导员采用集中培训方式,教学时数分别不少于 80 学时和 60 学时,平时还应按各地自行确定的时数与内容坚持自学。二级和三级社会体育指导员采用自学教材与统一考试相结合的培训方式。考试前要参加不少于 20 学时的辅导。

2. 培训内容

培训内容主要包括六个方面:政策理论知识、社会体育理论知识、组织管理知识与能力、锻炼指导知识与能力、基本科学研究知识和各地自定的教材教学。前五个方面的内容共设 24 个专题,不同等级的培训专题和要求有所不同。

3. 考核与结业

国家级和一级社会体育指导员采用作业考查与闭卷考试相结合的方式进行考核,评定成绩分为四级,即优秀、良好、及格、不及格。二级和三级的考试,由各省、自治区、直辖市体育行政部门按国家体委规定的考试大纲进行统一闭卷考试,成绩为百分制。各个专题考核成绩合格,并且缺课不超过培训时间的 10%,为培训结业,发给培训合格证书。一个专题考试成绩不及格为培训不及格,培训不及格或缺课超过培训时间的 10%不予结业。

4. 技术等级称号的申请

经过业务培训,考核合格,均可提出申请。但如果连续两年不从事社会体育工作,则不得申请授予高一等级社会体育指导员技术等级称号。申请者要向体育活动指导地的县(区)体育行政部门或被委托的组织提出申请,提交由申请者本人和申请者所在单位或体育组织分别填写的申请书和推荐书,以及相应级别的社会体育指导员业务培训合格证书,申请晋级者还需提交原等级证书。材料齐备主管部门才能受理。

5. 技术等级称号的评审

受理的申请要交由各级体育行政部门和被委托的组织分别设立的评审委员会进行评审。评审委员会必须坚持原则,正派公道,严格按法定条件和程序,科学客观地对每一个申请人作出通过或不通过相应技术等级的评审结论。评审会议必须有不少于全体委员三分之二以上人数到会,在认真评议的基础上采取无记名投票表决方式,经与会二分之一以上人数同意方为通过。

6. 技术等级称号的批准授予

评审之后,由县(区)体育行政部门、地(市)体育行政部门、省(自治区、直辖市)体育行政部门和国家体育总局分别行使三级、二级、一级和国家的社会体育指导员技术等级称号的批准授予权。体育行政部门的主管机构,除对评审结论显失公允的特殊情况可提请评审委员会复议或不予批准外,均应根据评审结论作出批准或不批准的决定,报主管领导签发,并书面答复申请人。对已批准的一并发给证书、证章。

申请人接到批准的答复后,应凭批复件在一个月内到主要活动指导地的县(区)体育行政部门的主管机构办理登记手续。

(二)工作管理

在国家体育总局的领导下,由各级体育行政部门的群众体育(社会体育)机构和其他被确定的机构,管理社会体育指导员的工作。各级社会体育指导员工作的管理机构,除做好评审、批准授予的管理外,还要做好以下管理工作。

1. 日常工作的管理

主管机构应加强同社会体育指导员的联系,协助其日常工作;社会体育指导员应及时报告指导活动的情况,接受管理机构的指导和监督。

2. 定期注册管理

在每年各地确定的时间内,社会体育指导员要到原登记的县(区)体育行政部门进行定期注册。

3. 迁移管理

社会体育指导员进行的体育指导活动,由原登记注册的体育行政部门所管辖的地区迁移到另一个地区时,应办理迁出、迁入手续。

4. 奖惩管理

奖励主要有两种方式:一是对工作努力、成绩突出的社会体育指导员予以表彰、奖励或破格晋级;二是对从事社会体育指导工作达到20年(女子15年),为社会体育事业作出贡献的,授予荣誉社会体育指导员称号并颁发荣誉奖章。而对违反《制度》规定的社会指导员,则根据情节轻重,给予相应的惩罚。

5. 体育市场管理

各级体育行政部门将会同当地的工商、物价、税务等管理部门,协商确定并做好社会体育指导员开展经营性体育活动。

三、中日两国社会体育指导员在培训和管理体制方面的比较

随着体育社会化的发展和社区体育的兴起,社会体育指导员在社会体育发展中的作用日益明显。我国社会体育指导员发展较晚,体制刚刚建立,

不可避免的存在一些不完善的地方,在此把我国社会体育指导员同日本社会体育指导员在管理与培训体制方面作一比较,以便借鉴和扬弃。

(一)组织管理机构的比较

我国社会体育指导员的管理工作,在国家体育总局的领导下,由各省(自治区、直辖市)、地(市)、县(区)体育行政部门分级负责,并可委托全国性和省、地级地区的有关体育组织负责授权范围内的管理工作。各级体育行政部门的群众体育(社会体育)机构和其他被确定的机构,是社会体育指导员工作的主管机构。我国的社会体育指导员的组织管理实行分级负责,其工作的推荐与派遣,工作的方式与待遇都未做具体规定。而且社会团体的作用也未充分发挥出来;在日本,文部省的主要任务是制定有关社会体育指导员管理的政策法规、对培训机构和社会体育指导员的资格进行认定、规定培训课程内容及时数、对培训与管理的过程进行监督。在各都道府县和市区町村教委则设有社会体育指导委员会和社会体育指导人才委员会。指导委员会主要对本地区社会体育指导员的培养起监督作用,人才委员会主要负责本地区社会体育指导员的推荐和派遣工作。日本各都道府县教委还设有社会体育专员,主要负责监督和检查本地区及下属市区町村社会体育指导员的培训工作。日本社会体育指导员培训的事务性工作完全由社会体育团体承担。从以上比较可以看出,日本社会体育指导员的培训、派遣与监督由不同的部门负责,这样可以分工明确,互相牵制。

(二)社会体育指导员分类的比较

我国社会体育指导员基本上分为两类:健身指导类和组织管理类。在社会体育指导员中,组织管理类所占的比重较高。社会体育指导员技术等级称号分为四个级别:三级、二级、一级和国家级。申请授予各级技术等级称号或晋升上一等级称号者均应参加相应级别的业务培训,考核合格并具备相应条件。日本将社会体育指导员分为社区体育指导员、竞技体育指导员、商业体育指导员三大类,每一类又分为初级、中级和高级。上面三类体育指导员在运动项目上是分专项的,在具备体育指导员基本素质的前提下,必须深入掌握各自运动专项的相关知识及技能,也可以说取得资格在相当大程度上受到其项目专长的限制。我国是按照体育指导员的职责进行分类的,每一类社会体育指导员的专项要求并不高。随着社会需求的多样与变化,日本在上述三种从业资格之外又添加了新的资格类型。如体育活动计划指导员、休闲体育指导员、少年体育指导员等。随着社会体育的发展,我国也将根据新的需求,进一步培养更多类别的社会体育指导员。

(三)社会体育指导员培养的比较

我国社会体育指导员的培训内容主要包括六个方面:政策理论知识、社会体育理论知识、组织管理知识与能力、锻炼指导知识与能力、基本科学研究知识和各地自定的教材教学。前五个方面的内容共设 24 个专题,不同等级的培训专题和要求有所不同。国家级和一级社会体育指导员采用集中培训的方式,教学时数分别不少于 80 学时和 60 学时,平时还应按各地自行确定的时数与内容坚持自学;二级和三级社会体育指导员采用自学教材与统一考试相结合的培训方式,考试前要参加不少于 20 学时的辅导。日本社会体育指导员资格授予制度明确规定了各类社会体育指导员应必修的共同科目与专门科目。共同科目包括社会体育概论,运动心理学,体育经营学,运动生理学,运动医学,体育指导论,地区体育行政及其他科目,讲习时数为 40。专门科目包括体育运动特性的基础理论,术科,指导实习,标准讲习时间数为 80。只有按规定参加讲习者才能参加考试,考试合格者才能申请授予资格。从以上内容可知,日本的社会体育指导员培训内容更加具体,注重内容的广博性和实践性,我国的培训内容注重组织管理和各地的实际情况。

1987 年 1 月,日本社会体育指导员资格授予制度正式建立;我国于 1994 年 6 月 10 日开始实施《社会体育指导员技术等级制度》。日本培养社会体育指导员的最主要目标是满足俱乐部的需求,而我国是为配合全民健身计划的推行,提高国民体质而培养的社会体育骨干。目前,我国社会体育指导员无论是数量还是质量都未能满足需求,因而今后需大量培养传授技能,进行锻炼指导的社会体育指导员。

第三节　社区体育人才网络的建立

一、社区体育人才的内涵与分类

(一)社区体育人才的内涵

社区体育人才是具有特殊性质的人才。社区体育人才与其他各类人才相比较,既具有共同性,又有其特殊性。多数学者认为,凡具有一定学识水平和能力,并且在社会实践中做出创造性贡献的人都可以称为人才。社区体育人才可以据此定义为:凡有一定体育学识水平和技能,并能在社区体育领域里做出创造性贡献的人,都可以称为社区体育人才。

社区体育人才包括社区体育的组织、管理、服务、指导等多方面人才,包括在职专业体育工作者、在职业余体育工作者、社区体育积极分子。人才来源主要有:社会体育指导员、体育教师、离退休体育积极分子、其他社区体育志愿者等对社区体育开展有重要作用的各类人员。人才利用主要采用志愿形式和聘任制度。

区分社区体育人才和非社区体育人才的标准,是看他能否在社区体育工作中进行创造性劳动和做出贡献。一般情况下,社区体育人才的专业知识水平越深,创造能力越强,工作成绩越大,人才的层次也就越高。

(二)社区体育人才的分类

社区体育人才的分类应遵循:有利于深化对社区体育人才性质和特点的认识;有利于准确地选拔社区体育人才和科学地培养人才,有利于合理使用人才和管理人才,有利于调动社区体育人才的积极性等原则。

1. 按人才的工作性质分类

按工作性质分类,可将社区体育人才分为:社会体育指导员和其他社区体育骨干两大类别。其中,社区体育骨干依不同的工作性质分为:体育教育人才、体育管理人才、体育裁判人才等。

(1)社会体育指导员

社会体育指导员是指具备社会体育指导员资格证书,在社区从事体育指导工作的人。其执业资格须经专门化的评审,由国家认定。分为国家级,一级、二级、三级四个技术等级。社会体育指导员是社区体育活动中从事技能传授、锻炼指导和组织管理工作的人员,是发展我国体育事业,增进公民身心健康,提高生活质量,建设社会主义精神文明的一支重要力量。

(2)其他社区体育骨干

主要指在社区体育活动中,尚未取得社会体育指导员资格认证,但能够并已经对社区体育活动提供指导的各类体育人才,包括社区体育教育人才、社区体育管理人才。

社区体育教育人才,是指那些在体育教育领域内直接或间接从事育人工作的人才。社区体育教育人才的主要来源是大、中、小学校的体育教师和体育专业学校的体育技术课教师、体育理论课教师,他们是发展社区体育事业的重要人才力量。在我国社区体育人才相对匮乏的现阶段,社区体育教育人才应成为社区体育指导工作中的骨干力量。

社区体育管理人才是指从事社区体育管理的领导和管理工作的人才,体育管理人才的主要来源是各级体育行政机关、体育专业学校及体育教学组织的领导和体育行政管理工作者。体育管理人才制定和掌管体育方针政策,并依据国家或上级的体育方针政策,对社区体育工作中的重要问题实行决策、领导、组织和协调社区体育领域的工作。

2. 按活动特点分类

按活动特点划分,可把社区体育人才划分为:理论性社区体育人才、实践性社区体育人才和综合性社区体育人才三个类别。

(1)理论性体育人才

理论性社区体育人才是指以现代科学理论为基础,在社区体育发展研究领域中做出一定贡献的人才。社区体育事业的发展,需要大批理论性人才进行科学性指导,才能促进社区体育实践朝科学、正确的方向发展。

(2)实践性体育人才

实践性社区体育人才是指以自身的体育运动技术指导社区体育活动的开展,引导社区居民参与社区体育活动的体育人才。实践性社区体育人才以丰富的体育运动实践作为基础。

(3)综合性体育人才

综合性社区体育人才是指既能以自身的体育运动技术指导社区体育活动的开展,又擅长进行社区体育理论研究的专业人才。综合性社区体育人才发挥了理论性社区体育人才与实践性社区体育人才的双重优势,表现出理论与实践相结合的特点。因此,综合性社区体育人才发展较全面,容易在社区体育活动的组织和管理工作中做出成绩,从事社区体育工作的优秀体育教师和优秀教练员多属这一类人才。

二、社区体育人才的组织与管理

目前我国社区体育的发展尚属初级阶段,社区体育的发展还存在着三缺现象——缺社会体育指导员、缺参加者、缺体育设施。相比较而言,社会体育指导员数量是最紧缺的,这给社区体育的发展带来了一定的障碍。

现在我国社区体育的管理者多为社区行政干部,以兼职为主,专职为辅,体育专家很少;社会体育组织的指导者以义务服务为主,有偿服务为辅,除了少量有执业资格的社会体育指导员外,大多依靠离退休的体育积极分子等社区体育志愿人员。因为从全国范围内来讲,经过社会体育指导员培训、获得社会体育指导员资格的指导者相对于我国现有体育人口而言,人数比例太少。加上我国对"等级社会指导员"的定期培训或进修制度不够,很难保证他们能够适应时代发展的新要求。这使社区体育开展的科学性、合理性和连贯性受到一定影响。因此建立合理的社区体育人才的培养和组织管理体制迫在眉睫。

从我国社区体育的发展现状出发,选拔和培养社区体育人才,不仅要依靠现有的社会体育指导员培养机制和体制,培养具有社会体育指导员任职资格的社区体育指导者和管理者,还要积极吸收广大社区体育积极分子和志愿者,合理地选拔和引用人才,充分调动社会的零散力量,弥补因社区体育发展较快,而造成的社区体育人才资源相对匮乏的状况。

通过对经常参加社区体育锻炼的社区居民的调查表明,目前我国社区体育急需的体育人才应具有的知识技能主要有:运动生理、医学、卫生、运动保健学方面的知识技能;对体育练习进行教学、辅导的知识技能;各种运动、健身器材、仪器的使用、维护、调整的知识技能;运动心理学方面的知识;文化、艺术、社交等方面的能力与修养;自身健康形象。这项调查结果,为拓宽社区体育人才培养的知识技能领域,为选拔和引进社区体育人才提供了新的思路:各级各类体育教师、体育保健工作者、心理咨询员将成为发展社区体育的重要人才资源。另外,以开发社区体育人才资源和场地设施资源为主的学区体育的开展,将大大加快社区体育的发展进程,在完成居委会体育设施整体布局以前,学区体育是解决社区体育发展难题的有效模式,体育教师参与社区体育建设是未来社区体育人才的引进趋势。

三、社区体育人才网络的发展前景

现代社会将是一个高度网络化的系统,网络最大的长处就是可以充分发挥各个局部的优势,弥补局部的不足,以最经济的代价,取得最佳的整体效益。在社会这个大系统中,人、财、物和信息等各种资源通过市场流通和政府宏观调控实现有机的结合,从而实现资源共享和发挥更大效益。而随着人们工作时间的缩短,健康意识的增强,健身进入家庭,以及宏观管理上逐步推行的大量福利事业回归社会,以地域性为特征的社区体育正成为全民健身的重要基地。建立社区体育人才网络,实现人才的畅通流动和合理利用,将为发展社区体育和推动全民健身事业的发展发挥出巨大的效益。

随着城市建设的进一步发展,国家已经将社区体育列为社区服务的一项重要内容。《全民健身计划纲要》中提出:"城市体育以社区体育作为工作重点,要充分发挥城市街道办事处的领导作用,积极发展社区体育这一新的社会组织形式。"社区体育的组织形式可以是街道社区体协、社区体育指导中心、体育活动站、指导站以及大量的以体育场馆为依托的体育活动中心[①]。近年来,随着人们工时的缩短,闲暇时间的增加,以及人民生活方式和价值观念的改变,为社区体育事业的发展打下了良好的基础。我国的许多大城市都相继出现了大量的社区体育组织,这对进一步合理的利用体育活动场地,吸引不同层次的人群参加锻炼,使全民健身逐步走进家庭起到了积极的作用,开创了群体活动的新模式。

在社区体育组织形式中发挥重要组织作用的人力资源,包括各类体育干部、教师、志愿者和社会体育指导员等。由于社区体育社会化程度很高,因此,社会体育指导员在以上各类人员中发挥着骨干作用。

值得注意的是,体育教师是社区成员中一支庞大队伍,调动他们参加社区体育建设的积极性显得非常重要。他们可以发挥以下作用:(1)促进学校与社区体育设施的相互开放;(2)促进社区和学校体育组织的相互渗透;(3)

---

① 张子沙,马纯英. 近现代湖南人才群体育思想研究[M]. 长沙:湖南大学出版社,2019.

举办社区与学校的运动竞赛。调查数据显示,目前我国社区体育的管理者多为社区行政干部,体育专家很少,广大体育教师尚未在社区体育中发挥应有的作用。

多数社区体育的管理者缺乏开展体育活动的理论知识和经验,更缺乏社区体育活动的整体策划和对社区体育活动的战略性研究;社会体育组织的指导也大多依靠志愿人员。其主要原因在于我国经过体育指导员培训、有体育指导员资格者太少,从1994年《社会体育指导员技术等级制度》正式实施到1996年,全国仅有6万人获得社会体育指导员称号,比较我国总人口,平均每2万多人才能拥有1名等级社会指导员,按我国现有体育人口计算,平均7000多名锻炼者才能拥有1名社会体育指导员。我国目前尚未建立"等级社会指导员"的定期培训或进修制度,即便是对已经取得社会体育指导员任职资格者,由于继续培训制度不够完善,也很难保证他们的社会体育观念、知识和方法能够适应时代发展的新要求。这使开展社区体育的科学性、合理性和连贯性受到了一定影响。

充分发挥社区范围内的大、中、小学体育教师的作用是改变这种状况的有效途径之一。体育教师自身工作性质和特点决定了他们不仅具有丰富的理论知识,还具有开展体育竞赛、组织体育活动的丰富经验,充分发挥学校体育教师的指导和管理才能,在一定程度上能缓解目前我国社区体育专门人才紧缺的问题。

社区体育是家庭体育、学校体育和社会体育的桥梁,是实施全民健身计划的载体。未来社区体育在人才组织体系上的发展将突破目前较为封闭的格局,以跨行业、跨单位的组织形态,将学校、企业、机关、社区联系在一起,把不同行业的体育人才通过社区组织纳入到大社会的人才网络中去,以便更加充分合理地利用我国现有的较为紧缺的体育人才资源,实现体育人才的社会共享。

第六章 社区体育场地器材的规划与管理

社区体育场地器材作为构成社区体育服务的物质保证,对推动社区的体育社会化与产业化发展的作用日渐突现出来。如何利用和创造良好的社区体育场地器材并提供相应的配套服务,对于促进我国全民健身活动的开展与普及,提高社区成员健身娱乐的科学性具有十分重要的意义。

第一节 社区体育场地器材建设的意义与原则

一、社区体育场地器材建设的重要意义

社区体育场地器材的基本建设,包括制定建设计划、组织设计和进行施工等一系列工作。它不仅决定了场地器材本身为社区体育服务的能力,还直接影响到社区体育发展的水平和规模。只有不断建立和完善社区体育场地器材,才能调动社区成员参与体育活动的积极性,才能推进社会体育的改革与发展,才能落实全民健身计划纲要的实施。

(一)可以为社会体育的发展提供重要的物质保证

社会体育要发展,就需要有与之相适应的物质条件作为后盾,而这个物质条件就是社区体育场地器材,很难想象仅有少量简陋运动设施的社区能够开展高水平的全民健身活动。只有充分利用现有的社区体育场地器材,努力提高它们的使用率,只有不断增加新的社区体育场地,及时维修和保养社区体育器材,才是促进我国社会体育能够持续发展的基本途径。

(二)可以促进其合理布局

社区体育场地器材的布局是否合理,与其使用率的高低和各项社会体育运动的开展关系十分密切。我国现有的社区体育场地不仅数量严重不足,而且布局也很不合理。通过进行社区体育场地器材的建设,不仅可以增加其数量,而且可以按照建立完整的社区体育场地器材的总要求,促进其合理布局,使我国的社区体育场地逐步形成完善的网络体系。

(三)可以推进我国社会体育的现代化进程

社区体育场地器材的建设状况,是衡量一个国家社会体育发展水平的

重要尺度,这是因为安置合理、设备先进的现代化社区体育场地器材是当代社会体育发展不可或缺的物质条件。只有不断改善社区体育场地器材的建设现状,才能推进我国社会体育发展的现代化进程,把我国建设成为世界体育大国。

(四)可以更好地满足人民群众的健身娱乐需求

社区体育场地器材是一种非生产性的固定资产。它是社区成员的公共消费设施,是他们参加各项体育文化活动的重要场所。因此,加强社区体育场地器材的建设工作,可以增加非生产性的固定资产,为社会体育的发展提供更多的物质条件,能够更好地满足社区成员的健身娱乐需求。

二、社区体育场地器材建设的基本原则

为适应社会主义市场经济体制和社会体育改革与发展的要求,我国社区体育场地器材的建设应遵循下列基本原则。

(一)加快建设和积极开发社区体育场地器材

各级政府必须按照国家对城市公共体育设施用地定额指标的规定,把社区体育场地建设纳入到城市建设规划和土地利用总体规划中去,合理布局、统一安排,重点加强老城区内的社区体育场地器材的建设。国家鼓励社会及个人投资兴建社区体育场地器材,并在土地使用、资金贷款等方面给予优惠政策。此外,严禁侵占、破坏社区体育场地器材。

(二)新建社区体育场地器材和改造扩建现有社区体育场地器材结合起来

新建和改扩建,是社区体育场地器材建设工作的两种形式。新建能增加社区体育场地器材的数量,改善其布局,促进社区体育场地形成网络;改扩建建设时间短、投资少、收效快,能迅速提高社区体育场地器材的服务能力。只有将这两种形式很好的结合起来,才能使建设社区体育场地器材走上内涵式的发展道路。

(三)提高建设社区体育场地器材投资的经济效益

投资建设社区体育场地器材的经济效益,是指社区体育场地器材所花费的建设资金与其所提供的社会体育服务之间的比例关系。提高了建设社区体育场地器材投资的经济效益,就相当于用同样的建设资金建立了更多更好的社区体育场地器材。这既为国家节省了建设资金,又为社区成员创造了更好的锻炼环境,推动了社会体育的发展。随着新科技在体育领域中的广泛应用,出现了使用各种新材料所建造的社区体育场地器材,这必然也就增加了建设投资。因此,注重提高建设社区体育场地器材投资的经济效

益,就具有更为重要的现实意义。

(四)应坚持基本建设的程序

社区体育场地器材的建设属于非生产性的基本建设。它同任何基本建设工作一样,必须按照"规划—勘探—设计—施工—验收"的程序来进行,这是基本建设规律的客观要求。如果违背了这个程序,就会使社区体育场地器材的建设缺乏科学性,难以保证质量,甚至还会造成巨大的经济损失。

第二节 社区体育场地建设的选址、规划与总体布局

一、社区体育场地建设的选址

为使兴建的社区体育场地能够便于社区成员安全合理地进行身体锻炼,选址时应遵循以下原则。

(1)选址应充分利用天然地形、自然环境以及城市上下水、电力管网等市政设施。这样做不仅可以节约建筑投资,还能节省日常保养维修和运营费用。此外要避开可能受到洪水、滑坡、冲沟等威胁的地段,以及象医院、政府部门等怕受干扰的公共建筑物。

(2)在充分考虑人口分布、人流疏散、距离适中、方便群众等因素的前提下,宜采用分散式布点来促进社区成员积极开展体育活动。

(3)社区体育场地应修建在地势较高、利于排水、阳光充足、空气新鲜、绿化较好、土质松硬适宜的地方。此外还应交通方便,远离工业区。

(4)社区体育场地的纵轴应选定在南北方向,这样可以避免早晚使用时因面对阳光照射而晃眼。还要避开主导风向。

(5)社区体育场地的上空严禁有高压输电线路等障碍物通过。

(6)社区体育场地的外围在规定许可的范围内,应安装栏杆、挡网等。同时要有计划地栽种树木、铺设草坪,以绿化环境、防止风沙、保护场地。

(7)社区体育场地在选址时,最好还能考虑到远近期用地的结合,为以后配套项目的建设留有余地。

二、社区体育场地建设的总体布局

社区体育场地建设的总体布局一般是指体育场地在城乡社区内的空间分布与组合。它是建立完整的社区体育场地体系的前提条件,是具有战略性意义的问题。如果社区体育场地建设的总体布局合理,就能够有效的增

加其经济效益和社会效益,促进社会体育持续、快速、健康发展。社区体育场地建设在布局时应遵循下列基本原则。

(一)方向性

以城市建设规划的总方针和发展社会体育的工作重点为依据,合理确定社区体育场地的布局类型。

(二)适用性

为便于社区成员进行身体锻炼和开展社区体育运动会,社区体育场地建设的总体布局要处理好体育场地与居住区之间的关系。

(三)绿化性

社区体育场地要尽量增加绿化面积。通常绿化面积应占整个用地面积的30%以上,以美化环境,改善场地内的气候状况。有条件的地方还可以建成体育公园。另外也不能忽视场地四周景观的陪衬作用。

(四)经济性

合理制定社区体育场地的建筑标准和规模,使社区成员能够非常方便、实惠地参与体育健身活动,发挥建筑投资的最大效益。

(五)可行性

社区体育场地的总体规划要与城市总体规划相协调一致,并通过社区体育场地的建设对城市改造和现代化进程有所推进。

(六)美观性

在经济、适用的前提下,突出社区体育场地的独特风格,创造良好的建筑景观。

(七)灵活性

要为社区体育场地今后的发展与变化留有适当的余地。

此外,还须指出的是,由于建立完整的社区体育场地体系是一个逐步实现的过程,因此在布局时必须充分考虑到国民经济、社会发展与城乡建设规划等方面的要求,把布局工作和城乡建设结合起来进行。

三、社区体育场地建设的规划

社区体育场地建设在规划时,应根据该地区的地形、地貌和气候等自然条件,调查当地居民的人口数量、密度及所爱好的体育运动项目,并结合当地的实际情况、远景规划和社会体育的未来发展趋势等,来确定社区体育场地的类别和面积大小。

在具体规划时,必须要做好以下三个方面的工作。

(一) 依法规划

《中华人民共和国体育法》第四十五条规定:"县级以上地方各级人民政府应当按照国家对城市公共体育设施用地定额指标的规定,将城市公共体育设施建设纳入城市建设规划和土地利用总体规划,合理布局,统一安排。城市在规划企业、学校、街道和居住区时,应当将体育设施纳入建设规划。"目前正在执行的国家标准2018年12月1日起实施的《城市居住区规划设计标准》,详细规定了城市居住区、小区、组团的公共文体设施控制指标。该规范明确规定居住区每千人文体设施用地面积为200～600平方米,建筑面积为100～200平方米;小区用地面积为40～60平方米,建筑面积为20～30平方米;组团用地面积为40～60平方米,建筑面积为18～24平方米。在进行社区体育场地规划时,务必要严格执行相关法规与标准。

(二) 政府推动

我国土地归国家所有,只有政府主管部门才有权对土地进行依法规划和审批,因此,规划社区体育场地用地要靠政府来推动。这就要求:

1. 主管部门严格执法

城市政府的规划部门或国土规划部门要依照有关法律和规范的要求,把社区体育场地用地列入到城市总体规划和地区详细规划中来。审批居住区、小区建设方案要坚持公共体育设施的用地定额指标,达不到规定指标的不予批准。对于没有落实公共体育设施用地指标的单位和项目要依法进行处理。当前要突出抓好新区建设、旧城改造、综合开发过程中公共体育设施用地定额指标的落实。

2. 行政首长高度重视

市长、区长要强化发展社会体育、加强体育设施建设的意识,将此项工作列入为市民办实事的计划。在城市建设和开发过程中,只要落实了社区体育场地的用地指标,就会促进城市的发展和整体经济效益的提高。实际上,社区体育场地的建设情况,同城市的绿化率、污染的治理水平一样,是一个城市文明和现代化的重要标志。它也在一定程度上反映了城市规划部门与开发商的现代文明意识和经营理念。

3. 立法机关加强监督

选择适当的时候,由市、区人大组织《体育法》及相关法规、标准执行情况的专项检查,检查行政首长和政府有关部门履行职责的情况,督促落实社区体育场地的建设规划。对城市重要街区的建设改造方案及重要体育设施的建设项目要举行听证会,广泛征求市民的意见,把社区体育场地器材的建设情况置于市民的监督之下。还可以通过组织人大代表进行专项考察、组织新闻媒体进行有关调查或组织专家学者召开专题研讨会等方式,来吸引社会各方面重视规划工作,强化舆论氛围,并提高全民参与的积极性。

(三)开阔思路

在我国大中城市的老城区中,文化体育设施、交通设施、绿化用地、居住用地的矛盾相当突出,因此,在规划社区体育场地时必须要开阔思路。随着社会主义市场经济与城市建设的发展以及居民生活水平的提高,社区体育场地建设应当与时共进。比如,产业结构的调整会使高耗能、高污染和不再具有竞争优势的企业退出城区;城市建设中大规模的旧城改造与综合开发又会使土地资源在一定范围内重新配置,这些都为社区体育场地建设的发展提供了良好的契机。又如,居民不再烧蜂窝煤而改用天然气,就腾出了煤厂;分散供热改成集中供热,一些单位又腾出了锅炉房;生源的减少使有的中小学合并,这又能腾出部分校舍。这些也都能为规划建设社区体育设施提供更多的场地来源。

总之,城市主管领导高度重视,用地规划部门通盘考虑,体育行政部门积极参与,是做好社区体育场地建设规划的重要保证。

第三节 社区体育场地器材的管理

社区体育场地是开展群众性体育活动,实施全民健身工程的重要基地,同时又是社会主义精神文明建设的主要窗口之一。国内外社会体育的发展史表明,没有与社会体育发展水平相适应的社区体育场地器材的管理工作,要想加快社会体育的发展,促进社区成员参与健身活动科学化、经常化,并把我国早日变成世界体育大国都是相当困难的。

一、管理社区体育场地器材的主要措施

社会体育活动的开展,离不开对社区体育场地器材的管理。只有对社区体育场地器材做到情况明、底数清、抓管理、重效果,并争取到足够的资金来源,才能使社会体育的发展得到可靠保障。在此提出以下几条主要管理措施。

(一)抓摸底建档

对社区体育场地器材进行摸底建档,就是在对其进行全面调查的基础上,绘制出一份场地图来。场地图的内容包括场地方位、场地种类、场地面积、建造时间、器材分布及其规格、质量等,应全部用平面图表标出,并把投资、历史、现实等情况记载下来。在此基础之上登记造册,建立较为完善的

关于社区体育场地器材的资料。如果能这样年复一年地抓摸底建档,就会及时掌握社区体育场地器材的建设、维修与变化情况,便于统一管理。若出现问题也能及时解决,确保了场地器材使用的稳定性和长期性,从而进一步提高了它们的使用效率。

(二)抓管理制度

这主要包括:对登记在册的社区体育场地器材的资料每三年进行一次补充完善;每年开展一次对社区体育场地器材管理情况的检查与评比,通过召开现场会、评选奖励先进等方式促进管理水平不断提高;对管理社区体育场地器材的人员定期加以培训;在每月月初确定当月需要维修的社区体育场地器材,并在月末对维修情况加以检查等。

(三)社区体育场地器材管理的各项工作须由专人负责

这些工作主要有:负责场地的日常维护与保养,保持场地内的环境卫生;负责场地的环境美化,它包括场地绿化、装饰及草坪场地的管理养护等工作;负责各类社区体育运动会的场地工作,它包括赛前的划线、平整场地,赛后的清理场地等工作;维护与保养社区体育器材等。

(四)利用体育彩票公益金解决社区体育场地器材的养护问题

当前修建社区体育场地器材的资金主要靠体育彩票公益金来解决,而保养和维护却要由社区居民委员会来解决。由于缺乏资金,实际上是难以进行的。如果适当扩大体育彩票公益金的使用份额,从目前的30%提高到35%~40%,有可能缓解或解决社区体育场地器材养护资金不足的问题。

二、社区体育场地的管理、维护和保养

由于社区体育场地主要是为最广大的普通社区居民提供健身活动的场所,因此它一般是煤渣场地、土质场地或草坪场地。这也是社区体育场地管理与养护的重点。

(一)草坪场地的管理、维护和保养

1. 草坪场地的管理

严禁机动车辆驶入草坪。

活动者应按规定爱护草坪场地内的一切设施。

严禁在场地内乱扔废弃物、吐痰或吸烟。

根据季节和草坪生长情况科学安排使用时间。一般来说,在北方每年12月到来年4月为草坪的保养期,不宜安排使用。5月份和9~11月可隔天使用,6~8月可以天天使用。在南方,草坪场地可以全年使用。具体使

用时间应根据当地气候等方面的条件来决定。

2. 草坪场地的维护和保养

根据草坪的生长规律和使用特点,加强维护与保养。在北方每年3、4月份,应每隔两天浇一次水,以保持场地湿润。浇水后不得踩踏草坪。

定期修剪,保持草坪平整。剪草最好在一天内完成。剪下来的草要立即清除,以免因腐烂而损坏草坪。

清除杂草,及时施肥。

及时修补被损坏的草坪,避免受损部分扩大。

在北方,应做好草坪的冬季管理。

(二)木质场地的管理、维护和保养

在我国当今社会中,高收入阶层业已出现,他们对于体育健身也提出了更为专业的要求。在高收入者居住的豪华社区中将会出现一些高档的室内健身房,这些健身房多以木质场地为主,并兼有少量的小块聚胺酯塑胶场地。因此,社区体育场地管理也应包括对这些高档社区体育场地的管理与养护。

1. 木质场地的管理

活动者必须穿软底鞋进入场地,禁止穿皮鞋、高跟鞋、带钉的鞋入内。

保持场地内的清洁卫生,严禁在场地内乱扔废弃物、吐痰、吸烟或泼水。

禁止在场地内踢球或投掷重物。

场地内固定的器材不得随意搬动。移动器械时要轻拿轻放,不要在木质场地上拖拉。

2. 木质场地的维护和保养

打蜡。涂地板蜡是保护木质场地的重要措施,每年给木质地板打蜡,可以使其不干、不裂、不变质。但这也会使地面过于光滑,所以还要适量涂一些防滑油。

涂地板油。一般情况下每半个月涂一次即可。当天气干燥时,次数应适当增加。

用海绵垫或地毯覆盖的木质场地,每季度要将海绵垫或地毯搬开,翻晾地板以防水汽侵蚀。使用直接铺在木质地板上的橡胶面场地,更要定期翻晾,以延长场地的使用时间。

(三)聚胺酯塑胶场地的管理、维护和保养

1. 小块聚胺酯塑胶场地的管理

因为聚胺酯塑胶场地是聚胺酯合成的塑胶弹性体,所以必须禁止各种机动车辆在上面行驶，以防重压或滴油破坏侵蚀胶面。禁止携带易燃、易爆或腐蚀性物品入内。开展体育活动时应保持场内清洁，防止有害物质的污染。

场地内的活动者必须穿运动鞋。跑鞋和跳鞋的鞋钉高不得超过12毫米。杠铃、哑铃、铅球等器材禁止在塑胶场地上进行使用。

要避免长时间的重压，防止剧烈的机械冲击和磨损，以免场地的弹性减弱或变形。

2. 小块聚胺酯塑胶场地的维护和保养

经常清洗。除每天清扫灰尘外，每季度都要安排一次大清洗，很脏的地方应添加适量的去污粉刷洗或擦拭。

场地如发生碎裂、脱层等现象，应按规格要求及时修补，以防蔓延。

场地上的各种标志要保持清晰醒目。由于随着时间的推移，塑胶表面会老化，场地上的各种标志会褪色，所以在使用几年后，应喷洒一层塑液，重新描画标志线。

三、社区体育器材的管理、维护和保养

社区体育器材与社区体育场地一样，是开展社会体育活动不可或缺的物质基础，是全面落实全民健身计划纲要的硬件条件保证。只有进行科学管理和日常维护，才能延长社区体育器材的使用寿命，使它们能更好地为开展社会体育活动服务。

（一）社区体育器材的管理

1. 严把购置社区体育器材的质量关

社区体育器材质量的好坏，不光决定其使用寿命的长短，更直接影响着社区成员锻炼和健身的安全程度，它关系到社会体育的发展状况。社区体育器材的质量取决于生产所使用的材料和工艺，因此在购置时要对生产厂家及所购器材进行仔细考察。避免因购进不合格或劣质器材而影响社会体育的开展。

2. 加强社区体育器材的保管工作

验收登记。对于新购进的社区体育器材必须进行验收、登记。登记表应包括器材名称、数量、单价、规格、生产厂家、购置时间和备注等项内容。

分类保管。根据我国的国情，社区体育器材应采用分类保管法。

确保保管质量。为保证社区体育器材的质量，必须要加强保养工作。

定期清点和检查。对所管理的社区体育器材，要制定清点检查制度。

可每月、每季度进行检查。对于清查出的不宜再使用的器材,要及时进行维修或报废更新。

(二)社区体育器材的维护和保养

(1)要定期在钢制器材表面涂漆和上油。比如单杠或双杠的底座和立柱外壳要涂漆,而立柱内杆则要上油,以防生锈。

(2)对于木质器材,有的需要在其外表涂油漆,有的则需要采用蜡封,以解决受潮变形的问题。

(3)对于用皮革包裹的器材,不能安放在会受到太阳直接照射的地方,还要注意涂保革油。

(4)用橡胶制造的器材不能与油物接触,以防老化。

(5)用塑料制造的器材除防老化外,还要特别注意防火。

(6)单杠、双杠、高低杠、云梯、垒木等器材有一个安全使用的问题。这些器材会因经常使用而降低安全系数,所以必须要定期检查。发现问题要及时解决。

(7)作好清洁工作是保养社区体育器材的重要措施之一。所有器材必须经常擦拭,以保证器材表面干净卫生,防止空气中尘埃的腐蚀作用。

第四节 社区体育场地器材的经营

一、社区体育场地器材经营的意义

经营社区体育场地器材,有利于提高场地器材的使用率,延长其使用寿命;有利于改善场地器材的管理水平,增强其社会服务功能;更有利于吸引更多的人投身到社区体育中来,促进社区体育可持续发展。

提出经营社区体育场地器材,是相对于过去我国在计划经济体制下,社会体育完全作为福利性事业依靠国家拨款来发展而言的。经营社区体育场地器材,不仅可以给社会体育带来充裕的发展资金,使社会体育工作不必为今后可能出现的财政"断奶"而担忧,而且它还能消除社会体育发展过程中的不健康因素,促使社会体育按照市场规律协调而又可持续的发展。其实质就在于发展社会体育要在符合社会主义市场经济体制基本要求和现代体育运动基本规律的基础上,充分挖掘体育本身的经济功能,以增强社会体育自身的造血功能,建立社区体育场地器材经营的补偿机制,推进社会体育的良性发展。这里还必须说明的是,经营社区体育场地器材并不是人们对于社会体育发展运行机制的主观选择,而是社会体育发展的客观规律。

二、改善社区体育场地器材经营的主要途径

社区体育场地器材的经营必须遵循"以体为主,多种经营"的原则,发挥自身优势,不断提高其经济效益和社会效益。

改善社区体育场地器材经营的主要途径有以下几种。

(1)加强对经营社区体育场地器材的宏观政策导向。首先在政策指导上必须明确"以体为主,以体为本"的原则。在此前提下可以适当开展多种经营,进一步提高社区体育场地器材的使用率及其自我补偿能力。对于锻炼者可以根据不同的时段,制定不同的收费标准;而对中小学生、老年人及残疾人应实行免费或给予特别的优惠。此外,为吸引更多的社会力量投资兴办社区体育场地,应在政策方面给经营者以扶持。

(2)加强有关经营社区体育场地器材的法规建设,使社区体育场地器材的经营工作有法可依,并依法加强对其经营状况的指导、监督与检查。

(3)在全国范围内建立社区体育场地器材的评级制度。由国家体育总局牵头,并由地方政府组织对当地的社区体育场地器材的配置情况、使用效果和经营服务水平等方面进行综合评比,评比结果要公布于众。评比应每三到五年举行一次,并实行升降级制度。

(4)以社区体育场地器材为载体,建立业余体育俱乐部。依托社区体育场地器材所建立的业余体育俱乐部,通过组织健身咨询、家庭游戏、趣味比赛等多种形式把会员组织起来,使群众锻炼的队伍不断扩大,锻炼的形式更加丰富多彩。

(5)经营社区体育场地器材的单位,应当积极与社会各界,尤其是体育界建立广泛的联系。各运动队的教练员、运动员、裁判员,尤其是退役运动员都是非常宝贵的人力资本。把他们请进社区,为社区成员服务,将会充分调动社区成员参与体育活动的积极性,确保社会体育快速、健康地发展。

(6)经营社区体育场地器材的单位,应当聘用具有"一专多能"的人员来维持日常的运营。对于受聘人员要定岗定责、严格管理,根据他们的工作表现和单位的经营状况来确定工资水平。在承办大型社区体育活动时,可以聘用临时人员来解决人手不足的问题。这样既能降低经营社区体育场地器材所需的人工成本,又能增加受聘人员的收入,调动其工作的积极性,避免人浮于事现象的发生。

(7)积极鼓励大中小学等单位,依照有关规定将体育场地器材向其周围

的社区开放,以缓解社区体育场地器材严重不足及社区成员难以就近锻炼的问题,从而推进社会体育的快速发展。北京市2001年7月1日起开始实行的《关于利用单位内部设施开展社区服务的若干规定》,就为体育场地器材向社会开放提供了明确的政策依据。详情可参见附在本章结尾处的该项规定。

三、对经营社区体育场地器材的组织形式的展望

业余体育俱乐部制,是风靡全球的经营社区体育场地器材的主要组织形式,也是今后中国社会体育发展的必由之路。

业余体育俱乐部是一个非盈利性的、业余的、自愿的和自治的群众性体育组织。其经营工作的核心是巩固与扩大会员队伍,确保俱乐部的生存与发展。而要想达到这个目标,既不能靠物质刺激,也不能靠命令强迫,唯一可行的办法就是靠俱乐部自身的模范工作和优质服务。一方面有针对性并最大限度地满足各类会员的需求;另一方面激发每一个会员的积极参与性和主观能动性,以此来提高业余体育俱乐部的亲和力、向心力与凝聚力。同时还要不断扩大资金来源,以增强俱乐部的经济实力。

具体来讲,为了能够最大限度地满足各类会员的需求,应当组织会员大力开展多种形式的健身娱乐、游戏竞赛等活动,以满足他们强身健体、改善体形、愉悦身心、增加人际交往、丰富文化生活等愿望;定期为老年会员举办一些科学健身、医疗保健方面的讲座和培训,普及相关科学知识,以满足他们希望延年益寿,并不断提高生活质量的心愿;多为青少年会员安排一些比赛活动,以增强他们的竞争意识与表现欲望;还可以通过不定期地举办一些舞会、组织集体郊游等活动,来陶冶会员情操,联络会员感情。

为了能够激发会员的奉献精神,增强俱乐部的亲和力、向心力与凝聚力,应当定期召开会员大会,向他们通报情况、征求意见,与他们一起商讨问题,并鼓励他们参加志愿服务工作,以培养他们的团队精神;对于为俱乐部做出重大贡献的会员,应免收会费,并授予荣誉会员称号,以此来激发会员的荣誉感与奉献精神;为鼓励社区居民延长俱乐部会龄,对于老会员必须要给予特殊优待,比如会龄在10年以上的,会费可享受减免等。

为了能够不断扩大业余体育俱乐部的资金来源,俱乐部应加大在所在社区的宣传力度,为不同职业的会员制定不同的收费标准,以此来增加会员的数量;通过举办社区体育运动会等大型活动,增加俱乐部的知名度,为走与企业合作之路奠定基础;有偿为非会员开放一些对体育场地器材要求较高的运动项目,如网球、健美、游泳等。

总之,只要不断改进对于业余体育俱乐部的管理,提高社区体育场地器材的经营水平,就会使我国的社区体育走向蓬勃发展的明天。

第七章 沿海城市社区体育可持续发展研究——以青岛市为例

城市社区体育作为大众体育的一部分,通过广泛而持续的社会动员,组织社区成员积极主动地参与到社区体育活动中来,对促进社区的积极变革和演进起了重要作用。在全民健身的推动下,社区体育建设、居民体育参与已经成为中国社区建设的新主题、新动力。可持续发展是90年代在国际上形成的发展理念,在当前社会倡导可持续发展的背景下,城市社区体育走可持续发展道路是必然选择。本研究在调查分析青岛城市社区体育开展现状的基础上,找出阻碍影响青岛城市社区体育可持续发展的因素,结合青岛市实际情况,提出相应的可持续发展对策,对促进青岛社区体育的发展和加快半岛蓝色经济区建设具有积极的理论和现实意义。

国务院于2011年批复《山东半岛蓝色经济区发展规划》(以下简称《规划》),它的意义在于,这是我国第一个以海洋经济为主题、一定区域性的发展战略,青岛作为经济区的重要发展区域,在这个特殊的环境下探讨青岛城市社区体育的建设及可持续化发展,对促进青岛的城市现代化建设、完善我国社区体育建设理论意义深远[①]。

第一节 青岛城市社区体育开展的相关研究

一、研究意义

青岛地理优势,交通便利,经济和社会发展动力充足,同时青岛市各类竞技和群众性体育活动氛围浓厚,有较深的体育文化底蕴,体育产业及衍生经济发展迅速。

面对半岛蓝色经济区、"十二五"规划和国际化城市建设的发展机遇,青岛市各政府部门努力开展工作、全力以赴、牢牢把握,居民必须正视城市发展的机遇和挑战,同时所有社会成员必须建立新的社会理念。社区作为社

---

① 王杰秀主编. 新时代社区治理实践创新探索[M]. 北京:中国社会出版社,2018.

会的缩影,城市建设的基本单位,不仅凝聚着这个时代应有的知识、科技、经济、社会因素,而且促进着它们的发展。

本文的研究以可持续发展观为核心,在调查研究青岛市社区体育的开展现状的基础上,运用科学的方法筛选出影响青岛市社区体育可持续发展的因素,将分析结果和青岛城市社区体育活动的开展现状相结合,因地制宜地提出科学的对策和保障措施,探索一条符合具有"青岛特色"、可持续的城市社区体育发展道路。

二、青岛城市社区体育开展的相关研究

通过在中国知网(CNKI)查阅可知,截止到 2021 年 9 月份,以"社区体育""篇名"为条件在中国学术期刊网络出版总库进行检索,共检索到 2893 篇相关文章,以"青岛"为条件进行检索,检索到 11 篇文章,这五篇文章都是关于青岛社区体育现状类的研究,调查研究的内容单一,没有创新,主要包括:居民的基本情况;场地设施;活动项目[①]。可以看出,对于青岛社区体育的研究,现状类的调查说明过多,缺少其他应用性的研究,并且调查的内容不够深入,研究的时间已经过了很久,相对缺少参考价值。

第二节　青岛城市社区体育开展情况

一、青岛城市社区体育的开展环境

(一)相关政策环境

1995 年《全民健身计划纲要》的颁布,对我国全面开展群众体育工作序幕起到了奠基的作用,1997 年国家颁发的《关于加强城市社区体育工作意见》,对社区体育的概念和内容作了明确的界定和详细的描述。其中详细论述了场地设施如何建设和利用及社区体育工作的组织、管理机制,使我国城市社区体育工作的开展有了国家政策方针的支持和指导。

国家体育总局颁发的《2001—2010 年体育改革与发展纲要》,明确提出了我国新时期城市体育开展的重点与着力点——社区体育。

2004 年青岛市政府颁布的《青岛市促进全民健身若干规定》中提出:每年 6 月第一周的周日为青岛市全民健身日。每年依据国家体质测定标准对市民进行抽样体质测定,并配备经过培训合格的检测员和体质检测专用器材。

---

① 数据来源于中国知网。

2011年青岛市政府颁布的《青岛市全民健身计划（2011—2015年）》中提出"全民健身体现山海本色，城区健身设施实现'8分钟健身圈'，行政村农民体育健身设施实现全覆盖"的构想。

2016年6月15日，国务院颁布《全民健身计划（2016—2020年）》，提出"进一步完善符合国情、比较完整、覆盖城乡、可持续的全民健身公共服务体系"的指导思想。虽然我国的城市社区体育事业取得了一些成就，对社会的建设已经做出了一定的贡献，但是面临着越来越严峻的挑战，承担着越来越重的社会责任。随着进入全民健身"十三五"时期，如何把握和利用机遇，这是城市社区体育事业的一个特殊发展阶段。

由于受地域、经济和文化差别，风俗习惯和人群不同等各种差别性影响，全国社区体育发展形态和态势也不尽相同，所以要针对各地方实际情况，横向、纵向相结合地去分析、研究城市社区的开展现状，由此提出科学、系统，符合当地实际的社区体育发展对策。

（二）群众体育的开展氛围

青岛市各级政府和相关部门不断加大对群众体育事业的支持力度，群众体育蓬勃发展，2012年和2013年共投入1亿元修建群众健身设施，"城市8分钟健身圈"的工作目标提前三年实现。

各区市的全民健身活动也依据自身的地理特点，开展的如火如荼、各具特色，逐渐形成了一区一品牌、一区一特色的形势。同时，也带动了社区、乡镇全民健身活动的开展，成就了青岛市全民健身活动"天天有活动、周周有比赛、月月有高潮"的新局面。

2013年组织市级以上全民健身活动40余项，区（市）级健身活动300余项，组织120万余人次参加健身活动。

青岛市各级体育社团活动积极开展，2013年共组织各类活动和赛事6846场次，举办或承办省级以上赛事89项、市级比赛活动3000余场，组织参加全国、省级的各类比赛活动181次。体育活动氛围是社区体育开展的外部影响因素，对其开展具有促进作用，对此应将体育活动氛围的营造作为社区体育建设的一项重要任务来抓。

2020年，青岛市全年建设笼式多功能场地100片，建设口袋公园、森林公园、时尚健身公园104处，社区健身吧、智能健身设施、社区养老服务中心等60处，更新建400处健身设施，使得群众健身更加便利。此外青岛市还根据疫情形势,及时布局常态化疫情防控条件下全民健身,启动"全民健身月",举办全民健身运动会,集中推出登山节、社区健身节、沙滩体育节、"十百千万"健康大使评选、"青岛球王"系列赛等群众体育活动,做到了全民健身强度与热度不减、总量不减。

为贯彻落实全民健身的国家战略,满足人民群众日益增长的体育健身需求,助力健康中国和全面小康社会建设,根据国务院《关于印发全民健身计划(2016—2020年)的通知》(国发〔2016〕37号)和省政府《关于印发山东省全民健身实施计划(2016—2020年)的通知》(鲁政发〔2016〕29号)要求,结合我市实际,制定本实施计划。

二、参与社区体育居民的基本情况

近年来,青岛在公共体育设施建设过程中,始终坚持城乡统筹发展,把农村体育设施建设作为体育彩票公益金资助的重点,2017年建设的467处全民健身工程中,有433处建在了农村。截至目前,青岛已建成各类农村体育健身设施2500余处,300个省、市扶贫重点村中有298个已经建设了体育健身设施,今年大部分区县将实现农村体育健身设施全覆盖的目标,全市社会体育指导员人数超过了7000人,乡镇体育总会实现了全覆盖。

(一)居民的个体特征

通过调查,社区体育活动者中,女性占54.23%,男性占45.77%,女性参与者高于男性。主要原因有下面几个:首先,女性对体态的追求高于男性;其次,女性的法定退休年龄比男性早,时间比男性充足;目前的活动项目还是比较单一,适合的对象主要是女性;女性比男性更乐于社交,渴望参加各种群体活动,这些都是造成社区体育参与者女性高于男性的主要因素。另外,职业结构上以离退休人员22.4%和企业人员21.2%居多。在年龄方面,7~17岁占3.1%,18~40岁占40.3%,41~65岁占41.2%,66岁以上占16.4%。

通过表7-1可知,首先在被调查者中中年人所占比例最多,此年龄段女性和男性陆续达到法定退休年龄,有更多的闲暇时间,并且有强烈的锻炼身体、保持身体健康的愿望,而体育活动恰好作为一种有效途径满足他们的需求。其次,青年年龄段所占比例接近中年,此年龄段的个体绝大多数是上班族,时间上虽然没有其他年龄段的个体充裕,从侧面上反应出青年人参加体育活动的强烈欲望。

表 7-1 参与者的年龄结构

组别	年龄	比例
少年	7-17 岁	3.1%
青年	18-40 岁	40.3%
中年	41-65 岁	41.2%
老年	66 岁以上	16.4%

另外在参与者的职业结构上,中专及以下占 21.3%、大专占 38.6%、本科占 36.9%、硕士以上占 3.2%,中专及以下学历的 92% 是老年人,其余主要是少年。大专、本科和硕士学历 96% 是青年和中年人,青年年龄段的居多,老年人所占比例极少。不难发现青岛市社区体育参与者的学历大多是大专以上,呈现出高学历化的发展趋势。

(二)社区居民参与体育锻炼的动机

表 7-2 社区居民参与体育锻炼的动机(此调查为不定项选择)

动机	增强体质	带子女健身	增加社会交往	学习体育技能	塑造形体	预防、治疗疾病	消遣娱乐	其他
比例	76.3%	11.5%	37.6%	9.7%	43.6%	12.5%	38.7%	6.9%
排序	1	6	4	7	2	5	3	8

通过表 7-2 可以看出,居民参与体育锻炼的主要动机有增强体质、塑造形体、消遣娱乐和增加社会交往,其中增强体质占 76.3%,是参与体育的最主要的动机,增强体质是体育的主要作用,这反映出人们对体育本质的认识。同时,体育交际已经成为当前社会中人们社交的一个重要途径,通过参与社区体育,更容易寻求拥有共同兴趣、爱好的朋友,扩大自己的社交范围。人们已经改变了体育锻炼目的的单一性,发展成健身、社交为一体的多重性目的。

(三)活动站点的分布和选择

2011 年青岛市利用体育彩票公益金 400 余万元,因地制宜在全市新建全民健身工程 268 处,其中农村 190 处,城市社区 78 处,截至 2011 年底共拥有健身设施 4255 处,体育健身辅导站点达到 3520 个。2012 年财政投入 5000 万元,在七区建设 100 处健身园、600 条健身路径,截至 2012 年底,共拥有健身设施 5300 余处,体育健身辅导站点达到 3670 个。截至 2013 年底,全市拥有健身设施 6340 余处,体育健身辅导站点达到 3820 个,城区"15 分钟健身圈"进一步完善,向城区"8 分钟健身圈"和农村"村村有"迈出了新的步伐。

为贯彻落实全民健身国家战略,推动全民健身运动发展,倡导全民健身新时尚,在后疫情时代掀起全民健身新热潮,2020年8月8日上午,青岛市全民健身日活动的启动仪式在五四广场举行。启动仪式上分别进行了健美操、太极拳、太极扇、太极剑、螳螂拳、武术器械、柔力球、健美、空竹、体操、国际象棋、柔道、跆拳道、空手道、模型展示等15个全民健身项目的展示,同时在现场开展了国民体质监测服务。

通过调查发现,在经常选择的活动站点上(见表7-3),社区周围的街头巷尾是社区居民选择最多的场所占(30.4%)。收费体育场馆排在第三位,高于选择学校和公共体育场馆的比例。另外调查发现,选择其他活动场地的居民,主要集中在单位的体育场地或场馆。

在活动站点的选择动机上,选择社区周围、公园或广场和其他活动站点的居民考虑的主要因素是距离和消费。选择收费体育场馆、公共体育场馆和附近学校的居民考虑的最主要因素是设施,其中选择收费体育场馆的居民相对更加注重设施和服务,详见表7-4。

由此可以看出,青岛市在社区体育"硬件"的建设上比较充足,居民社区体育的开展呈现就近性,距离与消费是影响居民活动区域的主要因素。

表7-3 社区居民经常去的活动站点

活动场地	公园或广场	社区周围	附近学校体育场地	收费体育场馆	公共体育场馆	其他
百分比	28.5%	30.4%	4.8%	19.7%	12.1%	4.5%
排序	2	1	5	3	4	6

表7-4 社区居民活动站点选择动机

活动场地		社区周围街头巷尾	公园或广场	收费体育场馆	公共体育场馆	附近学校体育场地	其他
	动机	比例					
场地选择及动机	距离	49.3%	28.4%	2.1%	15.5%	31.3%	46.7%
	消费	46.2%	43.1%	1.3%	23.7%	4.5%	19.1%
	设施	0.9%	1.2%	33.2%	44.3%	46.7%	17.5%
	氛围	3.6%	27.1%	31.8%	16.3%	17.5%	16.3%
	服务	0.0%	0.2%	31.6%	0.2%	0.0%	0.4%

(四)活动内容的选择

研究发现,社区居民活动内容的选择呈现多样性和季节性。在四个季节中,居民最喜欢的运动项目是跑步和散步,与球类、健身气功一起始终保持在前三的位置;除其他之外选择棋牌类的最少;变化幅度最大的是棋牌类,尤其是在冬季突然激增,主要原因是到了冬季居民不愿意出去活动,更喜欢室内项目;变化幅度最小的是舞蹈类,主要原因是:(1)舞蹈类活动团队性和群体意识比较强,大家不想因为自己而影响到自己的舞伴和队伍;(2)舞蹈类活动的场所具有多样性,无论室外还是室内,区域大或者小,广场还是活动室,都能随时随地开展;(3)舞蹈类活动的艺术表现力强,居民可以在各种场合表现自己。另外,除跑步、散步和其他外,在活动内容的选择比例上比较平均,选择其他的居民,还参加多种多样的运动项目,居民的健身活动内容的选择呈现多样化,详见图7-1。

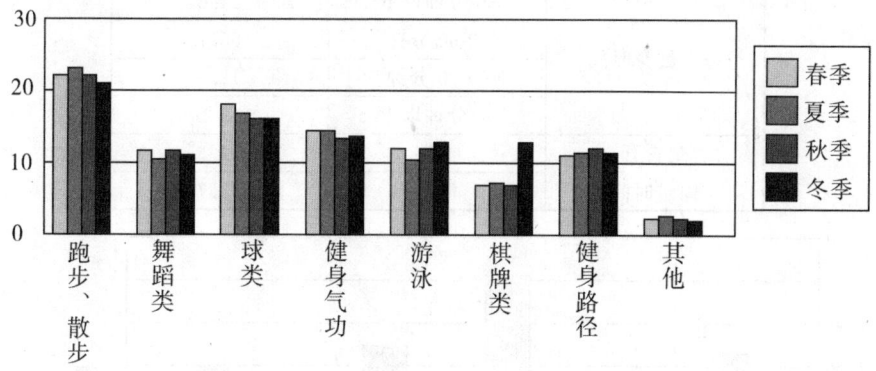

图 7-1 社区居民健身活动内容

(五)参与者的锻炼时间和频度

居民参与体育锻炼的持续时间和频度,不仅是确定体育人口的两项重要指标,也是大众参与社区体育活动的重要评定指标。调查发现(见表7-5),每周锻炼次数在三次以上者占56.5%,每次锻炼持续时间达到30分钟以上者占75.2%,有固定锻炼时间的仅占31.3%,这类人群主要是机关团体、事业单位的退休人员,年龄以中老年人为主。另外,健身项目和年龄对运动负荷也有较大影响。

从季节上看(如图7-2),在春季、秋季和冬季大多数人选择在下午进行锻炼,分别占45.2%、45.4%和50.4%;然而在夏季选择下午锻炼的人员比例最小,占11.4%,选择晚上锻炼的人最多,占61.3%。主要原因是春、秋和冬季的下午温度最适宜,而夏天下午阳光强烈且温度高,所以人们更喜欢在晚饭后进行一系列的健身活动。

虽然,每周锻炼次数三次以上和每次锻炼时间持续半小时以上这都占大多数,但绝大多数的人无固定健身时间,说明青岛市真正经常参加大众健身锻炼,并形成持之以恒的习惯的人还是不够多,青岛市大众体育的可持续发展仍需要逐渐增多的体育人口,并鼓励、感染和带动不参加体育锻炼的大众积极参与大众健身活动。

表 7-5 青岛市居民每周/次参加社区体育的次数/时间调查表

类别	次数/时间	所占比例%
每周健身次数	1-2 次	43.5
	3-4 次	41.3
	5-6 次	11.1
	7 次以上	4.1
每次健身时间	30 分钟以下	24.8
	30-60 分钟	55.7
	60-90 分钟	12.3
	90 分钟以上	7.2
是否有固定时间	有	31.3
	没有	68.7

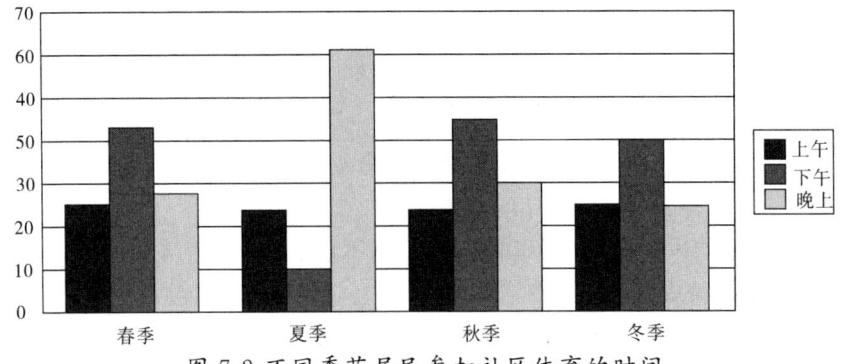

图 7-2 不同季节居民参加社区体育的时间

(六)体育消费现状

将人们用于体育生活的各种消费支出可以概括为体育消费,消费的主要内容和对象包括:实物性消费(购买运动服装鞋帽、体育器材、书籍)和服务性消费(体育场馆及观看体育比赛门票)。体育的消费水平不仅反应居民对体育的投入和消费,而且还反应居民对体育的参与度,从侧面反映国家、地区的体育事业发展状况,对体育的开展起到促进和制约的作用。

近日,山东省青岛市体育局发布了《2020 年度青岛市居民体育消费调查分析报告》。报告显示,2020 年青岛全市居民体育消费总规模达到 290.60 亿元,创历史新高;人均体育消费 2885.35 元,占人均消费支出的 9.5%。

据测算,青岛市"经常参加体育锻炼"人数比例接近 50%,远高于山东省平均水平,而从市民经常参与的运动项目分布来看,排在前列的分别为羽毛球(占 33.6%)、长跑、健步走(占 26.2%)、篮球(占 25.1%)、户外、登山、徒步(占 22.8%),羽毛球是青岛市民最常参与的运动项目。

2020 年,青岛市居民人均体育用品消费支出 1547.19 元,占人均体育消费支出的 53.6%。青岛市居民人均健身休闲消费支出 650.17 元,占人均体育消费支出的 22.5%。其中,健身活动消费支出最高,人均消费 415.51 元,占人均体育消费支出的 14.4%。2020 年,青岛市居民人均体育教育培训消费支出 261.69 元,占人均体育消费支出的 9.1%。从性别结构看,女性居民体育教育培训消费意愿更强,消费水平高于男性。从项目类别看,羽毛球、篮球项目群众基础深厚,项目提及率分别为 11.6%、11.2%;游泳、潜水作为滨海特色项目,项目提及率为 6.5%;深受女性喜爱的瑜伽项目提及率达到 6.0%。

三、青岛市城市社区体育的科学化

(一)城市社区体育组织状况

1. 各类城市社区体育基层组织

在各种各样的城市社区体育基层组织中,各类体育协会、体育俱乐部、健身辅导站点是最具代表性的三类居民体育组织。各类体育协会是体育行政管理机构与民间体育组织沟通与连接的纽带,具有管理与协调职能;体育俱乐部是发展最快、形式类型最多样的群众性体育组织,其参与对象以中青年人为主;健身辅导站点是在固定的区域,利用现有的健身器械,由专人进行各种健身项目辅导的一个社区体育基层服务组织,具有明显的社会性、群众性的特点。

2. 基层组织的发展

随着经济、社会的发展,青岛市城市社区体育基层组织的建设蓬勃发展,截止到 2019 年底,青岛市体育总会和各区市体育总会作为枢纽型体育社会组织,积极发挥业务指导和监督作用,将全民健身与全民健康深度融合,多种形式开展活动。此外市南区体育总会将全民健身赛事贯穿全年,成功举办了 2019 年市南区全民健身运动会。开展了社区居民时尚文体展演、滨海健身节、市南区沙滩趣味运动会、健身气功及武术展演评比、区冬季公开水域邀请赛等多项全民健身活动。各街道社区开展丰富多彩的活动,营造了良好的全民健身氛围,全区共有 5000 余人参与到各项全民健身活动中;市北区体育总会更新了 34 处健身路径。打造了 5 处百姓健身苑,并且全部安装了智能的、环保的新一代健身设施器材。完成了"夹岭山体育公园"项目健身设施的安装。组织"区-街-社区"三级各类健身活动 300 余场,参与人数达 5 万余人。各项全民健身活动的开展,促进了"国际航运贸易金融创新中心核心区"的建设;李沧区体育总会围绕打造宜业、宜居、宜身、宜心的创新型花园式中心城区目标,打造8分钟健身圈,引导居民走进学校运动场地锻炼。组织了李沧区草根足球联赛、"公益体彩·文昌杯"武术比赛、全民登山节李沧分会场、市第十八届社区健身节开幕式等丰富多彩的活动。社区居民运动会掀起了区全民运动的高潮,居民在运动中缓解了压力,融洽了邻里关系。崂山区由市、区投资新建笼式场地达52处,配备健身设施500余套,健身设施社区覆盖率达100%,社会体育指导员达1000余名,并继续举办崂山区沙滩系列赛事活动打造区域品牌,成功举办"全国沙滩足球赛""崂山100公里国际山地越野挑战赛""全国瑜伽俱乐部联赛"等品牌赛事;西海岸新区体育总会探索"学校体育+俱乐部、协会"新模式,建立社会组织数据库,鼓励新设俱乐部进校园,取得丰硕成果。组织建成体育社团28个,民办非企业单位124个,13家俱乐部被认定为体育后备人才基地,全区23个镇(街)全部设有镇级体育总会和老年人体育协会,各镇(街)分别开展了农民运动会、球类等活动近200余次,参与群众近10万人。为助力青岛"国际时尚城"的建设,区内开展全民健身活动69次。承办了2019年CMEL全国电竞联赛暨中日韩电子竞技邀请赛、国家花样滑冰等级测试赛等高端体育赛事,举办了第六届"海西杯"全国青少年足球邀请赛、青岛市"第十八届"社区健身节总决赛暨闭幕式、青岛市第五届体育大会龙舟比赛等群众性体育赛事;城阳区体育总会通过加快完善组织体系,为民众健身提供了可靠有效的组织保障。总会现拥有社会体育指导员1508名,新成立足球等5个体育协会,全区单项体育协会达到17个,体育协会覆盖率在进一步提高。

即墨全区拥有体育类协会25个,体育俱乐部83个,建设笼式足球场地99个。全年体彩销售额达4亿元。23处镇级全民健身广场、1033个行政村实现体育健身设施"全覆盖"。打造室内女子五人制足球锦标赛、中国足协杯赛、健美健身公开赛等精品赛事。完善温泉田横运动休闲特色小镇建设,即墨知名度和影响力不断提升;胶州市体育总会积极开发社会体育资源,打造全民健身赛事,以"开发体育资源、打造赛事品牌、带动群众体育、塑造开放形象"为目标,积极争取国、省字号体育赛事。"胶发集团杯"2019中国上合地方经贸合作示范区马拉松赛、"澳润水务杯"全国中小学生国际跳棋锦标赛、"胶发集团杯"2019中国-上合地方经贸合作示范区国际象棋团体锦标赛等赛事成功举办;莱西市体育总会积极培训群众体育骨干,开展健身指导活动,推广科学健身,倡导健康生活。2019年协助休闲体育大会圆满举办各类赛事,并组织举办了丰富多彩的全民健身活动20余次。继续开展"武术进校园"活动,"武动青春,绽放精彩"案例在《山东教育报》刊发并获奖。三家俱乐部成为青岛市青少年体育后备人才基地;平度市体育总会鼓励社团在发展上转变观念,通过市场化手段进行赛事运作,不等不靠不要,增强自我造血功能和自我发展功能,在提升专业化服务运营水平的同时,向多元化、集团化方向发展。成功举办了第四届"春之韵"大泽山登山节暨全民健身登山大会、第五届"安徒生童话小镇"杯全民健身健步行、三千人太极拳(械)展演等品牌赛事活动。各区市根据各自实际情况,创新思路,采取不同措施,因地制宜,让人民健身有地方,活动有指导,目的是让全民真正动起来,以此促进全民健康,真正把体育事业办成人民满意的事业。

(二)城市社区体育管理状况

1. 管理体系的设置

社区体育管理是指在社区范围内,主导力量为街道居民委员会,社区体育职能部门、各体育协会和社区居民共同、积极参与,具有明显区域性和自治性特点的自我服务性的体育活动管理。

目前,青岛市的社区体育管理模式主要以街道社区体协为主,同时依托街道办事处,起领导指挥的作用;其它区域性体协为辅,辅助上级体协完成各项活动的开展;由此可以看出组织结构具有明显的基层化特点。

2. 社区体育组织管理方式

根据调查发现(表7-6),体育活动的组织管理方式不均衡,街道、居委会管理和锻炼者自主管理占绝大部分,两者共占80.8%,而体育活动组织专业性比较强的管理方式,体协、社团和体育俱乐部管理仅占18.0%,因此差异性很大。由此也可以看出,街道和居委会在积极参与社区体育的组织管理,但是这种差异性的存在必将影响青岛市城市社区体育的可持续发展。

表7-6 社区体育活动组织管理方式

组织管理方式	百分比	排序
锻炼者自主管理	37.7%	2
街道、居委会管理	43.1%	1
体协、社团管理	12.4%	3
体育俱乐部管理	5.6%	4
其他	1.2%	5

3. 结构特征

在对青岛市社会体育指导员情况进行调查时发现,94.6%的社区都有社会体育指导员,这些社会指导员中仅有11.3%是专职,兼职的高达88.7%,这与每年培训的指导员数量不成比例。其中,离退休人员占35.3%,事业单位人员占26.5%,企业人员占17.7%,其他人员占9.2%。而兼职人员在时间、精力和专业性上满足不了社区体育指导需求,影响了体育活动的组织与指导,长期看来势必会造成社区居民参与体育锻炼的热情降低和社区体育的健康发展。

同时,在城市社区体育活动实践中,还活跃着两类社会体育指导人员:

公益社会体育指导员和职业社会体育指导员,前者以业余、志愿的方式从事指导工作;后者是从事职业劳动,属于职业工作岗位,有薪酬收入。由于社区居民不同的价值观、生活方式、锻炼习惯造成了在对健身指导需求上、健身活动方式的分化和多元化,社会体育的指导也应该朝着多元化的方向发展,多方向、多方面彼此互补,共同发展。

四、青岛城市社区体育活动经费的来源及使用情况

体育活动经费是开展各项社区体育活动的基础,必要的活动经费是保证体育活动正常开展的基本条件之一。通过调查发现,政府相关部门拨款排在青岛市城市社区体育活动经费来源的首位,占34.4%;排在第二位的是社区居民的会费,占26.3%,从侧面反映出青岛市城市居民对于体育活动适当消费的认可和积极的体育消费观念;另外社区的自主创收也是主要经费来源之一,占22.8%,主要形式是参加商业性的活动,从侧面反映出城市社区体育开展的灵活性,这对青岛市城市社区体育可持续发展产生了积极影响,也是影响社区体育可持续发展的主要因素之一。

政府相关部门对于社区体育经费的投入主要用在硬件设施上,如场地的建设和修缮、器材的配置和维修,而专门用于组织社区体育活动的经费也满足不了正常需求。

第三节　促进青岛城市社区体育可持续发展的对策研究

一、青岛市社区体育管理面临的市场机遇

(一)公共体育服务社会化倾向

公共体育服务是社区体育管理的主要内容之一。实践表明,青岛市现代政府体育职能及其角色的改变,主要体现在政府对社区公共体育事务管理职能的转变。建立公共体育服务型政府是青岛市体育职能转变的主要目标,而实现公共体育服务的社会化是实现这一目标的有效途径。许多非政府组织也加入到公共体育服务和产品研发的队伍中来,具体的体育管理内容的实施则交给社区体育团体自行运作。

(二)社区体育运作市场化倾向

社区体育及其管理体制的运作必须依赖市场激励机制、竞争机制和保障机制的不断加强,市场化运作、企业化经营的俱乐部制给社区体育管理提供了更好的物质保障,为社区体育运作的市场化创造了机遇和可能。

(三)社区体育可持续发展倾向

青岛市已经明确把体育的全方位发展作为社会可持续发展的重要组成部分,社区体育可持续发展战略应运而生。确立可持续发展战略目标对当前青岛市社区体育发展尤为重要,青岛市要坚持可持续发展的这一重要理论成果,大力发展社区体育。

二、对青岛市社区体育发展的建议

(一)重视健身个体特征,社区体育开展"以人为本"的运动项目

调查发现,参与社区体育的个体以女性、中老年为主,这就要求在项目设置、器材设置方面要考虑他们的自身条件,尽量满足他们的真实需求;另外,发现青年人也表现出强烈的参与欲望,但主要受限于时间,社区体育服务和管理部门可以开发更多年轻人喜欢的项目,通过提高他们的积极性来增强活动强度和频率,从而"弥补"时间的不足。居民参与体育活动的主要动机有增强体质、塑造形体、消遣娱乐和增加社会交往,在项目设置和指导上也要尽量满足居民的动机需求。

从季节上可以看出,在春季、秋季和冬季大多数人选择在下午进行锻炼,然而在夏季选择晚上锻炼,社区体育活动的组织和指导应该根据活动时间的季节性变化,适当地进行调整,有针对性地进行指导和组织。

(二)优化健身环境,营造健身氛围

首先,政府相关部门的参与具有权威性,对于社区体育的发展具有宏观上的决定作用,通过制定相关政策,创造有利于社区体育发展的条件,对社区体育加以扶持和引导;其次,要充分利用报刊杂志、新闻媒体等现代传播媒介的强大力量,通过对城市社区体育功能、内容、方法的宣传教育,对科学健身知识进行普及,使人们对于科学健身的内涵有更深的了解,使社区体育成为居民日常生活的一部分,使"时时健身,日日健身"成为常态。

建设城市社区室内室外,相结合的健身中心,实现全民健身"风雨无阻";充分发挥奥运会和全运会效应,利用青岛市地理、文化、体育等环境优势打造青岛市的全民健身品牌赛事,如"元旦健康跑""万人健步行""市民登山节""畅游汇泉湾""沙滩健身节"和"社区健身节"等全民健身品牌,积极营造"人人热爱体育、全民强身健体"的社会氛围,增强居民的健身意识,让体育活动成为城乡居民日常生活的重要组成部分。

(三)加强指导,提高组织管理科学化

加大对社会体育指导员的培训,建立严格的社会体育辅导员资格考核、上岗培训、定期审查等制度。同时,政府部门通过财政补贴等优惠政策,鼓励人们参与社会体育管理。另外,在院校和社区建立联系,充分利用体育院

校师生的人才优势,使城市社区体育活动点成为体育院校学生实习和实践的基地。通过参与社区体育指导工作,不仅可以提高学生的实践能力,还可以弥补社会体育指导员数量和专业上的不足,从而实现城市社区体育和体育院校的双赢。

城市社区体育的可持续发展必须充分发挥政府和社会的双重作用,走政府主导与社会自治相结合的新路子,各类体育社团(协会)、健身俱乐部和活动站点具有的社会性特点,可以有效的融合各类社会资源,成为重要的社区体育组织与管理的载体,并且实现体育社团的社区全覆盖。政府相关部门要充分发挥宏观上的权威性,加强对各体育社团协会的监督和审查,管理人员的培训、考察,经费的管理使用以及场地设施的维修检查等。

(四)科学选址、场地建设、器材设置"合金化"

在进行健身活动站点、活动场所的建设时,对场地的选址要足够重视,首先体现"就近性",考虑就近居民的主观需求和居民的选择动机,考虑就近的各种影响因素;充分考虑居民、社区的经济承受能力,如:经济承受力较低的社区附近以建设免费性、公益性的健身场地为主,经济承受力较高的社区可以适当的建设消费、服务性强的场馆、健身俱乐部等。

另外,相邻社区间的场地建设和器材设置在充分发挥自身优势的基础上,可以互相结合,共同发展,形成"合金"。尤其在健身路径器材设置上,尽量避免重复设置,这样做不仅可以避免浪费,还可以提高场地、器材的多样性和综合性,提高社区与社区的互动、居民与居民的互动,这都对社区体育的可持续发展起着重要的推动作用。

(五)科学引导合理的体育消费,拓展经费来源渠道,合理利用

体育的消费水平不仅直接关系到居民对体育的投入,还可以从侧面反映国家、地区和家庭体育发展的规模和程度,并起到促进和制约的作用。政府相关部门通过活动组织、教育、媒体宣传等途径,引导居民更加注重观赏性和参与性的体育消费(如:体育观赏、体育旅游和体育俱乐部消费等),同时政府相关部门针对这些消费项目,直接给予一定的财政支持,或者给予企业税收的适当减免,降低居民的个人支出、提高企业积极性,促进观赏性和参与性体育消费的发展。

目前的社区体育经费主要来源渠道是政府相关部门拨款、居民会费和自主创收,但是目前经费远远满足不了实际需求,这就要求除了政府要加大拨款的同时,对于社区体育活动经费的来源要适当性的"放手",拓展经费来源渠道(如:商业性的演出、中大型活动比赛的商家赞助、活动代言和广告等)。同时,对于经费要统一、严格管理,并且合理利用,设施建设和活动组织经费的使用比例要适当,不能投入过多的主要设施环境建设,造成活动组织经费匮乏。

（六）借鉴学习，开发、创新活动项目

首先，社区与社区之间、地区与地区之间多组织活动交流，包括官方性质的和群众性质的，例如：考察学习、会议报告及各种性质的比赛活动。然后，通过借鉴别人的经验，结合自己社区和地区特色，将项目消化吸收，由起初的学习模仿到最后发展、创新活动项目。最后，将活动项目进行开展，并将普及性、开展性强的活动项目全面推广普及，以提高健身活动项目的"多样性"。

三、对青岛市社区体育发展的建议

（一）加大社会体育指导员的培训力度

各级体育行政部门及其管理机构一方面要采取有力指施，发挥行政主导作用，加大社会体育指导员的培训力度；另一方面，要从注重数量向注重质量转变，着力于提高社会体育指导员的指导素养和能力，提高个性化指导的能力。

（二）进一步优化社区体育资源

社区管理部门要进一步促进社区体育设施建设，探索式地将社区内的全部资源纳入整个健身服务体系，建立起既有免费体育健身服务又提供有偿健身服务的完善健身体系，政府在社区体育方面应增大调控力度，积极落实资金的来源，达到优化社区体育资源的目的。

（三）大力发展社区体育志愿者

借鉴国外开展群众体育的经验，大力发展社区体育志愿者，制定相关的政策，本着自觉、自愿的原则，充分发挥体育骨干队伍的积极作用，吸收体育教师、离退休人员和体育积极分子参与社区体育组织的领导与管理工作。

第八章　新农村社区体育共生发展模式构建

第一节　新农村社区体育共生发展模式构建的目标和指导思想

一、新农村社区体育共生发展模式构建目标

所谓目标是指社会活动想要达到的境界或目的，新农村社区体育共生发展模式构建的目标则是指在新农村社区建设背景下，农村社区体育的发展要解决什么问题，达到什么境界或目的。新农村社区体育共生发展模式的构建要解决的问题就是在新农村社区建设背景下实现农村社区体育由传统的无为、自发、孤立、非组织化的被动发展模式向有为、自觉、共生、组织化的主动发展模式转变。从新农村社区体育共生模式构建要解决的基本问题出发，提出以共生模式构建符合正确的逻辑思维方式的目标，因此，本研究认为农村社区体育共生发展的总体目标是在现有社区体育人口和组织总量、社区体育资源总量和社区体育政策法规体系共同推动的基础上，以社会共生理论为指导核心，结合新农村社区建设理论和公民社会理论等的指导，以健全农村社区体育系统的共生要素为出发点，优化农村社区体育系统内主体要素之间的体育共生关系，规范体育共生实践，同时协调、规范、优化农村社区体育系统与新农村社区建设各子系统之间的共生关系，实现农村社区体育系统内部要素及其与新农村社区建设各子系统之间的共生发展，以增强农村社区体育发展动力，促进农村社区体育健康持续发展。

二、新农村社区体育共生发展模式构建指导思想

（一）新农村社区体育共生发展模式必须以满足社区居民的体育与健康需求为宗旨

农村社区体育作为我国全民健身事业的重要组成部分，增强农民体质、增进农民身心健康是其发展的基本目标，也是农村社区体育发展的动力源

泉。农村社区体育发展以农村社区居民为主体,居民参与也是农村社区体育共生发展的基本前提和动力源泉,而居民体育参与的动机源自对于体育健身、休闲、娱乐与身心健康的需求,而社区体育活动恰恰能够充分满足上述需求,因此,需求越强烈,居民参与社区体育的动机就越强,农村社区体育共生发展的主体要素数量就能持续增加并保持稳定,其因共同的体育行为和活动内容而建立的共生关系就会更长期稳定,农村社区体育共生发展就能持续健康地进行。因此,农村社区体育共生发展模式构建过程应以满足社区居民的体育健身、休闲、娱乐和健康的需求为行动指南,处处为促进农村社区居民的身心健康考虑,从而实现农村社区体育共生发展的目标。

(二)新农村社区体育发展应实现系统内部诸要素之间的和谐共生

社区体育系统内部共生主体要素之间是一种和谐的共生关系。要实现系统内部主体要素的和谐共生,构建新农村社区体育共生发展模式的过程中应当遵循以下指导思想。

(1)注重加强农村社区居民的体育与健康意识的养成,刺激其体育需求,激发居民体育参与的动机,培养社区居民体育参与意识和能力,调动其社区体育参与的积极性和主动性,增加农村社区体育共生主体——体育人口的数量和规模。

(2)加强农村社区体育组织建设,健全农村社区体育组织体系,扩大社区体育组织成员规模,优化组织职能,实现农村社区体育的组织化,促进农村社区体育发展的另一共生主体的形成和发展。

(3)加强农村社区体育政策法规建设,完善社区体育政策法规体系,充分发挥农村社区风俗习惯、思想道德、宗教信仰、社会价值观念等隐性约束条件的作用,健全农村社区体育共生发展约束条件,对农村社区体育共生实践加强约束和引导。

(4)加大农村社区体育投入,强化农村社区体育资源的配置,既增加农村社区体育资源总量,又要注意社区体育资源的综合配套和优势互补,实现农村社区体育资源在平等基础上的交换和共享。

(5)新农村社区体育共生发展应在共生主体要素(社区居民和社区体育组织)健全的基础上,在农村社区体育共生规范(以农村社区体育政策法规为核心的约束条件)的引导、约束和保障的前提下,实现对农村社区体育资源的合理共享,形成牢固、稳定、关联性强的农村社区体育共生关系,在农村社区居民之间、居民与体育组织之间、社区体育组织之间竞争与合作机制作用下,实现农村社区体育健康、科学、持续的发展。

(三)新农村社区体育发展必须与新农村社区建设协调共生

新农村社区建设是我国近几年提出来的崭新的历史任务。农村社区体育如何在新农村社区建设新形势下实现可持续发展是农村社区体育发展面临的课题。农村社区体育是新农村社区建设不可忽略的工作之一,而新农村社区建设则为农村社区体育发展提供了难得的契机和优良的自然、社会和文化环境。农村社区体育发展必须充分利用新农村社区开展基础设施建设、基层组织建设、公共服务建设、民主法制建设的大环境,推动农村社区体育场地设施、体育组织、公共体育服务、体育政策法规等共生关系基本要素的健全和完善,同时在新农村社区建设各项工作中也要将体育生活化的理念贯穿始终,突出农村社区建设的体育元素,从而推动农村社区体育的发展。农村社区体育发展应与新农村社区建设融为一个整体,彼此间相辅相成,农村社区体育发展要带动诸如社区基础设施、精神文化生活、医疗卫生服务等领域的发展,从而对新农村社区建设起到促进作用。新农村社区建设和农村社区体育之间存在着相互依存、互利互动的协调共生关系,农村社区体育共生发展模式构建过程中一定要树立社区体育与新农村社区建设协调共生的思想,结合新农村社区建设的实际情况,充分利用新农村社区建设带来的契机和有利条件,加快农村社区体育发展的步伐。同时发挥农村社区体育在增强居民社区参与、全面带动社区各个领域建设的作用,推动新农村社区建设的快速发展,以实现农村社区体育与新农村社区建设的和谐共生发展。

第二节 新农村社区体育共生发展机制

建立农村社区体育共生发展机制主要体现在社区体育系统自我调节和自我积累的功能上。农村社区体育的自我调节功能表现为:随着社区居民人口结构和体育需求的不断变化和发展,调整社区体育活动的内容、形式,使农村社区体育保持稳定持续的发展;根据新农村社区建设进程的不断变化,调整农村社区体育系统与社区建设其他子系统间的关系,优化农村社区体育系统对新农村社区建设的带动作用。农村社区体育的自我积累功能表现为:随着农村社区体育活动持续不断地开展,农村社区体育共生主体数量和规模不断扩大,社区体育共生资源越来越丰富,约束条件越来越健全,主体间的共生关系越来越密切、持久、稳定,农村社区体育与新农村社区建设之间的共生关系关联度越来越大。农村社区体育共生发展机制使农村社区体育系统内外共生关系越来越合理,自我发展能力越来越强,真正实现农村社区体育的共生发展。

一、建立农村社区居民多样化的体育与健康需求养成机制

传统的农村社区居民虽然同质化特征比较明显,但随着社会主义新农村建设的深入,新的农村社会阶层分化越来越明显,农村社区居民的同质化特征逐渐弱化、异质化特征逐渐强化。农村社区居民的异质化现象决定了其需求类型、层次的多样化发展趋势。随着农村社区居民生产、生活条件的不断改善,社区居民的健康问题日益引起关注和重视,其体育与健康需求也随之凸显出来,且呈现出多样化的特征。农村社区体育的发展源自于农村社区居民的体育参与,而农村社区居民的体育参与又源自于其体育与健康需求的养成,鉴于农村社区居民异质化特征明朗化的趋势,农村社区居民的体育与健康的需求也呈现出多样化的特征。

农村社区居民体育与健康需求的养成,是催生农村社区体育共生行为的前提,体育与健康的需求越强烈,其参与社区体育的积极性和主动性就越高。在传统农业社会中,农民的生产方式以体力劳动为主,更容易造成生理上的疲劳,加上农民生活水平相对较低,对以身体活动为主要形式的体育活动的重要性认知程度不高,体育参与需求不强。由于农民整体受教育程度较低,对健康的理解仅仅停留在有没有疾病的狭隘层面,对于"灰色健康""亚健康"等概念认识模糊,对"现代文明病"造成的危害认识不足,体育与健康需求不强,社区体育参与的积极性和主动性不高。农民对健康的关注度较低,健康需求较低,因此,在传统社会农民与体育健身、休闲、娱乐活动是相对隔离的,社区体育参与程度较低,且多为自发状态,农村社区体育共生实践少且缺乏稳定性,不利于农村社区体育的共生发展。

为培养农村社区居民的体育与健康需求,调动其社区体育参与的积极性和主动性,促进居民稳定共生行为的形成,必须以基层政府部门为主导,以农村社区体育组织为主体,面向农村社区居民广泛开展农村社区体育的宣传教育工作,建立农村社区体育培训和指导机构,结合由于农村生产生活方式转变所造成的农民体力活动不足的现象以及医疗卫生制度改革造成的"看病难、看病贵"的现状,使农村社区居民更加关注健康,树立健康意识,认识到体育的健身、休闲和娱乐功效,重新唤醒农村社区居民身体活动的本性和意识,引导农村社区居民的本性朝通过体育行为实现健康的方向伸展,对社区体育的参与意识和能力不断增强,催生农村社区居民体育共生实践行

为的持续、稳定地发生,最终实现农村社区体育的共生发展。

二、建立农村社区体育资源配置与交换、共享机制

农村社区体育共生发展最终要建立合理的社区体育共生关系,而合理的农村社区体育共生关系就是农村社区居民合理分享社区体育资源,满足各自的体育与健康需求。

农村社区体育共生发展必须以充足的、多样化的共生体育资源为物质载体,因此配备足够数量的社区体育公共资源,是建立社区体育资源配置与交换、共享机制的前提。应建立以政府投入为主、社会和个人集资为辅的渠道多元化的社区体育投入机制,在人力、物力、财力的投入上向农村社区倾斜和扶持,扩大《农民体育健身工程》全覆盖的区域范围,加大农村社区体育资源的综合配置力度,建立农村社区体育资源配置的长效机制,增加农村社区体育资源的数量并扩大规模,最大限度地满足农村社区居民的体育健身、休闲和娱乐的需求。

在农村社区体育资源总量不足的情况下,应鼓励农村社区居民根据各自社区的实际情况,采取就地取材、因地制宜的方针,遵循简单、简约化的原则,开发具有本社区特色的体育资源。同时,农村社区体育资源需避免同一化的重复配置,邻近社区间应注重资源互补配置,建立农村社区体育资源协调机构,加强农村社区体育资源的管理,实现农村社区内部、农村社区间、农村社区与邻近城市社区间资源的交换和共享,以解决农村社区体育资源相对不足带来的困境,最大限度地满足农村社区居民对体育资源的需求。

三、建立农村社区居民的公民意识培养机制

公民意识是指公民对自己在国家生活中的角色和宪法、法律所赋予的权利义务的认识和认同,具体包括主体意识、权责意识、平等自由意识、参与意识等。主体意识促使农村社区居民作为独立的个体参与社区体育活动;权责意识不仅仅有利于农村社区居民体育权利的保护,同时还有利于权利本位意识即个人权利为首位的推广;平等和自由意识是农村社区居民体育共生关系形成、维持和演化的基本前提;参与意识不仅仅包括农村社区居民的参政议政意识,更包括其作为社会主体的参与意识。这与农村社区居民长期以来形成的等级观念分明、个体意识薄弱、顺从意识根深蒂固等特征截然不同,对促进农村社区居民的体育参与、推动农村社区体育共生发展有着

积极的影响。

(一)积极发展农村产业经济,巩固农村公民意识生根发芽的社会基础

借助新农村社区建设的契机,积极培育农村产业市场环境、推动农村经济体制改革,加快农业产业化、市场化进程,摆脱农村生产和经营对政府的依赖性,实现农村生产经营和农业经济的独立和自主,提高农业生产效率,增加农民的收入水平。鼓励农民积极参与市场竞争,为农村社区居民公民意识奠定良好的社会基础,同时通过市场竞争唤醒农民的主体意识。农业生产效率提高了,农民收入增加了,农村社区居民闲暇时间也就充裕了,并且更加关注自身的健康问题,社区体育走进农民生活才有了可能。

(二)建立农村社区居民公民意识教育机制

农民由于文化素质总体水平相对较低,平均受教育程度低于城市社区居民,其对法律知识、权利内容等公民意识的接受程度和理解程度较低,严重影响农村社区居民公民意识形成和巩固。因此要大力发展农村学校教育和社区教育,提高农村社区居民综合素质,始终将公民意识的教育贯穿农村学校教育和社区教育,尤其是学校政治思想课要加大学生公民意识教育的内容比例并将公民意识教育纳入政治思想课的课程体系当中;在农村社区教育中,强化农村社区自治和民主政治的宣传和教育,加强农村社区居民的法律意识培养,促进居民体育民主和权利意识的觉醒,增强农村社区居民用法律维护自己权益的能力。通过学校体育、课外活动等校园文化形式加强对农村社区学生公民意识具体内容方面的宣传;在农村社区教育中,增加农村社会对公民意识的关注,通过农村社区居民喜闻乐见的精神文化娱乐活动,对农村社区居民进行公民意识具体内容的宣传,使公民意识在农村社区居民思想和灵魂深处生根发芽,且根深蒂固,以适应农村社区体育共生发展对居民公民意识的需求。

(三)建立农村社区居民公民意识实践机制

公民意识实践机制能够通过公民意识的实践场景和过程,增强农村社区居民对于自己公民主体地位的情感体验,从而进一步强化其公民意识。根据新农村社区建设的内容和实践情况,建立农村社区居民公民意识实践机制,继续坚定不移地推行农村社区建设的村民自治制度和村民代表大会制度,使农村社区居民在政治参与实践中践行公民的主体意识和参与意识,体验公民的平等意识和自由选择意识,享受权利意识带来的政治、经济、社

会利益;积极宣传、组织、开展农村社区各项志愿性活动,鼓励农村社区居民的志愿性参与,使农村社区居民积极参与各种社区公共活动,树立社区主人翁意识,在各种志愿性活动中增加与基层政府平等对话和交流的机会,在社区生活中摆脱对基层政府的依赖,充分发挥社区居民的自我管理、自我发挥和自我实现的才能,使农村社区居民的公民意识进一步得到强化、深化和固化。

四、建立农村社区体育组织建设的长效机制

农村社区体育组织是农村社区居民体育共生行为作用于社区和社会的重要桥梁和载体,也是农村社区体育共生发展的主体之一。农村社区体育共生关系就发生在社区体育组织成员之间,成员与社区体育组织、社区之间,社区体育组织之间,社区体育组织与社区之间,农村社区体育组织是社区共生发展的不可或缺的核心要素。因此,建立社区体育组织建设的长效机制是非常必要的。

(一)增加农村社区体育组织的数量、规模和门类

农村社区体育组织数量少、规模小、门类单一是目前农村社区体育组织建设的现状,该现状无法满足农村社区体育共生发展的需求。为改变这一困境,需加大农村社区体育组织建设力度,增加农村社区体育组织的数量、规模和门类。在新农村社区建设村民自治思想指导下,借新农村社区组织建设力度加大的东风,在基层政府的指导下,借鉴城市社区体育组织建设的经验,遵循村民自愿的原则,鼓励农村社区居民自愿行动、主动参与,在各农村社区成立各级各类体育组织。加大宣传力度,吸纳更多的社区居民加入体育组织,扩大组织成员规模和服务范围。增加对农村社区体育组织经费的支持,适度降低农村社区体育组织的注册门槛,确保其社会地位的合法性和独立性,发挥社会组织功能提供宽松的环境。

(二)优化农村社区体育组织的结构,强化组织功能

理想的农村社区体育组织应该是机构设置合理、部门权力划分明确、层级结构清晰、各部门协调一致,能够将社区体育组织效能最大化的组织结构。需要在社区体育精英和志愿者中选出组织能力强、社会关系广、具有较高威望的人担任农村社区体育组织领导者和骨干,健全农村社区体育组织机构设置,科学合理地做好组织机构的职能分工。在组织工作中充分考虑到成员利益和需求,提高农村社区体育组织的凝聚力,充分调动组织成员的

积极性和主动性,深化和固化组织成员社会关系的相关性和连带性,增加组织成员在社区体育活动中情感、心理、行为上的相互依赖、鼓励、带动效应,发挥农村社区体育组织在社区体育活动中的凝聚、向心作用,将农村社区居民吸纳到农村社区体育活动中来。通过优化农村社区体育组织结构,强化其组织能力,担当起农村社区体育共生实践的组织功能。

(三)成立农村社区体育组织的协调机构或部门

随着农村社区组织建设工作的推进,农村社区体育组织数量、规模和门类的增加,各级各类社区体育组织必将星罗棋布于各个农村基层社区中,农村社区居民参与体育活动的热情日趋高涨,农村社区体育组织开展的体育活动必将万花齐放、百家争艳。为保障农村社区体育活动热而不乱,有条不紊,实现农村社区体育资源的充分、合理利用和共享,必须建立农村社区体育组织的协调机构或部门。

农村社区体育组织的协调机构或部门负责协调各社区体育组织之间的工作,在乡镇综合文化站的宏观领导下,负责社区较大规模的综合性体育活动的领导、指挥、协调。目前,大多数农村社区成立了以农村社区体育委员会或社区体育协会为核心的协调机构。为增强农村社区体育组织协调机构或部门的权威性,高效发挥其领导、指挥和协调职能,可采取由政府领导兼任机构或部门领导的方式,也可采取由社区各体育组织公选的方式产生此协调机构,以最大限度保障各农村社区体育组织的利益,满足各体育组织的需求。同时农村社区体育组织的协调机构或部门还负责各体育组织间的交流和沟通,增进和稳固各社区体育组织间的关系,以确保农村社区组织间体育共生关系的形成、维持和演化。

(四)重视农村社区体育群体的发展,增强群体内部和群体之间关系的关联度

农村社区体育共生发展除了依靠具有正式结构和规范制度的体育组织之外,社区体育群体也起到了不可忽略的作用,尤其是在农村社区体育发展初级阶段,社区体育群体已成为农村社区居民参与的主要形式,这需要引起足够重视。农村社区体育群体是社区体育共生发展不可忽略的重要力量,在农村社区体育发展中应重视体育群体的发展,为农村社区体育群体提供宽松的活动环境,要赋予社区公共体育资源的使用权,充分发挥农村社区成员中体育精英的影响、号召和带头作用,拉近其与农村社区体育组织的社会距离,组织社会体育指导员,对群体活动进行科学指导。通过节假日组织综

合性体育活动,提供农村社区体育群体成员自我展示以及群体间交流、互动的平台,缩短彼此间的社会距离,增强彼此间社会关系的关联度,为农村社区体育群体成员之间、群体之间体育共生关系的深化、固化打下基础。

五、正确规范、引导农村社区居民、组织间体育竞争与协作行为

社区体育实践中的竞争主要表现为社区居民之间、居民与体育组织之间、以及社区之间对体育资源的竞争、体育活动和比赛过程中对行为目标的竞争;协作主要表现为对社区体育资源的交换和共享、社区体育活动或比赛组织管理中的配合与协调行为、社区体育活动或比赛参与过程中的合作行为。

农村社区体育是在竞争与协作机制的基础上共生发展的,积极、主动的体育竞争和合理、高效、密切的体育协作行为是农村社区体育共生发展的活力源泉。为保障农村社区体育竞争与协作的良性运行,需要健全和完善农村社区体育的相关政策法规制度和体系,这就需要以《中华人民共和国体育法》《全民健身条例》等为立法指导,遵循新农村社区建设的规律,结合农村社区体育发展的实践需求,加大农村社区体育立法工作的力度,做好农村社区体育政策法规的宣传和教育工作,鼓励农村社区体育组织完善自己的规章制度,建立农村社区体育实践的监督和奖惩机制,倡导公平、公开、公正的竞争思想和理念,鼓励社区体育主体要素间为共同的体育目标密切协作、实现农村社区体育共生资源的合理分配和共享,用完善的社区体育政策法规制度和体系,引导、规范农村社区居民和社区体育组织的竞争与协作行为,保障农村社区体育走向良性共生发展的未来。

第三节 新农村社区体育发展共生体系构建

新农村社区体育发展共生体系是社区体育共生发展模式的基本组成部分,构成了农村社区体育共生发展模式的基本框架。如果将农村社区体育视为一个系统,则其共生体系应该包括系统内部主体要素的共生体系,即内共生体系和以农村社区体育系统为共生主体之一的农村社区体育与新农村社区建设各子系统间的共生体系即外共生体系。以社会共生理论为指导,

根据社会共生关系的构成要素及社会共生关系形成、维持、演化的条件和机制,结合农村社区体育系统发展目标及实践情况,遵循系统性原则,构建新农村社区体育发展的共生体系。

一、新农村社区体育发展内共生体系构建

农村社区体育发展内共生体系是在某个社区区域范围内,以社区体育为系统,由该社区体育系统内部构成要素围绕社区内的体育资源,在一定的约束条件下形成的共生体系。可见农村社区体育发展的内共生体系由体育共生主体、体育共生资源和约束条件等基本要素构成。由于农村社区体育共生主体缺少自己专属的体育资源,仅仅围绕农村社区体育公共资源形成各种共生关系,体育公共资源只能分享不能交换,因此体育共生主体间属于分享型体育共生关系结构而不是交换型体育共生关系结构。农村社区体育发展分享型内共生体系结构如图 8-1 所示。

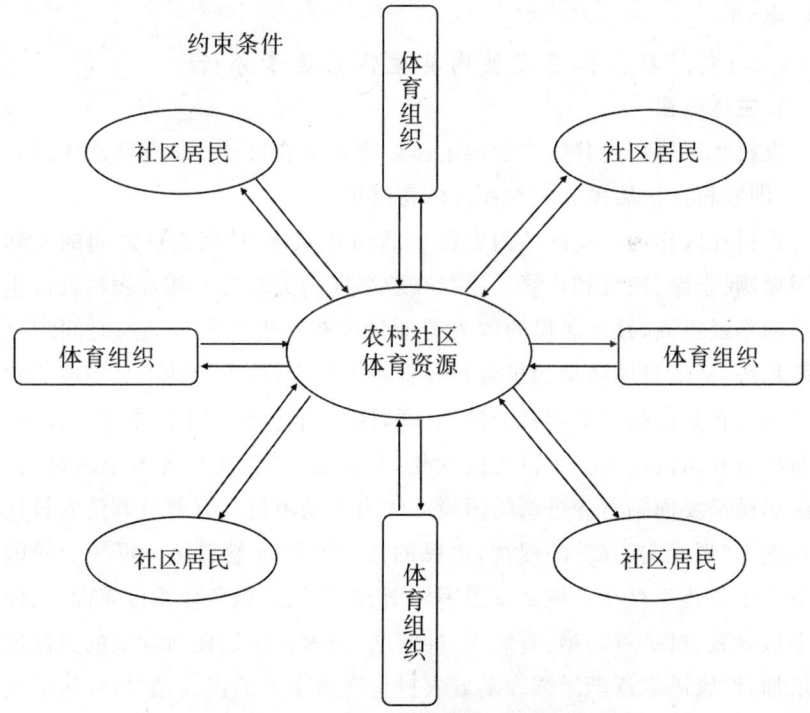

图 8-1 农村社区体育发展内共生体系结构

(一)农村社区体育内共生发展体系结构图解

图中体育组织是指农村社区体育组织及其他社区组织中行使体育职能

的部门,社区居民是指具有体育行为的农村社区居民,二者共同构成农村社区体育内共生发展的主体要素。农村社区体育资源即农村社区体育内共生资源,以农村社区体育公共资源为主,是农村社区内开展体育活动和比赛所依赖的一切物质和精神条件的总和。离开农村社区体育组织或农村社区居民的箭头表示农村社区体育内共生主体承担社区体育资源配置、开发、管理的相应义务,承认其他共生主体分享社区体育内共生资源的某些权利;趋向农村社区体育组织或农村社区居民的箭头,是指农村社区体育组织和社区居民获得对农村社区体育内共生资源的某些权利。至于如何实现农村社区体育组织间、农村社区居民间以及农村社区居民与体育组织之间对社区体育内共生资源的交换,要重视交换的环境、共生主体的需求量和需求的程度,遵循广义的等价交换原则。约束条件是指农村社区体育的相关政策法规、项目规则、农村社区的风俗、习惯、道德、信仰、宗教等对农村社区体育内共生实践起约束、引导和规范作用的各种明确的行为标准和内在的心理、情感约束。

(二)农村社区体育发展内共生体系要素分析

1. 主体要素

农村社区体育内共生发展的主体要素是指农村社区体育活动中的人或组织,即农村社区居民和农村社区体育组织。

农村社区作为一定区域内农民生活的共同体,社区成员之间的人际关系因血缘、亲缘、地缘和业缘关系存在着高度的关联性。随着农村社区生产水平的不断提高,社区居民的体力劳动强度和从事生产劳动的时间均呈现下降趋势,从事身体活动的机会和场合越来越少,体力活动不足将成为农村社区居民将要面临的新的社会问题;同时随着农村社区生活水平的提高,社区居民膳食结构也发生了巨大的变化,高热量、高脂肪营养的不断摄入,使社区居民又要面临营养过剩的困境。体力活动不足和营养过剩使农村社区居民饱受"现代文明病"的侵扰,居民的健康问题日益突出。再加上我国医疗卫生服务体系存在着城乡发展不均衡、农村医疗服务体系覆盖面小、保障水平低导致农民"看病难、看病贵"的问题,农村社区居民对健康的关注度逐渐增加,健康需求逐渐增强。随着农村生产力水平的提高,农村社区居民的闲暇时间逐渐增加,且对体育健身功效认知逐渐加深,进一步意识到体育手段对健康干预和疾病预防的作用。因此农村社区居民因对健康的追求而产生体育需求,进而为满足自身的健康和体育需求而倾向于体育活动。随着在闲暇时间选择体育参与行为方式的居民越来越多,农村社区的体育人口将越来越多。农村社区体育内共生发展体系中主体要素之一是具有体育行为选择的农村社区居民,这部分居民人口数量越多,主体要素就越健全。

农村社区体育组织既包括体育专门组织,又包括农村社区其他组织中的行使体育职能的部门。农村社区体育组织总体上主要有基层社区单项体协、农村社区老年体协、基层社区行业体协、基层社区农民体协、基层社区体育志愿者协会、社区体育活动站点、社区体育辅导站、社区体育服务中心、社区体育协会等类型,同时接受乡镇综合文化站的领导,但上述体育组织都健全的基层农村社区基本没有,具体到某个农村社区仅有其中一两个或几个体育组织,且大多数为非正式体育组织。农村社区体育组织是大多数居民参与社区体育活动的桥梁和中介,是农村社区居民体育共生行为、实现人的体育属性充分伸展的载体。农村社区体育组织作为农村社区居民的集合体,反映其组织成员的体育与健康的总体需求,具有"人"的特性,因此本身也就具备了体育需求,产生体育行为,随即成为农村社区体育内共生体系的主体要素之一。另外,农村社区其他组织具有体育职能的机构或部门也是农村社区体育内共生发展体系的主体要素,农村社区其他组织包括村民委员会、农村社区经济合作组织、农村社区互助组织、农村社区服务组织、农村社区志愿者组织,等等,负责组织内部成员体育活动的管理与组织工作,是社区其他组织成员体育共生行为的重要载体,对社区体育内共生资源具有某种需求,彼此之间形成某种共生关系。

2. 资源要素

农村社区体育内共生资源是农村社区体育内共生关系的纽带。由于农村社区居民生产生活水平相对较低,家庭经济条件与城市社区居民相比较差,个人或家庭拥有的私人体育资源较少,因此农村社区体育共生资源大多数为公共体育资源。农村社区共生体育资源的主要构成有以下几个方面。

(1)农村社区体育场地设施。农村社区体育场地设施资源是农村社区居民和社区体育组织开展体育共生实践活动的空间条件和重要物质载体,是农村社区体育共生发展水平的重要标志。农村社区体育场地设施资源又包括农村社区体育场地资源和农村社区体育设施资源。由于农村居民的活动空间相对宽松,在新农村社区建设和规划中都设计了农村室外活动广场,因此农村社区体育场地资源相对丰富。但是,农村社区体育设施资源由于建设起步晚、基础差,政府对农村社区体育设施资源的配置力度小,目前依然处于比较匮乏的状态。虽然随着农民体育健身工程的推进和全覆盖范围的扩大，上述状况有所改善，但要在短期内彻底改变这一现状是很困难的。农村社区体育场地设施资源具有公共产品的属性，即在使用和消费上具有非竞争性和非排他性。农村社区体育场地设施资源的公共产品属性决定了农村社区体育内共生主体对社区体育场地设施资源权利和义务的分享型共生关系的形成。

(2)农村社区体育活动和建设经费。农村社区体育活动和建设经费是农村社区体育内共生发展的重要保障条件，它的主要形式有政府财政拨款、农村社区居民自筹、企事业单位或社会体育团体赞助等。农村社区体育由于发展程度较低，社区体育健身娱乐市场尚未健全，市场机制尚未成熟，加上农村社区居民人均可支配收入相对较低，社区体育活动与建设经费的主要来源以政府财政拨款为主，经费来源渠道单一。虽然目前我国体育彩票资金分配中用于农村社区体育发展的比例逐年提高，但面临庞大的资金受众以及体育活动开展和社区体育场地设施建设的空缺，农村社区体育发展的需求依然难以满足，农村社区体育活动和经费不足将成为造成农村社区居民和社区体育组织激烈竞争关系的主要因素，成为制约其共生发展的重要"瓶颈"。

(3)农村社区体育自然地理环境。农村社区大多处于平原、山区或邻近水域，工业污染较少，空气质量较高，适合体育健身、休闲、娱乐，为农村社区体育活动的开展提供了绝佳环境。农村社区体育自然地理环境资源丰富，具有与大自然接近的天然优势，非常适合户外体育健身、娱乐和休闲。随着农村社区居民生活水平的提高，其体育行为选择的目的也发生了转变，即由以体育健身为主转变为以休闲娱乐为主。随着城乡一体化进程的推进，农村信息化服务体系逐渐健全，农村社区居民获取体育信息、技术的渠道进一步拓宽，其体育科学素养就会发生质的变化。农村社区居民利用天然的、丰富的自然地理环境资源，在体育科学素养日益提高的过程中，走出家庭、回归自然，积极参与体育健身、休闲、娱乐活动，促进了农村社区体育的共生发展。农村社区体育自然地理资源为他们的体育共生实践提供了便利。

(4)农村社区体育人力资源。农村社区体育人力资源既包括各种体育专业人员，如农村社区体育组织的管理人员、农村中小学体育教师、农村社区社会体育指导员等，也包括具有一定体育特长或爱好的体育骨干、精英和积极分子。人力资源在农村社区体育的发展中起着智力支持与方向引领的作用。农村社区体育组织中大多数为非正式组织,其管理人员多由组织成员选举产生,或作为某一活动的发起者而自然成为组织的管理者。农村社区体育组织管理者有些具有体育专业背景,有些则是某项体育活动的爱好者,要胜任管理者的角色,需要充实自己的体育专业知识和体育管理理论,树立自己的知识权威,以提高农村社区体育指导、宣传、组织和管理的效率;农村中小学体育教师是来自各级各类高校体育专业的毕业生,拥有深厚的体育专业理论背景和专业化的实践技能。在倡导学校服务社区、发展学区体育的今天,为发挥农村中小学体育教师专业优势,每个农村社区体育组织可以吸纳1—2名农村中小学体育教师作为组织管理层成员之一,使体育教师在完成学校体育教学任务的同时,为农村社区体育共生发展提供人力和智力支持;农村社区社会体育指导员具有丰富的体育健身、休闲、娱乐指导知识和较高的体育组织和实践能力,对农村社区居民体育科学健身、休闲、娱乐活动的指导、组织、管理、动员起着中流砥柱的作用,农村社区配备足够数量的社会体育指导员是满足农村社区居民健康和体育需求的重要保障。为丰富农村社区体育人力资源,应加大农村社区社会体育指导员的配备力度,增加社区社会体育指导员的数量;建立科学合理的农村社区体育培训制度,优化社区社会体育指导员知识技能结构,提高社区社会体育指导员的质量,以更好地满足农村社区体育共生发展对人力资源的需求。

(5)农村社区体育运动项目资源。农村社区体育运动项目资源是社区体育内共生实践的内容载体。运动项目对于社区居民群体的体育共生实践行为只有适宜不适宜、会不会的问题,没有能不能的问题,具有典型的消费和使用的非竞争性和非排他性。农村社区居民体育需求因年龄、性别、体质状况、文化背景、经济条件等因素的不同呈现出多元化的特征,为满足其多种多样的体育需求,运动项目资源也应该丰富多样,适合不同年龄、性别、民族、文化程度、经济基础社区居民的运动项目都一应俱全,使农村社区居民体育健身、休闲、娱乐的形式和手段多样化,社区体育组织类型也因运动项目资源的丰富而门类齐全。为丰富农村社区体育资源,应加强体育健身项目的创新与推广,挖掘农村社区民间、民俗、民族传统体育项目资源。农村社区体育传统项目资源是指世代相传的、具有民族、民俗和地域特点,对农村社区体育共生实践具有独特、持续的影响力和广泛的群众基础,是该地区农村社区居民喜闻乐见的体育项目资源,往往会成为农村社区体育发展的品牌,成为当地农村社区体育共生发展的形象代表。传统体育项目资源的挖掘、推广与现代体育健身、休闲、娱乐项目的创新推广相结合,使农村社区居民和社区体育组织的共生实践具有多种选择,彼此之间才会形成更多相互竞争、相互协作、相互依存的共生关系,充分发挥体育群体的蝴蝶效应,促进农村社区体育共生发展。

(6)农村社区体育信息和技术资源。农村社区体育信息和技术资源是农村社区居民了解体育知识、体育技术、体育动态等一切体育现象的重要窗口。随着我国农村信息化发展的深入,我国农村信息化基础设施有了长足的进步,广播电视、网络村村通工作开展迅速,为农村社区居民了解外部世界的信息和技术提供基本的支撑条件。农村社区体育信息与技术资源是农村信息化工程的重要工作内容之一,伴随着农村信息化工程的全面实施,农村广播电视、网络村村通覆盖范围越来越大,极大丰富了农村社区体育信息、技术资源。农村社区体育信息技术资源是农村社区居民健康与体育需求形成的重要动力之一,也是农村社区居民体育科学素养提高的途径,对于提升农村社区居民体育参与意识具有重要意义,是农村社区体育共生实践形成的重要助推器。

3.约束条件

农村社区体育内共生发展的约束条件多以体育共生规范的形式对社会共生关系起到约束作用。农村社区体育共生规范包括农村社区体育相关的政策法规、农村社区体育项目规则、农村社区体育组织规章制度以及农村社区所在区域的社会风俗、习惯、道德、信仰等,其间的结构和对农村社区体育内共生实践的规范约束作用见图8-2。

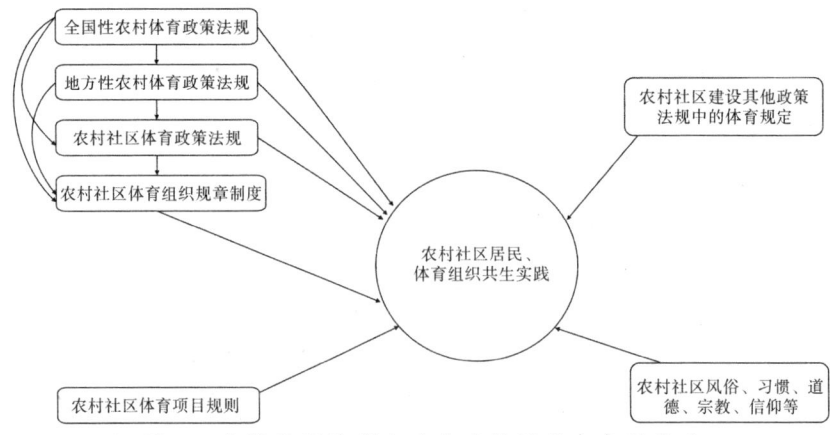

图8-2 农村社区体育内共生发展的约束条件体系

(1)全国性农村体育政策法规。其中最高层次的法律是《中华人民共和国体育法》(简称《体育法》)中关于群众体育和农村体育的规定,为农村社区体育内共生发展提供了基本原则和指导思想,确立了农村体育在我国群众体育乃至体育事业发展中的社会地位,是农村社区体育发展的重要保障和前提。《体育法》赋予了农村社区体育发展的基本权利,规划了农村社区体育发展的未来和方向,是农村社区体育发展最高层次的法律性文件。行政法规中《全民健身条例》《公共文化体育设施条例》,中央文件中《全民健身计划纲要》《中共中央国务院关于〈加强青少年体育增强青少年体质的意见〉》《国家体委关于深化改革加快发展县级体育事业的意见》《中共中央国务院关于进一步加强和改进新时期体育工作的意见》中对群众体育事业的相关规定都作出了说明,特别是《国家体委关于深化改革加快发展县级体育事业的意见》中强调了农村体育是县级体育工作的重点,为农村社区体育发展指明了方向,提供了宽松的社会环境。另外,在一些体育部门规章中也对群众体育或农村体育的发展作了明确规定,尤其是《体育事业"十二五"规划》中规定了要加大对农村体育工作的扶持力度,深入实施《农民健身工程》《雪炭工程》《全民健身路径工程》,并提出了农村社区体育场地设施等资源建设的目标,增强了农村社区体育发展的活力和动力,农村社区体育发展迎来了大发展的良好契机。上述政策法规强调体育的参与行为是每个公民应享有的基本权利之一,国家应逐年加大农村体育工作力度,保障农村社区居民的体育权利,同时也应加强宣传教育,增强农村社区居民社会责任感,积极履行体育参与的社会义务,积极投入到社区体育活动中去。

(2)地方性农村体育政策法规。根据全国性农村体育政策法规的指导思想、原则和工作精神,结合本行政区域农村体育工作特点,对本行政区内的农村体育工作作出明确规定,对本行政区域内的农村体育工作的目标、任务、实施、监督等作出明确规定,如各省、自治区、直辖市出台了本行政区域的《全民健身条例》《体育场地设施管理办法》,等等。地方性农村体育政策法规对本行政区域内的农村居民和农村基层体育组织的体育行为和实践进行了引导、规范和约束,保障了农村社区内共生发展的正常运行。

(3)农村社区体育政策法规。它是农村社区层面的关于社区内体育活动发展规范、准则或文件。农村社区体育政策法规对社区体育内共生实践具有直接的规范、引导、保障作用,是具有操作和执行意义的规范性文件,为确立农村社区体育社会地位,明确农村社区体育发展方向和目标,引导社区居民和社区体育组织的体育行为,实现农村社区体育资源的合理分享,建立合理的农村社区居民间、居民与社区体育组织间、社区体育组织间的内共生关系做出了应有的贡献。尽管农村社区体育法规因各自社区体育开展实际情况不同而有差异,但都根据本社区体育活动开展的环境、资源、社区居民的体育行为等，制定出具有本社区特色的体育政策法规，对本社区体育的共生实践起到规范、引导和约束作用。鉴于新农村社区建设工作刚刚起步，农村社区体育专门政策法规较少，加大农村社区体育立法工作力度，健全和完善农村社区体育政策法规体系，加强农村社区体育法制宣传，强化农村社区体育政策法规的执行和监督环节，是农村社区体育内共生发展的必然要求。

（4）农村社区体育组织规章制度。它是农村社区体育组织制定的组织体育活动开展过程和进行体育管理的规则和制度的总和，是农村社区体育组织成员必须遵守的行为准则。农村社区居民的体育共生行为往往以社区体育组织为中介和桥梁而满足居民自我体育实现的需求，农村社区居民的体育共生行为和社区体育组织的体育共生行为均要遵守组织的规章制度，同时组织规章制度也是维护本组织及其成员分享社区体育资源某些权利的重要保障。农村社区体育组织类型不同，其规章制度的内容也不一样，但均对本组织成员具有约束、引导和规范作用，对组织外居民则不具备上述作用，是体育组织的内部规则。为发挥农村社区体育组织的桥梁和纽带作用，更好地承担农村社区体育的组织职能，保障农村社区体育组织的合法权益，实现农村社区体育共生资源的合理分享，健全和完善农村社区体育组织的规章制度，固化农村社区体育组织结构，增强组织成员之间的关联性是非常必要的。

（5）农村社区建设其他政策法规中的体育规定。它是新农村社区建设对农村社区体育服务、农村社区体育资源、农村社区体育开展等方面的要求和规定。如《民政部关于开展"农村社区建设实验全覆盖"创建活动的通知》《民政部印发〈全国农村社区建设实验县（市、区）工作实施方案〉》《"全国农村社区建设实验全覆盖示范单位"自荐材料》《全国和谐社区建设示范单位指导标准（试行）》以及地方新农村社区建设的相关政策法规，其中大多数政策法规中都将农村社区体育与农村社区文化作为一项内容作出具体规定，明确了农村社区体育在新农村社区建设中的地位和作用，制定了农村社区建设评估标准和调查问卷，其中包含了农村社区体育的内容，虽然内容比重不高，但已经看出农村社区体育是新农村社区建设的重要内容和任务之一，为农村社区体育在新农村社区建设的背景下如何发展指明了方向。

（6）农村社区体育项目规则。它是农村社区居民基本的体育行为准则和规范，对农村社区居民体育行为具有普遍的约束、指导和规范作用。之所以在体育项目规则前加上农村社区，是因为农村社区体育项目规则有可能照搬标准的体育项目规则，也可能是标准体育项目规则的简单化。所谓标准体育项目规则的简单化是指根据农村社区居民实际的运动能力和对项目知识技能的掌握程度，对标准体育项目规则进行内容的简化处理、难度的降低化处理、标准的宽松化处理，以适应农村社区居民的体育实践活动。农村社区体育项目种类繁多,与之相对应的不同体育项目的规则也不同,但项目规则对所有从事本项目活动的社区居民和体育组织具有普遍的约束、指导和规范作用。农村社区体育项目规则能够保障社区体育主体在某一具体项目规则面前的平等性,其共生关系也是平等的,对共生资源的分享和使用也是平等的,共生主体满足自己体育自我实现的机会也是平等的,是农村社区体育合理内共生关系建立的重要保障。

(7)农村社区风俗、习惯、道德、信仰等虽然对农村社区体育共生主体的共生实践不具备强制性的约束力,但都是内化于心、潜移默化地对农村社区居民体育共生行为选择进行约束、引导的隐性规范。农村社区居民的任何行为、社会实践都要尊重风俗、按照日常习惯、遵循公共道德、不违背自己的宗教和信仰。在特殊情况下,这种隐性规范对农村社区居民体育共生实践的约束强度要大于体育政策法规的强制约束力,效果会更好。农村社区风俗、习惯、道德、信仰等促进农村社区居民体育行为的参与,起到了号召动员作用。如在传统节庆日举办综合性的社区体育活动、比赛或展演,组织众多的农村社区居民积极参与,很多少数民族传统的节庆日都有类似的体育活动,实际上是鼓励农村社区居民和社区体育组织积极参与体育活动,积极参与体育竞争并在竞争中相互协作,形成农村社区体育合理的内共生关系,推动农村社区体育的共生发展。

二、新农村社区体育发展的外共生体系构建

新农村社区体育发展的外共生体系是将农村社区体育作为一个系统,农村社区体育与新农村社区建设各子系统作为共生主体,彼此之间形成相互依存、相辅相成共生关系所构成的共生体系。根据社会共生理论,结合农村社区体育发展与新农村社区建设各子系统之间的相互作用情况以及共生资源的利用情况,农村社区体育发展的外共生体系属于多主体间资源交换型体育共生关系,结构如图8-3所示。

(一)农村社区体育发展外共生体系结构及图解

农村社区体育是指作为研究对象的农村社区体育发展共生系统,其与新农村社区建设其他子系统间的共生关系如何对农村社区体育和新农村社区建设和谐共生发展有着至关重要的影响。其中,农村社区基础设施建设是指农村社区的生产生活基础设施建设,为新农村社区体育发展提供坚实的物质基础和良好的物质环境,是农村社区体育共生发展的重要支撑;农村社区组织建设是农村社区建设的基础,主要包括社区基层党组织、社区自治组织和社区民间组织建设,为农村社区体育组织建设提供宽松的组织环境;农村社区公共服务建设是促进农村社区生产、改善农村社区生活的重要保障,推动了农村社区体育公共服务的发展;农村社区民主法制建设是农村社

区居民政治、社会独立主体地位的重要保障,为农村社区体育共生发展提供共生规范。离开共生主体的表示农村社区体育系统与新农村社区建设各子系统作为外共生主体需承担支付资源的义务,趋向主体地表示农村社区体育系统与新农村社区建设各子系统作为外共生主体而获得对资源的某些权利;资源配置系统是指参与农村社区体育与新农村社区建设诸子系统之间资源配置的诸要素及其相互联系、相互作用共同完成体育共生资源在不同方向上,具有不同规模和数量的分布功能的系统,能够实现农村社区体育资源充分利用和合理分享,改善和优化农村社区体育主体的共生关系。至于如何实现农村社区体育与新农村社区建设诸子系统之间对体育资源的交换,要重视交换的环境、共生主体的需求量和需求的程度,遵循广义的等价交换原则。约束条件是指农村社区体育的相关政策法规、农村社区体育与新农村社区建设诸子系统的约定或协议、上级主管部门的协调机制、农村社区的风俗、习惯、道德、信仰、宗教等对农村社区体育与新农村社区建设诸子系统间的体育共生实践起约束、引导和规范作用的各种明确的行为标准和内在的心理、情感约束。

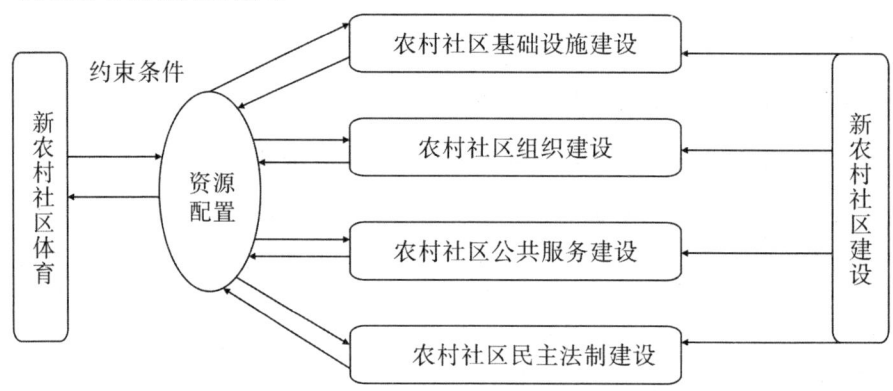

图 8-3 农村社区体育外共生发展体系结构

(二)农村社区体育发展外共生体系分析

1. 主体要素及共生关系分析

农村社区体育发展外共生体系的主体要素包括农村社区体育系统本身和新农村社区建设的诸子系统,新农村社区建设诸子系统主要包括基础设施建设、社区组织建设、社区公共服务、社区社会保障服务和社区民主法制建设。其中作为研究对象的农村社区体育系统在内共生发展体系中已做过阐述,在此不再重复。

(1)农村社区基础设施建设。农村社区基础设施建设是农村社区体育外共生发展的重要共生主体之一,与农村社区体育发展存在着相互依存、互惠互利的社会共生关系。主要表现为:

第一,两者具有共同的发展目标:改善农村社区居民的生活质量。农村社区体育发展的目标是改善农村社区居民的生活质量,促进农村社区居民的全面发展。新农村社区基础设施建设的目标是搞好农业生产、促进农民增收、改善生活环境,归根结底也是为了提高农民的生活质量。新农村社区体育发展与农村社区基础设施建设因目标的一致性而在实施过程中为满足农村社区居民的共同需求所必然形成密切的共生关系。

第二,新农村社区体育发展与农村社区基础设施建设拥有对方需要的共生资源。农村社区体育可以为农村社区基础设施建设提供高素质人力资源和基础设施建设的信息资源。农村社区基础设施建设、规划应以农村社区居民为主体,需要高素质人才队伍完成,而农村社区体育的发展对于提高农村社区居民的综合素质具有重要作用,可以为农村社区基础设施建设提供高素质的人力资源库。生活基础设施在农村社区基础设施建设中占有非常重要的地位,而生活基础设施建设中必然包括文体娱乐基础设施,文体娱乐基础设施建设均有其建设的具体标准和要求,而体育场地设施建设的标准和要求需要农村社区体育系统根据社区居民的体育需求和自身发展目标来提供,因此,农村社区体育发展可以为农村基础设施建设提供文体娱乐基础设施建设所需的信息资源。农村社区基础设施建设可以为农村社区体育发展提供必要的综合配套条件和支撑,农村社区基础设施建设规划中不仅有农村社区体育需要的体育场地设施等物质基础,还提供交通、水电、供暖、环保等综合配套条件,保障农村社区体育的正常开展。

第三,新农村社区体育和农村社区基础设施建设在工作内容上存在着交叉。农村社区体育共生资源中的体育场地设施配置其实是农村社区基础设施建设内容的重要组成部分,而农村社区基础设施建设也为农村社区体育发展提供了必需的物质共生资源和综合配套条件。农村社区体育可以借新农村社区建设对加强基础设施规划的契机,强化体育场地设施资源的配置,以满足农村社区居民多元化的体育与健康需求。农村社区基础设施建设则借农村社区体育迅速发展契机,强化农村社区文体娱乐设施的建设,充实农村社区基础设施建设的内容。

总之,新农村社区体育与农村社区基础设施建设存在密切的共生关系,没有农村社区体育的发展,农村基础设施建设的文体娱乐设施将因缺乏必要的建设参考标准和规范而无从进行,甚至造成文体娱乐设施的缺失,农村社区基础设施建设将是不完整的;没有农村社区基础设施建设,农村社区体育发展将失去物质资源以及综合配套条件的支撑,其共生发展将成为空谈,因此,两者之间存在着密不可分、相互依存的互利共生关系。

(2)农村社区组织建设。农村社区组织建设是农村社区体育发展的外共生主体之一。农村社区体育参与的主体是全体社区居民,自然也包括各个社区组织的成员在内。农村社区组织的体育伸展属性和农村社区体育组织化发展属性相互交融,二者之间形成了密不可分的共生关系。农村社区组织成员来源于农村社区全体居民,每个农村社区居民都有体育属性的伸展,产生体育需求,农村社区组织成员个体体育属性的伸展综合构成了社区组织的体育伸展,生成农村社区组织的体育需求需要通过农村社区体育发展的平台获取各类体育资源,以满足农村社区组织的体育需求;农村社区体育组织是新农村社区组织不可或缺的组成部分,社区体育组织的建设也健全了农村社区组织体系,是对农村社区组织建设内容的重要补充;农村社区体育发展中激发和培育的农村社区居民的社会参与意识和能力,也是农村社区组织保持旺盛生命力和发展动力的根本所在,对于提升农村社区组织的凝聚力和组织效能具有积极的作用。

农村社区组织建设中包含农村社区体育组织的建设内容,农村社区体育组织是农村社区体育内共生发展的主体之一,也是农村社区体育活动开展的重要载体,农村社区组织建设一方面为农村社区体育组织的建设提供组织构建的指导思想、原则、准则和规范,另一方面本身的体育职能机构也对农村社区体育组织的运行起到支持和帮助作用,直接推动了农村社区体育组织的建设,为农村社区体育内共生主体的培育做出贡献;农村社区组织体育属性的伸展还为农村社区体育发展提供了必要的经费支持;农村社区组织建设中基层党组织和农村社区自治组织在社区体育的开展和管理中起着主导作用,对于推动农村社区体育的发展起着至关重要的作用。因此,农村社区组织建设和农村社区体育系统间存在着资源互补、内容交叉,彼此相互依存、相互促进的共生关系,两者之间的协调发展是农村社区体育共生发展实现的前提和基础。

(3)农村社区公共服务建设。农村社区公共服务包括基础教育服务、科技信息服务、社会治安服务、医疗保健服务、文化体育服务和社会保障服务,这些与农村社区体育发展都有相辅相成的联系,因此,农村社区公共服务与农村社区体育发展的共生关系也非常密切。

第一,农村社区基础教育服务。农村社区基础教育服务的普及,能够为社区体育提供开放的体育教育资源,使农村社区居民能够从小接受体育教育,养成积极的体育参与意识,掌握扎实的体育参与知识技能,培养其体育参与的意识和能力,为农村社区居民的终身体育意识和习惯的养成打下基础;农村社区体育发展丰富了农村社区基础教育服务的内容和体系,农村体育发展对社区基础体育教育提出了更高的要求,使农村基础体育教育在社区基础教育中的地位进一步提高,农村社区基础体育教育资源配置进一步加强,从而对农村社区基础教育服务质量的提高和农村基础教育的全面发展具有积极的促进作用。农村社区体育与农村社区基础教育之间存在着互融互动、相辅相成的共生关系。

第二,农村社区科技信息服务。农村社区科技信息服务不仅仅局限于提供农业生产经营的科技信息资源,也为农村社区体育共生发展配备了提供体育信息资源的技术、仪器、手段和人员,提供大量的体育信息资源,诸如体育常识、体育健身知识和技能、体育健身项目推介,等等,对于提升农村社区居民的体育科学素养有着极大的推动作用,有利于农村社区居民加深对体育的认识、转变对体育的态度,增强体育参与的意识和能力,积极参与社区体育活动,从而增加农村社区体育发展的动力和活力;农村社区体育发展开拓了社区科技信息服务的范围,增加了农村社区科技信息服务的市场需求,通过提高农村社区居民的综合素质来增强其对社区科技信息服务的依赖和渴求程度以及接受能力,从而成为刺激农村社区科技信息服务的发展动力,进而获取更多、更广泛的信息服务效益。农村社区体育与农村社区科技信息服务存在着相互促进的共生关系。

第三,农村社区治安服务。农村社区治安服务能够为社区体育的共生发展提供安定、有序、祥和的社会环境,使农村社区居民在参与体育活动过程中有较强的安全感,增强农村社区居民体育参与过程中的愉悦体验和幸福感,使社区居民体育参与的兴趣更浓、积极性更高,为农村社区体育活动的开展营造良好氛围和环境平台,也有利于农村社区体育的和谐、健康发展;农村社区体育有利于提高社区居民的综合素质,有助于帮助社区居民形成文明、科学的生活方式,增加社区居民的沟通和交流,消除冷漠和敌视,化解居民之间的冲突和矛盾;同时为农村社区居民提供一种安全、合理、合法的情绪宣泄渠道,还可以改善农村社区居民的人际关系,降低农村社区的犯罪率,从而间接地维护了农村社区的治安和稳定。因此,农村社区体育与农村社区治安服务存在着相互依赖、互惠互利的共生关系。

第四,农村社区医疗保健服务。农村社区医疗保健服务和社区体育发展都是为了农村社区居民的身心健康。农村社区医疗保健服务内容包括医疗保健设施的供给和保养、农村新型合作医疗、常见病多发病医治、卫生防疫、计划生育和大病医疗统筹等。其中医疗保健除了能防病治病之外,还能起到对农村社区居民体质监测的部分作用,因此医疗保健部门应该和农村社区体育组织密切合作,利用医疗保健设施的优势资源,对农村社区居民的体质状况进行定期监测,建立社区居民体质健康数据库,为农村社区居民健身项目选择、健身时间、频度和强度的合理安排提供参考依据,使农村社区居民能够科学地参与社区体育活动,增强体质、增进健康。另外,农村社区体育的参与必须以身体健康、没有疾病为前提,因此农村社区医疗保健服务通过对疾病的预防和诊治,能够使农村社区居民摆脱疾病、保持健康,为积极参与社区体育活动提供身体保障,农村社区医疗保健服务对农村社区体育发展起到了辅助和保障作用。农村社区体育发展可以增强社区居民的体质,预防疾病、增进健康,起到减少疾病发生率、减轻社区医疗保健服务负担的作用。另外,农村社区居民可以根据保健专家开出的运动处方,通过在保健专家的指导下参与体育锻炼,起到身体康复和保健作用。从这个意义上讲,农村社区体育发展对社区医疗保健服务能够起到辅助作用。总之,农村社区体育与农村社区医疗保健服务存在着目标一致性,彼此之间存在着相辅相成的共生关系。

第五,农村社区文化体育服务。农村社区文化体育服务包括文体活动设施和场地供给和维护保养,组织农民开展文化娱乐体育活动,开展精神文明建设,传播科学技术知识,满足农民的精神文化需求。农村社区文化体育服务为农村社区体育发展提供所需要的公共体育场地设施资源、公共活动体育项目和内容资源,最大限度地满足农村社区居民的公共体育需求,使农村社区居民最大限度地参与体育活动,农村社区公共体育服务是农村社区体育发展的核心和主体部分;农村社区体育发展使体育生活方式成为社区居民闲暇时间的主要支配方式,农村社区体育活动逐渐由农村社区居民的强身健体的单一目的转变为体育健身、休闲和娱乐等多元目的,成为社区居民文娱活动的主要形式,并且农村社区体育活动开展中往往包含其他文化、娱乐元素,对农村社区文化娱乐活动起到带动作用,从而促进农村社区文化体育服务的建设。因此,农村社区体育与农村社区文化体育服务存在着你中有我、我中有你的相互依存、互惠互利的共生关系。

此外,农村社区体育发展与农村社区环境卫生服务、社会保障服务建设存在着密切的共生关系。农村社区环境卫生服务为社区体育活动的开展提供了整洁、卫生、优美的环境平台,当农村社区居民在整洁、卫生、优美的环境中参与体育活动,就会有一种清新感、舒适感和愉悦感,更有利于身心健康,因而农村社区居民参与社区体育的积极性更高,更有利于农村社区体育的积极开展;农村社区体育发展对农村社区环境卫生会提出更高的要求,农村社区居民在体育健身、休闲和娱乐过程中会意识到环境卫生的重要性,如果环保意识进一步增强,就会自觉保持环境卫生,对污染环境、破坏环境卫生的行为予以批评、谴责、制止,从行动上支持农村社区环境卫生服务建设。农村社区社会保障服务建设能够改善农村社区居民中边缘群体,特别是弱势群体的生活环境和生活条件,解决其生活的后顾之忧,扫除了这部分群体参与社区体育活动的障碍,使农村社区体育参与主体更加广泛,全民参与程度越来越高,有利于农村社区体育的发展;农村社区体育可以根据社区的边缘群体、弱势群体生活需求提供必需的文化体育资源,有利于改善农村社区边缘、弱势群体的生活质量,而保证农村社区边缘、弱势群体的生活质量也是农村社区社会保障服务的主要任务之一,因此,农村社区体育的发展对农村社区社会保障服务是一种有益的补充。

（4）农村社区民主法制建设。农村社区民主法制建设为社区体育发展提供社会公平、权利平等、社会参与、自主管理等民主文化资源，有利于农村社区居民体育权利意识、社会主体意识、体育参与意识的养成，这都是农村社区体育发展所依赖的民主氛围和文化土壤，也是农村社区体育发展充满动力和活力的源泉；农村社区法制建设为社区体育发展提供了政策和法律、法规资源，保障了农村社区居民的体育权和健康权，对农村社区体育发展起到规范、引导和约束作用。农村社区居民通过参与社区体育活动促进了参与、公平、竞争、主体等意识的觉醒，而这些也是农村社区民主建设过程中居民素质中最为缺乏的元素，是农村社区民主选举、民主决策、民主监督等民主制度建设的"瓶颈"所在，农村社区体育发展则有助于社区民主建设突破制约"瓶颈"，踏上新的台阶；另外农村社区居民通过参与社区体育还能够养成遵守规则的行为和习惯，而这种行为和习惯将迁移到农村社区居民的民主、政治、社会生活中去，有利于农村社区法制建设守法、执法环节的建设，推动农村社区法制建设的进程。因此，农村社区体育发展与农村社区民主法制建设存在着相互促进的共生关系。

总之，农村社区体育发展与农村社区建设的其他子系统之间存在着相互依存、相互补充、互惠互利的共生关系。

2. 资源配置系统

资源配置系统由资源供给主体、需求主体和配置方式三部分构成。资源供给主体包括县（市）级政府及其农业、民政、体育行政部门、基层社团和各级各类企业；需求主体包括以农村社区体育系统为核心的农村社区建设的各子系统；体育资源主要包括人力、物力、财力、信息等资源，配置方式主要有市场配置、政府制度配置和社会文化配置三种。

（1）供给主体中各级各类企业负责物质资源的生产和制造，主要为农村社区体育提供物质资源；县级政府及其农业、民政和体育部门以及基层社团负责人力资源开发和管理、财力资源投入和支出、信息资源的供给与传播以及物质资源的购置和分配。供给主体在社区资源配置过程中要科学统筹、合理规划，充分考虑到农村社区体育发展的需求，同时兼顾农村社区建设其他子系统的需求，掌握农村社区体育与农村社区建设其他子系统的发展需求变化的动态，遵循效益最大化原则，加大农村社区体育资源的配置力度，注重发挥农村社区体育资源综合化、多元化功能，以满足包括农村社区体育在内的新农村社区建设的多元化需求，实现农村社区资源的合理配置，避免社区资源配置的重复化和单一化，以达到农村社区资源配置效益的最大化。

（2）本书因突出农村社区体育与新农村社区建设子系统之间的共生发展，故农村社区资源以农村社区体育资源为核心和主体，社区体育资源的内容与农村社区体育内共生发展体系相同,此处不再重复。

(3)社区体育资源的配置方式一般有市场配置、政府制度配置和社会文化配置三种。根据农村社区体育发展的实际情况,目前我国农村体育健身、休闲娱乐市场尚不健全和成熟,资源配置方式中市场配置仅限于各级各类企业对农村社区体育资源的配置。因为农村社区体育资源大多属于公共产品,而目前我国公共产品仍然以政府购买为主,因此,在体育资源市场配置中,企业作为资源配置市场的卖方主体,县级政府和农业、民政和体育部门以及基层社团作为买方主体,将企业提供的体育物质资源作为商品,按照市场价格机制对资源要素进行调控。

农村社区体育共生资源配置方式以政府制度配置为主,社会文化配置为辅。县级政府和农业、民政、体育部门通过制定政策、法规和制度等规范性文件,对社区体育资源配置进行规划、分配,加大对农村社区体育资源配置扶持和保障力度,确保农村社区体育资源高标准、高质量地分配到位;通过制度配置明确政府资源配置的导向,传递政府体育资源调配的信号,采取优惠政策鼓励体育资源流向农村,激发农村社区居民体育参与的热情,提高农村社区体育资源的利用效率,促进农村社区体育发展;通过健全规范性、准则性文件,对农村社区体育资源的利用进行引导和规范,促进农村社区体育资源的合理利用;发挥政策、法规、制度的调节功能,明确体育资源供给主体的分工和协作,确定农村社区体育资源配置的数量、种类以及资源使用的权利和义务,达到互通有无、综合利用的目的;将农村社区体育资源配置纳入农村社区资源配置的总体规划中去,注重农村社区资源的整体性和综合配套性,使农村社区体育资源既能够服务于农村社区体育发展,也能够服务于新农村社区建设的整体要求。

社会文化配置主要针对体育资源供给主体中的基层社团而言。社会文化对社区体育资源的配置是一种隐性的、内在的软约束,对体育社团的资源配置行为产生潜移默化影响;社会文化像一种内在的、既定的社会规则,对社团的资源配置行为起强制性约束作用。在受传统文化影响较深的农村社区,社会文化配置对体育资源的开发走向有时起着决定性的支配作用,尤其是对于那些非正式性的社团和群体,体育资源配置基本依靠社会文化公认的约定、原则进行,社会文化资源配置方式对农村社区体育资源配置的作用不可忽视。

总之,农村社区体育资源的配置机制是市场配置、政府制度配置和社会文化配置相结合共同作用的结果。目前农村体育市场尚不成熟,体育资源的配置以政府制度配置为主,市场配置和社会文化配置为辅。政府制定资源配置方式应遵循农村体育资源市场规律、尊重农村社会文化,才能达到有效的资源配置。而市场配置和社会文化配置则是对政府制度配置方式的有益补充,并且随着农村体育健身、休闲、娱乐市场的发展,市场配置必将取代政府制度和社会文化配置方式,成为体育资源配置的核心方式。

(4)资源需求主体即农村社区体育及农村社区建设其他子系统,包括农村社区基础设施建设、农村社区组织建设、农村社区公共服务建设、农村社区民主法制建设。在社区资源供给主体提供社区资源总量一定的情况下,通过政府制度配置、市场配置和社会文化配置共同作用下,向农村社区体育及其新农村社区建设系统分配一定数量和种类的以社区体育资源为核心和主体的综合配套资源,最大限度地满足农村社区体育外共生发展主体的体育与健康需求,是资源配置系统的最终目标。

社区资源需求主体是资源配置的终端环节,从本书研究的视角出发,农村社区体育外共生发展体系中资源配置系统的需求主体是农村社区体育及新农村社区建设其他子系统。农村社区体育及农村社区建设子系统通过资源配置获得一定数量和种类的综合配套资源或对资源的某些权利,但是,具体到某个社区而言,依然存在着体育资源相对不足的问题,制约着本社区内体育的发展。根据社会共生理论,农村社区体育和农村社区建设其他子系统的资源配置客体虽然均能获取到一定综合配套资源或者对资源的某些权利,但不同社区资源的配置不尽相同,因此为最大限度地满足农村社区体育发展对体育资源的需求,资源需求主体获取综合配套资源后会再次通过资源配置机制,形成彼此之间资源的再配置,即农村社区体育与农村社区建设其他子系统间综合配套资源的交换与共享。农村社区体育与农村社区建设其他子系统之间因彼此交流和互动,实现体育资源的交换与共享,可以优势互补,互通有无,彼此之间形成既竞争又协作的共生关系。

3. 约束条件

农村社区体育发展外共生体系的约束条件与绝大部分与农村社区体育发展内共生体系的约束条件相同,也就是除社区范围内的政策法规体系以及社会风俗、习惯、道德、宗教、信仰等约束条件之外,其他政策法规体系、体育项目规则以及农村社区与周围环境所公认的社会风俗、习惯、道德、宗教、信仰等都是相同的,在此不再复述。除上述约束条件之外,对农村社区体育外共生关系起约束作用的还有农村社区体育与农村社区建设子系统之间的约定、协议等,这种约定、协议可能是口头的,也可能是书面的,还可能是历史形成的约定俗成。这些约定、协议规定了彼此从对方那里获取体育资源或对对方体育资源的某些权利以及自己向对方提供的体育资源或赋予对方对己方体育资源的某些权利,以及在共同参加上级举办的体育活动和比赛中如何联合与协作等共同认可内容,对农村社区体育与周围环境主体之间共生关系的形成和优化起到引导、规范和保护作用。

第四节　新农村社区体育共生发展对策

　　新农村社区体育共生发展模式的构建最终要解决的根本问题是如何通过健全农村社区体育发展的内外共生体系、构建合理的内外共生关系促进农村社区体育的和谐、共生、持续、健康的发展,以增强农村社区居民的体质、增进居民健康,提高社区居民的生活质量,为我国新农村社区建设和农村全民健身事业做出突出贡献。因此,以社会共生理论、公民社会理论、新农村社区建设理论等为理论指导,以新农村社区建设示范单位农村社区体育共生发展现状和存在的问题为实践依据,以健全农村社区体育发展的共生要素、构建和完善农村社区体育发展的内外共生体系、建立农村社区体育发展合理的共生关系为主旨,提出农村社区体育共生发展的对策是本书研究的逻辑终点。

一、突破传统发展观念,树立农村社区体育共生发展观

　　体育是现代人类社会的一种重要的生活方式,无论是自己作为独立的社会文化系统,其内部共生主体之间;还是作为社会的一个子系统,其与社会其他子系统之间,均存在着千丝万缕的联系。随着体育现象扩大化、复杂化趋势的进一步发展,其对社会的影响和渗透将无处不在、无时不在,这种联系将更加广泛和密切。体育系统内部参与主体之间的相互依存、相互作用,以及体育系统与其他社会子系统之间的日益密切的社会关系,就是一种典型的共生,我们可称之为体育共生关系。体育共生是体育系统的基本存在和发展方式,在各种体育现象或体育行为中普遍存在,因此,体育发展是一种共生发展,要遵循社会共生规律。

　　农村社区体育是在新农村社区建设的新形势下农村体育事业发展的新形态。农村社区体育作为我国群众体育事业的重要组成部分,在其体育实践活动中必然存在着共生现象,农村社区居民和农村社区体育组织在其共同的体育行为过程中,必然建立起各种各样的共生关系,并在社区居民和社区体育组织体育需求的不断变化中维系和演变。同时,体育共生也存在于农村社区体育与其周围环境主体之间,社区体育与新农村社区建设各子系统间因对环境和资源的共同获取和分享,彼此的相互依存和相互作用共生关系。因此,农村社区体育的发展是一种农村社区体育系统内部诸要素之间内共生及其与新农村社区建设各子系统之间外共生共同形成的共生发展。

　　我国农村体育发展始终处于一种孤立、封闭、分散和无秩序的状态,农

民的体育参与也多以个人或家庭的形式为常态,农村社区体育的开展处于无组织的自发状态,人与人之间缺乏交流与互动,彼此之间的连带作用非常弱,属于相互隔离、闭门自娱的发展模式。传统的农村体育发展观念认为:农村发展应以经济发展为中心,体育是经济发展的附属品,先发展经济后开展体育;体育活动是脑力劳动者锻炼的方式,农民以从事体力劳动为主,身体很强健,除了老年人,其他人不需要从事体育活动;体育健身是个人的事情,不需专门组织;农村社区体育和城市社区体育各自发展,不需要交流和互动,等等,严重制约了我国农村社区体育的发展,导致我国农村社区体育长期以来处于严重滞后状态,不少村落缺乏体育场地设施,或者为数不多的体育场地设施被闲置,农村体育活动处于散乱、无序的状态,与城市体育的差距非常明显,农民的健康问题不容乐观。

树立农村社区体育共生发展观,就是要将农村社区体育看作我国社会体育事业不可或缺的组成部分,农村社区体育与新农村社区建设之间存在着相互依存、互惠互利的共生关系;同时农村社区体育系统内部的主体要素即农村社区居民和农村社区体育组织之间也存在竞争与协作并存的共生关系。需要从共生论的视角看待农村社区体育的发展,从农村社区体育的内、外共生关系出发去探讨其发展的机制,以构建合理的内外共生关系、充分发挥竞争与协作的共生机制来促进农村社区体育的发展,实现农村社区体育自身及其与新农村社区建设间的和谐共生发展。

二、培育农村社区体育共生主体

农村社区体育共生主体这里主要是指内共生主体,即农村社区居区中具有体育行为特征的人和农村社区体育组织。通过山东省农村社区体育的实证调查发现,农村社区体育内共生主体存在的普遍问题是:农村社区居民具有体育行为特征的人口比例少,尤其是达到体育人口标准的比例更少;农村社区体育组织数量少,类型单一;其他农村社区组织的体育职能机构形同虚设,无法履行本组织的体育组织职能。农村社区体育发展的内共生关系发生在共生主体之间,共生主体匮乏,共生关系就无法形成,农村社区体育的共生发展就成为空谈。因此,培育农村社区体育共生主体是农村社区体育共生发展的首要前提。

(一)培养农村社区居民体育参与意识和能力,增加社区体育人口数量和比例

农村社区居民的体育科学素养主要包括农村社区居民的健康意识、体育态度、价值观念和体育知识、技能。农村社区居民的体育行为特征取决于其体育科学素养的高低,尤其是要具有持续、稳定的体育行为特征,达到体

育人口标准,需要有较高的体育科学素养。因此,农村社区居民的体育科学素养较低是制约农村社区居民体育的"瓶颈",也是大力发展农村社区体育人口的关键环节。

1. 普及农村社区健康教育,强化农村社区居民的健康意识

农民综合素质的提高是新农村社区建设的战略目标之一,大力发展农村社区教育已经成为提高农村社区居民综合素质的普遍举措。农村社区教育是指以乡、镇、村为地域的,将学校教育、家庭教育和社会教育融为一体,与社区经济发展和社会进步紧密结合,为促进社区青少年学生全面发展和提高社区全体成员的整体素质而进行的一种"大教育"体系。当前农村社区教育的内容主要包括扫盲教育、富民教育、农村职业技能教育、卫生健康教育和提高生活质量教育。其中农民的卫生保健教育和提高生活质量教育作为农村社区教育的重要内容,均含有居民健康宣传和教育的内容。因此,普及农村社区健康宣传和教育要充分利用农村社区教育的平台,强化农村社区居民的健康意识,增强居民获取健康干预手段的能力,是提高农村社区居民体育科学素养的重要途径。

(1)充分认识健康教育的重要性,搞好农村社区健康教育志愿者队伍建设。基层乡镇政府要充分认识到社区健康教育的重要性,对社区健康教育给予大力支持,以乡镇综合文化站牵头和协调,农村学校体育和医疗卫生部门密切配合,在乡镇医疗卫生系统和农村学校体育教师以及社区居民离退休人员中选出综合素质较高、自愿为农村社区健康教育义务服务的人员,组成一支志愿者队伍。建立志愿者队伍成员定期、轮换接受培训制度,对在社区健康教育中表现优异的人员要给予适当奖励,并将其表现作为所在单位的工作业绩考核的评价指标之一,以激发志愿者队伍从事社区健康教育工作的积极性。

(2)树立基层服务意识,推动农村社区健康教育规模化和常态化。农村社区健康教育面向基层社区所有成员,农村社区因地域分散、居民素质相对较低、基础条件差等原因,社区健康教育志愿者在社区健康宣传和教育过程中会遇到各种困难,因此,农村社区健康教育志愿者队伍必须树立基层服务意识,在工作中发扬吃苦耐劳的奉献精神,深入农村社区开展健康宣传和教育。为使农村社区健康教育普及程度更高,促进农村社区健康教育规模化和常态化,在乡镇政府以及综合文化站指导下,各农村社区建立健康教育制度,定期举办农村社区健康宣传和教育活动,乡镇综合文化站可以制定各农村社区健康教育工作轮换制度,以协调各农村社区健康教育的竞争与冲突。各农村社区要组织好健康宣传和教育的组织工作,社区领导班子带头,发挥农村社区精英的动员和号召作用,组织社区居民接受健康教育。农村社区以学校和社区服务中心为主阵地,提供农村社区健康教育的场所,利用晚上、周末、假期、农闲及传统节庆日时段,搞好健康宣传,对农村社区居民进行健康教育。

(3)农村社区健康教育内容应突出膳食结构与体育锻炼的健康价值。农村社区健康教育应结合农村社区居民现有的生活习惯和方式,针对居民常见疾病、不良生活习惯和亚健康的生活状态,以疾病预防和健康促进为出发点,以着力于构建农村社区居民的健康生活方式为目标,突出合理的膳食结构和实施科学锻炼相结合的主要内容,将体育与健康密切结合起来,使居民充分认识到体育对健康的积极干预的重要性,了解体育的健身、休闲和娱乐的功效和价值,使农村社区居民因关注健康而关注体育参与,因健康意识的增强而重视体育参与,形成强烈而稳定的体育意识。

(4)培养农村社区居民的公民意识,促进其健康权利和义务意识的觉醒。农村社区居民公民意识中最重要的是平等和自由意识、参与意识、权利和义务意识。随着新农村社区建设进一步发展,村民自治制度越来越深入人心。村民自治制度不仅是农村社区民主政治制度的伟大创新,也是农村社区公民社会到来的重要标志。在村民自治制度的影响下,农村社区居民的公民意识越来越强,权利和义务意识、平等和自由意识、社会参与意识逐渐内化于心,对农村社区居民的社会生活产生长久和深刻的影响,为适应新农村社区建设中民主法制建设内容的需要,农村社区教育要注重农村社区居民公民意识的培养。公民意识的觉醒,使农村社区居民在体育与健康意识形成过程中,逐渐认识到健康是自己应该享受到的基本权利,而保持健康也是自己在减轻社会负担、为社会多做贡献方面的义务;同时作为社会公民对社区体育的参与也是农村社区居民的权利和义务之一,是社区居民义不容辞的义务和必须得到保障的基本权利。当农村社区居民将体育参与和增进健康当作权利维护的时候,其体育参与就处于自觉阶段了,成为具有稳定体育行为特征的社区体育主体也就不成问题了。

2. 加大体育宣传力度,培养农村社区居民的体育参与意识和需求

农村社区居民社区体育参与度低,一是由于健康意识薄弱,健康维权意识不强;二是接触体育信息的机会较少,接受的体育信息量也少,对体育的认知和了解也就少,从而导致居民体育意识薄弱,无法转化为体育需求。体育需求不强烈,体育参与动机就不强,农村社区居民的体育参与行为也就不会持续、稳定,也就无法成为农村社区体育的共生主体,因此培养农村居民的体育参与意识和需求是非常必要的。

(1)利用多种宣传媒介,向农村社区居民宣传体育的功能与价值。充分利用农村信息服务网络平台,借助互联网的体育板块和各体育行政部门的政府网站、有线电视和广播的体育频道和健身栏目、各种报纸杂志的体育版块以及体育类报纸杂志等媒体工具,向农村社区居民进行体育健身、休闲、娱乐等信息的全方位、综合性宣传。

(2)通过社区宣传栏,向农村社区居民进行体育健身宣传。农村社区宣传栏是最贴近社区居民的宣传工具,为使农村社区居民了解更多的体育信息,社区宣传栏中体育与健康宣传版块的内容应该适当增加或者定期举办体育健身信息专栏。社区体育宣传栏的内容要丰富多彩,既要有体育健身、休闲、娱乐的基本知识和技能,又要有体育健身典型案例或现身说法,还应该有居民合理饮食卫生习惯的养成,从社区居民日常生活点滴抓起,以社区居民最关注的健康问题为重点,以体育锻炼与疾病预防为突破点,向农村社区居民灌输社区体育参与的重要性以及对自身健康的益处,逐步增强社区居民的体育意识和需求,引导居民养成良好的生活习惯和体育锻炼的习惯,促进其终身体育意识和习惯的培养。

(3)通过组织开展体育活动和比赛向农村社区居民进行体育参与宣传。农村社区体育活动和比赛是对社区居民进行体育参与宣传和鼓励的最直接、最有效方式。通过开展本社区体育活动和比赛,可以使农村社区居民亲身感受到体育的浓厚氛围,亲眼看到社区体育参与者健康的体魄、充满活力的精神面貌以及难以自抑的喜悦感,进而使旁观者产生跃跃欲试的冲动和需求。通过为农村社区居民提供更高层次的展示平台,使其有了更多的自我表现的机会和场合,也能够将自己平时科学健身和锻炼的成果充分展示出来。

3.加强社区体育健身指导,增强农村社区居民体育参与能力

农村社区居民有了体育参与的意识和需求,尚不足以形成稳定有效的体育行为实践,农村社区居民作为社区体育共生主体依然是不完整的。只有在强烈的体育参与意识和需求的支配下,以健全的体育参与能力为支撑,才能形成稳定的体育行为实践,农村社区体育共生主体才是完整的,才能保障农村社区体育的共生发展。因此,加强农村社区体育健身指导,增强居民社区体育参与能力,才能够增加农村社区体育人口的数量和比例,培养完整的农村社区体育共生主体。

农村社区居民因为对健康的关注,产生了健康需求;因为认识到体育与健康的密切关系,形成了体育参与意识和需求;而体育参与需求要得到满足,就需要有体育参与能力的支撑;因此农村社区体育健身指导是提升农村社区居民体育参与能力的基本途径;农村在体育参与意识和需求的驱动下,通过体育健身的主动学习、接受体育健身指导,获取必要的体育健身知识技能,积极投入到社区体育活动中去,使社区体育参与成为长期、稳定的行为实践,也使农村社区居民真正成为农村社区体育的共生主体,这样农村社区

体育共生发展才能最终实现。

（二）加强农村社区体育组织建设，健全农村社区体育组织体系

农村社区体育组织是农村社区体育内共生关系的另一主体，是农村社区居民体育参与的桥梁和载体，健全的农村社区体育组织体系和高效的社区体育组织职能是农村社区体育和谐共生发展的又一前提。因此，必须加强农村社区体育组织建设，健全社区体育组织体系，强化社区体育组织职能。

1. 加强县（市、区）体育行政部门领导，健全农村基层社区体育组织体系

由于当前我国农村社区体育的开展对政府依然有着较强的依赖性，因此加强县（市、区）体育行政部门对农村社区体育的领导，对于促进农村社区体育共生发展具有十分重要的意义。县（市、区）体育行政有关部门负责全县城乡群众体育的领导和协调工作，其对农村社区体育工作的重视程度，直接影响农村社区体育组织的建设。因此，要加强县（市、区）体育行政部门对农村社区体育工作的领导，增加对农村社区体育的政策倾斜、经费投入、人力资源配置以促进农村社区体育的发展。

2. 健全农村社区体育组织，促使组织职能正常化

在新农村社区体育组织建设过程中，健全社区体育组织结构，明确组织机构的权利、义务和责任是非常必要的。为了促使农村社区体育组织能够独立开展体育活动，履行自己的职责，必须出台政策法规，明确农村各级各类体育组织的合法、独立的社会地位，增强农村社区体育组织的独立性和主体性。在农村社区体育组织建设中要明确体育组织的目标，根据目标体系划分组织机构和组织职能，用组织制度的形式将各组织机构的权利、义务和责任确定下来，使农村社区体育组织具有相对稳定的结构，各机构责权分明，分工合理，各部门职能明确，只有这样才能使农村社区体育组织真正履行自己的职责，搞好农村社区体育活动的组织和开展工作。

3. 加强农村社区体育组织间的交流和联系

农村社区体育组织之间由于活动内容、人群构成、组织目标不同而具有相对的独立性和封闭性，但社区体育组织成员间的社会关系紧密而复杂，社区体育组织成员在社区体育生活中可能会扮演多重角色或从事一种或几种体育项目，从而导致社区成员可能会加入多个社区体育组织，使得社区体育组织之间既有区别又有交叉重叠，因此，社区体育组织之间不可能完全隔绝，彼此存在着密切的社会共生关系。农村社区体育组织在各自职责范围内组织、开展体育活动时，因社区体育资源的稀缺性和有限性，社区体育组织间因使用同一资源而形成一种或几种竞争关系；同时农村社区体育组织为实现自己的组织目标，彼此要借用对方拥有的体育资源，这就需要体育组

织之间相互协调与合作。因此,农村社区体育组织之间竞争与协作并存,形成彼此发展的合力,而农村社区体育组织间的合力就成为农村社区体育发展的核心动力。

三、优化配置农村社区体育共生资源

社区体育共生资源是农村社区体育共生关系的主要纽带,加大农村社区体育投入,增加农村社区体育资源总量,在农村社区体育资源总量一定的情况下,实现社区体育共生资源的合理分享、优势互补,最大限度地满足农村社区体育共生主体的体育需求,是农村社区体育资源优化配置的最终目标,也是促进农村社区体育共生发展的重要举措。

(一)充分了解农村社区体育资源需求状况

农村社区体育共生资源的供给应避免盲目性,以社区居民和社区体育组织的体育资源需求为导向。农村社区体育共生资源供给的种类和数量取决于共生主体体育资源需求量和种类状况,在进行体育共生资源供给之前,要通过社会调查详细了解农村社区居民对体育资源的需求。农村社区居民体育资源需求的调查可由县(市、区)级群众体育行政部门领导,县级农民体育协会组织,各乡镇综合文化站以及农村社区领导班子积极配合实施,分步骤、分批次地对农村社区居民体育资源的需求状况进行全面调查,翔实地掌握农村社区体育资源需求的第一手材料,并组织专业人员进行归纳、分类和整理,建立关于农村社区体育资源需求的数据库,以供农村社区体育资源配置的参考之需。

通过建立农村社区体育资源需求的数据库,对农村社区体育资源需求的内容、数量进行分析,了解哪些资源是农村社区体育发展急需的,哪些资源处于闲置和过剩状态,哪些农村社区体育资源不足,哪些农村社区体育资源种类单一等一系列问题,使农村社区体育资源供给更加有针对性,有计划、有重点、有先后地对农村社区体育资源进行配置,将有限的体育资源配置给最需要它的共生主体,以最大限度地满足农村社区体育共生主体对体育资源的需求,追求农村社区体育资源效益的最大化。

(二)加大农村社区体育资源投入力度,增加农村社区体育共生资源总量

农村社区体育资源总量不足已经成为制约我国农村社区体育共生发展的主要瓶颈。加大农村社区体育资源投入力度,增加农村社区体育共生资源总量,是优化配置农村社区体育共生资源的当务之急。

1. 增加农村体育财政预算比例,使农村社区体育发展获得更多的经费支撑

体育经费资源是农村社区体育共生发展的重要资源，是农村社区体育其他资源的根本支撑，是增加农村社区体育其他共生资源配置的先行条件。虽然我国各级政府财政预算中用于群众体育发展的经费比例在逐年增加，但受传统的城市优先发展思想的影响，群众体育经费资源大多被城市社区体育所占有，农村社区体育发展的经费资源比例相对较少，且农村社区体育本身摊子就大，经费需求量又多，因此我国农村社区体育经费资源不足已经成为不争的事实，严重制约了农村社区体育的发展，加大农村社区体育经费投入已经成为当务之急。

在统筹城乡发展思想指导下和社会主义新农村建设实践的带动下，当前我国新农村社区建设进行得如火如荼，农村社区体育发展也获得了难得的发展机遇。统筹城乡体育发展已经成为我国群众体育事业发展的基本指导思想，农村社区体育和城市社区体育享有平等的发展机会和政策，并且体现出向农村社区体育倾斜的政策倾向。各级政府应该在满足城市社区体育发展经费需求的同时，适度增加农村社区体育经费投入的数量和比例，并积极引导其他社会团体、企事业单位大力支持农村社区体育发展，加大向农村社区体育投资力度，为农村社区体育发展提供有力的经费支持。新农村社区建设专项资金预算支出中，划出农村社区体育专项资金，用于支持农村社区体育事业的发展，增进农村社区居民的健康。

2. 加强社会体育指导员队伍建设

我国社会体育指导员总体数量不足，区域、城乡之间配置不均衡。由于农村社区生活、工作条件和城市社区相比相对较差，社会体育指导员不愿意到条件比较艰苦的农村去生活和工作，导致农村社会体育指导员严重缺乏，部分农村社区甚至没有一名社会体育指导员。因此需要加强社会体育指导员队伍建设，采取多种政策支持和激励措施，鼓励社会体育指导员服务农村社区体育发展，到广大农村去发挥自己的智慧和才干，为社会主义新农村建设贡献自己的力量；同时抓住新农村社区建设对农村生产、生活条件改善的契机，努力为社会体育指导员提供生活和工作上的便利，吸引社会体育指导员到农村工作。加强社会体育指导员队伍建设需要从增加社会体育指导员数量和提高社会体育指导员质量两方面着手。

（1）加强社会体育指导员培训基地和师资队伍建设。加强社会体育指导员技术等级培训基地和师资队伍建设，增加社会体育指导员培训、审批机构的数量，适度下放社会体育指导员职业技能和技术等级的审批权，发挥高等体育院校和高等学校体育院系在培训与培养社会体育指导员中的作用。公益型社会体育指导员的培训，国家级社会体育指导员由批准的高等体育院校培训，由国家体育总局相关部门审批；一级社会体育指导员的培训工作,也应委托高等体育院校和有条件的其他高等院校进行,报省级体育行政部门审批;其他等级的社会体育指导员培训工作,也可由体育院校和其他学校等专门教育培训机构承担,由地市级体育行政机构审批。有条件的体育院校和其他学校应在体育专业教育中开设社会体育指导的相关课程,为体育专业学生获取社会体育指导员资格创设有利条件。职业社会体育指导员的培训由经过专门资质认证的培训基地承担,并由国家社会和劳动保障行政部门审批。

(2)严格执行社会体育指导的培训、培养过程和考核标准。严格执行社会体育指导员技术等级培训、培养过程和考核标准,严把社会体育指导员队伍建设质量关,提高社会体育指导员的整体素质,使其能够胜任各级各类体育活动的组织、管理和指导任务。对于已获取社会体育指导员资格的人员,鼓励其投身农村,为农村社区体育发展提供指导和服务。对于愿意到农村社区工作的社会体育指导员,在工资、福利、住房等各方面予以优惠政策,树立、宣传、包装农村社区社会体育指导员先进典型并给予物质和精神方面的奖励,以激发农村社区社会体育指导员的工作热情。同时建立农村社区社会体育指导员的科学培训制度,采取定期、不定期相结合的方式,对农村社区社会体育指导员进行培训,及时更新和优化农村社区社会体育指导员的知识技能结构,以适应不断变化的农村社区体育发展需要。

3. 加强社区体育场地设施规划建设

社区体育公共场地设施是农村社区体育共生发展的物质载体,是农村社区公共基础设施的重要组成部分。在广大农村社区体育场地设施数量少、种类单一,有些社区甚至没有任何体育场地设施;经济发展水平较高、基础设施建设条件较好的地区虽然配置了部分体育场地设施,但闲置、损坏现象较为严重,且存在着重复建设的现象。总之,社区农村社区体育场地设施不足已经成为制约农村社区体育发展的最重要的因素。因此,充分利用新农村社区建设中大力发展农村公共基础设施的大好时机,加强农村社区体育场地设施规划建设是农村社区体育发展破除瓶颈的重要举措,为农村社区体育共生发展提供了丰厚的物质资源。

4. 健全社区体育信息服务网络

社区体育信息资源是农村社区体育发展的重要依仗和动力,鉴于农村社区环境的闭塞性以及农村社区信息服务网络的不健全,导致农村社区体育信息资源的不足,农村社区居民对体育发展目标、发展规律、体育健身知识技能等体育信息认识不足,缺乏社区体育参与的动力。因此,健全社区体育信息网络,搭建农村社区体育信息服务平台,为农村社区体育发展提供尽可能多的体育信息资源是非常必要的。

（三）遵循政府计划配置为主、市场配置为辅的资源配置机制

在市场经济比较成熟和发达的国家和地区，市场是体育资源配置的核心机制，政府计划仅仅起到对体育资源宏观调控的作用。但我国农村体育健身娱乐市场起步较晚，发育尚不成熟，农村社区居民的体育消费能力较低，市场的资源配置机制尚不健全，依靠市场进行农村社区体育资源的优化配置有些脱离农村社区体育发展的现实。根据当前我国农村社区体育发展的实际情况，政府依然在社区体育资源配置中起到主导作用，因此，社区体育资源配置应以政府计划配置为主、市场配置为辅，注重社区文化对体育资源的配置作用，并根据农村社区体育健身娱乐市场培育的进程，不断调整政府、市场及社区文化在体育资源配置中的作用，逐渐弱化政府在农村社区体育资源配置中的作用，强化市场和社区文化对农村社区体育信息资源配置的职能和作用，加速培育农村社区体育健身娱乐市场，增强农村社区体育自主发展的能力。

（四）体育资源配置要突出重点，保证优势、特色体育活动优先发展

农村社区体育系统内部诸要素之间、农村社区体育与新农村社区建设各子系统之间的发展均属于非均衡发展，农村社区体育发展水平不同、所处的地域不同、经济发展程度不同决定了农村社区体育对资源的需求不同，体育资源的配置也应体现出非均衡性。

农村社区体育发展必然有重点发展、优先发展社区以及特色体育项目社区，再由优先、重点、特色发展的农村社区体育带动周围其他农村社区体育的发展。在农村社区体育资源总量相对不足的情况下，体育资源倾向于先进、重点、特色项目社区配置是正确的，也是符合发展规律的。因此，在体育资源的配置过程中要满足优先保证先进、重点、特色体育项目社区对体育资源的需求，在人力、财力、物力、信息等各类资源上予以重点扶持，不能搞大而全、"一刀切"的社区体育资源配置。

（五）避免农村社区体育资源的重复配置

农村社区体育资源的重复配置一方面指社区内同一体育资源的多次配置，另一方面也指附近社区间同一体育资源的多次配置。资源的重复配置是资源浪费的重要表现，在以政府计划配置为主要方式的农村社区体育资源配置中，由于政府政策执行的惯性使然，社区体育资源的重复配置现象较为普遍，应特别引起重视。

资源的重复配置使得农村社区体育共生资源差异性消失，资源利用的

效益也趋于单一化,导致农村社区体育资源一旦丧失了互补性,就无法满足农村社区体育共生主体多元化的体育需求,农村社区体育发展必将走向趋同化,差异性和互补性逐渐消失,社区体育共生关系也将丧失存在的前提和条件,农村社区体育共生发展将无法实现。我国体育政策法规对农村社区体育资源的配置提出标准化的要求,如《农民体育健身工程》要求实施对象配备灯光水泥篮球场一块、乒乓球台一张,对农村社区体育资源的配置数量和标准起到了积极作用,促进了我国农村社区体育资源的开发和配置。但本书认为,虽然资源配置标准的提出有利于农村社区体育资源配置的量化和考评,但过于标准化不利于农村社区体育发展的差异性和互补性,由于农村社区和城市社区相比人口数量和密度、区域范围都比较小,具体到某一个基层社区对某种体育资源的需求量相对较小,会导致有些社区体育资源浪费和闲置,另一些社区则体育资源严重缺乏。因此,在具体资源配置中要科学统筹、合理规划,注重资源配置的多样性和层次性,注重资源用途的互补性和综合利用价值,以促进农村社区体育内部主体要素之间对资源的交换和分享以及农村社区体育与新农村社区建设各子系统之间对体育资源的交换和分享,充分挖掘有限体育资源的综合价值,追求资源利用的效益最大化。

另外,农村社区体育资源应注重与其他社区资源的统筹配置,使之与农村其他社区资源形成综合配套的整体,开发农村社区体育资源的多元功能,促进农村社区体育资源的综合利用,实现农村社区体育与农村社区建设其他子系统对资源的交换和分享。

四、健全和完善农村社区体育共生发展的约束条件

(一)深入把握农村体育发展的思想导向

现行政策法规体系中虽然缺乏专门的农村体育政策法规,但是,在其具体内容中有对农村体育的具体阐述和规定,为农村社区体育发展奠定了思想基础,明确了农村社区体育发展的未来导向。

1. 法律层面上的指导思想

现行体育政策法规中,唯一的具有法律效力的是《中华人民共和国体育法》,其中规定了公民参与社会体育活动的权利、全民健身计划的推行、政府在群众体育活动中的职能等规定,是农村社区体育共生发展的根本保障,也是农村社区居民体育参与行为必须要遵循的最高规范和准则。

2. 行政法规中的指导思想

目前,涉及农村社区体育发展指导思想的行政法规包括《全民健身条

例》和《公共文化体育设施条例》。《全民健身条例》明确了全民健身计划及其实施要考虑到农村居民的特殊需要,专门对政府体育行政部门以及村委会在农闲、节庆日开展农村全民健身活动职责作出规定,并提出农村公共体育设施建设规划的指导性原则;《国家体育锻炼标准施行办法》中《公共文化体育设施条例》对农村公共文化体育设施的建设、规划、管理和保护都做出明确规定,指出要对少数民族地区、边远贫困地区和农村地区的公共文化体育设施的建设予以扶持,鼓励机关、单位、学校文化体育设施向公众开放等,奠定了农村社区体育场地设施在新农村社区建设中的合法地位,是农村社区体育场地设施开发和利用的重要思想基础和法律保障。

3. 中央文件中的指导思想

涉及农村社区体育发展指导思想的中央文件包括《全民健身计划纲要》《国家体委关于深化改革加快发展县级体育事业的意见》和《中共中央国务院关于进一步加强和改进新时期体育工作的意见》。

《全民健身计划纲要》指出,我国全民健身计划实施对象是全国人民,重点是青少年,农村社区居民也在全民健身计划实施对象之列。明确提高农民的体质与健康水平是农村社会发展的一项重要内容,充分发挥村民委员会和各级农民体育协会的作用,并与文化站协同配合,做好农村体育工作。对群众体育宣传、立法、组织建设、经费投入、体质监测等各项群众体育活动的开展提出明确的要求,从整体上、宏观上对我国群众体育(包括农村社区体育在内)事业的发展给予战略思想上的指导。

《国家体委关于深化改革加快发展县级体育事业的意见》明确指出,农村继续开展评选全国体育先进县活动,推动农村体育的发展,特别强调农村体育是县级体育工作的重点,要把发展农村体育放在突出的位置。积极开展多种形式的农村体育活动,提高农民身体素质,为发展农村经济服务,为促进农村精神文明建设服务;对农村体育经费、场地设施、农村社会体育指导员队伍建设以及农村体育活动的开展做出具体规定,解决了我国农村体育发展社会地位低下的现实问题,为我国农村社区体育的发展提供了政策依据。

《中共中央国务院关于进一步加强和改进新时期体育工作的意见》指出,注重区域体育、城乡体育共同发展,加大对中西部地区和农村体育事业发展的支持力度,提出构建以乡镇为重点的农村群众体育服务体系,首次提出了城乡体育共同发展指导思想,是我国统筹城乡发展思想的较早体现,目前尚未出现适应新农村社区建设新形势下的农村社区体育发展的相关指导思想。

4. 规范性文件中的指导思想

涉及农村社区体育发展指导思想的规范性文件主要有《农民体育工作暂行规定》《关于实施农民体育健身工程的意见》《中国体育彩票全民健身工程管理暂行规定》《关于进一步加强社会体育指导员工作的意见》和《"十一五"农民体育健身工程建设规划》等。

《农民体育工作暂行规定》规定了农村体育工作的主管部门、主要对象、工作目标和基本任务、管理的机构和组织、物质条件保障和农村体育活动开展的原则、形式、内容等,是对我国农村体育工作的系统、全面指导,虽然文件出台时,我国新农村社区建设的历史任务尚未提出,但是,由于我国体育立法工作的滞后性,针对新农村社区建设背景下农村社区体育开展的规范性文件尚未起草,《农民体育工作暂行规定》依然是当前我国农村社区体育发展主要的思想依据。

《关于实施农民体育健身工程的意见》提出:构建全民健身体系重点在农村,难点也在农村,实施农民体育健身工程,大力推进农村体育场地设施建设是构建全民健身服务体系的重要内容;提出了实施农民体育健身工程的指导思想、目标任务;农村公共体育场地设施建设的项目、建设要求、实施对象、投资原则和方式以及实施农民体育健身工程的意义,是指导农村体育公共场地设施资源建设的纲领性文件,极大地促进了农村社区体育公共场地设施建设工作。《"十一五"农民体育健身工程建设规划》对农民体育健身工程建设规划的指导思想、基本原则、发展目标作出了明确规定,确定了建设内容和具体标准,对资金预算和保障措施作出了严格规定,使我国农民体育健身工程建设取得了巨大的成效。《中国体育彩票全民健身工程管理暂行规定》明确指出,农村乡镇是体育彩票公益金的受赠单位。《关于进一步加强社会体育指导员工作的意见》指出,加快农村社区体育指导员队伍的发展,侧重对晨晚练站点及基层群众体育组织中社会体育骨干的培养,为农村社区体育的发展提供人力支持。

上述农村体育的有关规定,反映了国家、政府、社会对我国农村体育发展的基本指导思想,保障了农村社区居民参与体育活动的基本权利和义务,是引导、规范和约束我国农村社区体育共生发展的宏观层面上的共生规范,为农村社区居民参与社区体育活动扫清了障碍,提供了共生资源条件,为我国农村社区体育共生发展保驾护航。新农村社区建设政策法规体系中社区体育发展的规定,确立了农村社区体育在新农村社区建设和规划中的地位,提出了城乡社区体育协调发展的思想,增进了农村社区体育和城市社区体育的交流和互动,为发挥城市社区体育对农村社区体育的扶持、带动作用奠定了思想基础。根据农村社区建设政策法规中农村社区体育发展的规定，明确表明农村社区体育发展要与新农村社区建设相适应，是新农村社区建设内容体系不可或缺的一部分，与农村社区建设之间存在着相互依存、相互促进的共生关系。

(二)制定、颁布新农村社区体育政策法规

依据体育政策法规和农村社区建设政策法规中关于农村体育发展的思想导向，结合新农村社区建设政策法规中关于社区体育发展的规定，从农村社区体育发展的现实状况和条件出发，在充分了解农村社区居民和社区体育组织的体育需求的基础上，考虑到农村社区体育发展的环境要素，从改善和优化农村社区体育主体间的共生关系出发，严格按照政策法规制定的法定程序，制定符合社会主义新农村建设的全国性农村社区体育政策法规。各农村社区在民政主管部门的基层政权和社区建设机构的领导下，由乡镇综合文化站牵头和协调，村委会负责组织实施，基层农民体育协会辅助，制定颁布符合本社区实际情况和特点的区域性农村社区综合性的体育政策法规，对社区内居民体育参与行为和实践进行规范、引导和约束，对各类社区体育组织开展体育活动进行指导，对体育组织间的共生关系进行协调，为社区内各类体育组织的规章制度的建立提供宏观依据。

制定颁布的农村社区体育政策法规填补了我国农村社区政策法规的空白，与我国体育政策法规和农村社区建设政策法规形成部分与整体的关系，保障我国体育政策法规体系和新农村社区建设政策法规体系的完整性，同时又称为社区内各类体育组织规章制度的指导性规范，为体育组织规章制度的建立和完善提供指导和依据。

(三)建立、健全农村社区体育组织的规章制度

我国农村社区体育组织数量少，且面临组织机构不健全，组织职能弱化甚至处于瘫痪状态的严峻现实，使农村社区体育活动的组织化程度非常低，不利于农村社区体育的发展。为强化农村社区体育组织职能，健全体育组织机构，应在农村社区综合性体育政策法规指导下，结合社区体育组织成员和组织活动内容特点，充分发挥组织成员的智慧和才能，虚心征求组织成员的意见，根据民主集中制的原则，制定本组织的规章制度，以规范组织成员的体育共生实践，协调与其他体育组织间的共生关系。

通过农村社区体育组织规章制度的制定，合理规划组织机构，明确组织目标，科学划分组织机构权力，使各组织机构围绕组织的目标独立行使自己的职能，最终将各机构的职能合力转化为整个组织的组织职能，使组织职能进一步强化。通过向组织成员宣传规章制度，要求组织成员必须遵守规章

制度,对组织成员的体育行为进行规范和约束,强化了组织成员间共生关系的关联度,增强了组织的凝聚力,更有利于实现农村社区体育组织的目标。

(四)加强农村社区体育政策法规的执行力度

农村社区体育政策法规和农村社区体育组织的规章制度的制定和颁布,必须辅以严格的执行程序,否则任何政策法规、规章制度都将失去约束力,成为一纸空文。因此加强农村社区体育政策法规的执行力度是增强约束力的关键环节。

加强农村社区体育政策法规的执行力度。首先,应做好政策法规体系的宣传工作,让居民对农村社区体育政策法规了解、熟悉,知道政策法规对自己体育行为的约束,能够做什么,应该做什么,不能做什么,不该做什么,知道违反体育政策法规应该承担什么责任,受到什么惩罚。做好农村社区体育政策法规体系的宣传工作,可采取全方位、多渠道的宣传途径,如在社区宣传栏中开辟体育法规知识普及板块、开展社区体育政策法规讲座、举行社区体育政策法规比赛、利用社区宣传广播电视、网络工具等,使农村社区居民对社区体育政策法规耳闻目濡,充分了解。

其次,政策法规执行过程要公开、透明,严格遵守政策法规的规定和程序。为此,要加强农村社区教育工作,培养农村社区居民的公民意识和价值观念,营造平等的社会民主氛围。

再次,体育政策法规执行过程对遇到的问题要处理及时,注重结果的时效性,不能拖延耽搁,同时执行过程中要排除各种社会因素的干扰,尤其是人情因素的干扰,做好体育法规政策执行的解释工作。

最后,充分发挥农村社区居民对体育政策法规的执行的监督作用,居民有权通过组织程序对体育政策法规执行者进行罢免。只有农村社区体育政策法规执行到位,其约束的强制性才有效,才能对农村社区体育共生主体的共生实践进行引导、约束和规范。

(五)弘扬农村社区文化

农村社区文化包括社区风俗、习惯、道德、伦理、宗教、信仰、约定等内容,这些约束条件都潜移默化地作用于农村社区居民的日常生活行为中,成为农村社区居民约定俗成的行为规范和准则,多数已转化为社区居民的自觉行为,当然对农村社区居民的体育行为实践也具有潜移默化的作用。在广大农村社区,由于居民的法制意识薄弱,社区文化对农村社区居民体育共生行为的引导和约束作用在某种程度上要优于农村社区体育政策法规。

弘扬农村社区文化,对农村社区体育共生发展起引导和推动作用,如传统节庆日的一些文体活动,能够引起农村社区居民体育参与的热情,激发居民体育参与的积极性,并形成长期、稳定的体育行为,同时增进社区居民间的感情,拉近居民间的社会距离,更有利于其在体育行为实践中形成密切的共生、连带关系。因此为发挥社区文化对农村社区体育发展的引导、约束作用,我们应注重社区文化的传承和发展,重视传统节庆日大型文体活动的组织和开展,充分挖掘社区社会风俗、习惯、道德、伦理、宗教、信仰、约定中的体育元素,使其更好地融入农村社区体育活动和比赛的组织和开展中;农村社区体育活动和比赛的组织与开展也要充分尊重当地社区的风俗、习惯、道德、伦理、宗教、约定的内容,居民的体育行为实践要遵循社区文化的内容规定和约定俗称,使二者理性结合,互动互利。充分挖掘社区文化中民俗、民间、民族传统体育项目,使其发展成农村社区体育的典型和特色,优先发展农村社区的传统体育项目,做好农村社区传统体育活动的组织和管理工作,使之带动农村社区其他体育活动项目的开展,形成社区体育共生主体牢固而稳定的内共生关系。

五、优化农村社区体育发展共生关系

农村社区体育共生发展本质上是农村社区体育发展内共生主体之间的共生关系和农村社区体育系统与新农村社区建设子系统间外共生关系的合理化演化,因此优化农村社区体育发展的共生关系,就是要使农村社区体育内共生主体及农村社区体育系统与新农村社区建设各子系统间合理的交换、分享社区体育共生资源,最大限度地满足农村社区体育共生主体的体育需求,实现农村社区体育共生主体的自我发展,从而推动农村社区体育系统的共生发展。优化农村社区体育发展共生关系的举措包括以下几个方面。

(一)倡导、保障农村社区体育主体的体育权利平等和体育行为选择自由

人人平等,是社会共生论的价值内核,也是社会共生关系产生的基本前提。因此,体育共生关系的形成,也是以农村社区体育内共生主体及农村社区体育系统与新农村社区建设各子系统间体育权利的平等为前提的。而平等的体育权利也意味着体育行为选择的自由两者是相互依存,相辅相成的。

1. 提倡体育权利平等和行为选择自由

通过多种形式的农村社区教育,对农村社区居民进行公民教育,培养居民公民意识,尤其是公民意识中的平等和自由意识、主体意识、权利和义务意识,使农村社区居民的公民意识内化于心。

公民平等意识、权利和义务意识的养成,使农村社区居民意识到体育权利是公民的基本权利之一,应该得到维护和保障。体育参与既是一种权利,

也是一种义务,每个公民都应该在享受体育权利的同时,将体育参与作为向社会应尽的、必须履行的义务,在自己身上实现体育权利和义务的统一。平等意识的养成使农村社区居民意识到每个社区成员乃至每个社会成员,无论年龄、性别、文化、财富、地域等存在着怎样的差异,其在享受体育权利和履行体育义务时都是平等的,且他们获取参与社区体育的机会是均等的,社区体育参与过程中的地位都是平等的。

主体意识使农村社区居民作为一个独立的社会主体,具有社会行为选择的自由。而农村社区居民体育权利的平等,促使农村社区居民的体育参与行为选择更自由且更加充分。农村社区居民可以选择参与体育也可以选择退出体育,可以选择这种体育项目也可以选择那种体育项目。

2. 加强体育法制建设

现行体育政策法规,规定了公民享有体育运动的权利和义务。但农村社区居民在我国传统的社会结构中虽然群体庞大,却一直处于弱势地位。我国现行的农村体育政策法规中只对农村社区体育的组织管理、资源配置等相关内容作了规定,农村社区居民的体育权利和义务却一直未见提及,也没有强调居民体育权利的平等和自由。由于农村社区居民整体素质相对较低,公民意识不强,对自己体育权利平等的渴求并不强烈,导致农村社区居民体育权利被无情剥夺却浑然不知,缺乏维权意识。同时农村社区居民由于体育参与动机不强、愿望不高,对体育行为选择自由意识不强,即缺乏体育行为选择的机会和自由,缺乏可供自由选择的体育资源,也表现为无欲无求,致使居民的体育参与欲望和程度均不高、社区体育资源不足,制约了农村社区体育的共生发展。

3. 搞好体育资源优化配置

农村社区居民在意识上和法律上都具有了体育权利的平等性,也能保障居民体育行为选择的自由。但农村社区体育资源数量和种类的不足也会极大地限制农村社区居民体育权利的平等和体育行为选择的自由,因为体育资源的匮乏可能导致农村社区居民在从事体育活动时有多种选择的需要,却无足够的体育资源支撑来供选择。故要保障农村社区居民体育行为选择的自由性,除法律上的保障之外,还要有充足的社区体育资源可供选择,以实现农村社区居民体育共生实践的差异性和互补性。加大农村社区体育资源的配置力度,搞好农村社区体育资源的优化配置,增加社区体育资源的数量和种类。在体育资源的配置过程中,特别注重体育资源的多样性和互补性,开发农村社区体育资源功能的综合性,使农村社区居民在体育项目、体育场地设施、体育信息等方面有多重选择的可能,为其体育行为提供了自由选择的机会和空间,维护农村社区居民体育权利的平等性。

(二)培养农村社区体育共生主体多元化的体育需求

农村社区体育共生关系形成的另一前提是农村社区体育共生主体之间的差异性和互补性。如果农村社区体育主体完全相同,表现出最强的单一同质性,则社区体育共生关系根本不可能发生。农村社区体育共生主体间的差异性和互补性在体育共生关系中表现为体育行为选择的多样性,而体育行为选择的多样性则取决于农村社区体育主体体育需求的多元化,因此,培养农村社区体育主体多元化的体育需求是优化农村社区体育共生关系的重要措施之一。

农村社区居民因性别、年龄、性格、文化、经济等因素的差异,导致其体育需求内容各不相同,使得农村社区居民整体的体育需求呈现出多元化的趋势,另外同一社区居民,因其兴趣、爱好的广泛性,可能会产生多种体育需求,如一个人既有打篮球的需求又有踢足球的需求,既有打太极的需求又有跳健身操的需求,表现出个人体育需求的多元性,进而又形成体育共生实践的多元性。当前农村社区居民因受传统生产方式、经济结构和自身体育科学素养较低的影响,社区体育参与能力较弱,其体育需求也呈现出简单化、单一化特征。为改变这一现状,应强化农村社区体育教育,激发农村社区居民各种各样的体育兴趣,提高农村社区居民的体育科学素养,尤其是体育健身、休闲和娱乐技能多样化的培养,着力促进农村社区居民多元化的体育需求的养成,彼此之间形成差异性和互补性,以保证社区体育共生关系的建立和优化。

(三)提供可供农村社区体育共生主体交换和分享的体育共生资源

农村社区体育内、外共生关系是围绕社区体育共生资源建立的,体育共生关系的优化则是围绕如何合理分享体育共生资源展开的。只有提供可供农村社区体育共生主体交换和分享的体育共生资源,才能建立合理的体育共生关系,否则,体育共生关系就会因为联系纽带的消失而中断,成为互不相关的主体要素。

农村社区体育内共生关系属于资源共享型,因此,需要提供可供社区居民和社区体育组织间共享的体育共生资源。资源共享型共生关系发生的条件是农村社区体育内共生主体必须同时需要的社区体育共生资源。鉴于农村社区居民和社区体育组织的体育需求具有多元性,为最大限度地实现体育共生资源共享,满足内共生主体的多元体育需求,提供体育共生资源必须具备多重属性,能够共同满足多个共生主体的需求。因此在体育内共生资源配置时,除加大投入力度,尽可能增加农村社区体育共生资源总量外,还应根据农村社区居民的体育与健康需求,体现人性化设计,尽可能开发综合性多用途的体育共生资源,注意资源的综合配套性,以实现农村社区体育多共生主体对体育共生资源的共享,形成合理的农村社区体育内共生关系。

农村社区体育外共生关系是农村社区体育与农村社区建设子系统间的共生关系,属于资源交换型体育共生关系。这类共生关系发生的前提是共生主体必须拥有其他主体所需要的资源。因此,在农村社区体育及农村社区建设各子系统间共生资源配置时要注意共生资源的差异性、互补性和综合配套性,同时注重社区资源功能的综合开发,既能服务于农村社区体育的发展,又能服务于新农村社区建设各子系统。建立农村社区体育与新农村社区建设各子系统之间资源交换的协调机构,以合同或口头约定等形式明确农村社区体育与新农村社区建设各子系统之间资源交换和共享的权利、义务以及交换的原则,使农村社区体育与新农村社区建设之间成为一个有机的统一整体,使彼此之间形成相互依赖、互惠互利的合理的社区体育外共生关系。

(四)科学引导和合理规范农村社区体育主体的共生实践

农村社区体育主体的共生实践即由社区体育主体的各自体育行为选择而产生的体育共生关系,科学引导和合理规范农村社区体育主体的体育共生实践实际上就是使共生实践尽可能遵循体育共生规范生成的既定秩序,使农村社区体育主体间的共生关系合理化、有序化,向着有利于农村社区体育发展的方向演化。

1. 倡导农村社区体育共生主体需求的理性化

合理的体育共生关系源自体育共生主体对体育资源的理性需求,盲目的、过度贪婪的体育需求,往往会造成农村社区体育共生资源严重短缺和严重浪费现象并存,农村社区体育主体为争夺资源而产生过度、非法竞争行为,使农村社区体育共生关系秩序混乱,或因需求得不到满足而丧失体育参与的积极性,导致农村社区体育共生发展失去发展的动力。倡导农村社区体育共生主体体育需求的理性化,应遵循以下三个方面的原则,以引导农村社区居民形成正确合理的体育共生实践。

(1)体育需求应与社区经济、社会发展相适应。农村社区居民作为农村社区体育发展的现实或潜在的共生主体,应和农村社区当前的经济、社会发展水平相适应。农村社区体育共生主体的体育需求不是空中楼阁和海市蜃楼,需要一定的经济基础做物质支撑,需要农村社区居民较高的体育科学素养水平作技能支撑,需要现代化的社区生活方式作行为支撑,需要精干高效的社区组织体系做组织支撑,还需要宜居化的社区环境支撑。因此,农村社区居民的体育需求不能超越农村社区经济、社会发展的实际水平,否则将因需求得不到满足而挫伤社区体育参与的积极性和热情,使社区体育共生发展丧失动力。

(2)体育需求应鼓励多元化。为实现农村社区体育发展内外共生关系的多样化,应当鼓励农村社区体育共生主体多元化的体育需求,以保障其体育行为选择上的多样性和充分自由,从而促进农村社区体育的共生发展。但是,农村社区体育共生主体体育需求的多元化并不等同于泛滥化。所谓泛滥化就是体育需求过于多元化,需求内容和种类大而全,缺乏重点,以避免出现不切实际或不适合体育组织特点的非理性体育需求,在参与社区体育活动时胡子眉毛一把抓,导致农村社区体育共生主体共生实践的盲目性和无计划性。因此,农村社区体育共生主体的体育需求应倡导多元化而非泛滥化,根据自己的兴趣、爱好和身心状况,选择适合自己的体育实践活动,从而对适合自己年龄、性别、身体状况以及自己感兴趣的体育资源形成稳定、合理的需求。

(3)正确处理农村社区体育自然人主体和组织主体需求之间的关系。农村社区体育自然人主体和组织主体之间是个体和集体的关系,且农村社区体育组织是农村社区体育自然人主体即社区居民体育属性伸展的重要桥梁和媒介,是农村社区居民体育实现的载体;同时农村社区居民是农村社区体育组织构成的人口基础,社区居民的体育需求综合而成为农村社区体育组织的需求。在绝大多数时间和场合,自然人主体和社区体育组织主体间的需求是一致的。农村社区体育组织的体育需求应能够反映绝大多数组织成员的体育需求,这是农村社区体育组织生命力的根源所在。但有些时候和场合,个别组织成员的体育需求和体育组织的体育需求会出现不一致或产生矛盾,当这种情况发生时,应鼓励体育组织与成员之间增加沟通和交流,当成员向体育组织表达自己的体育诉求时,社区体育组织则应根据成员的体育诉求适度对组织目标和职能进行调整,如实在不能满足成员的体育需求,必要时应说服农村社区体育自然人主体服从农村社区体育组织主体的体育需求;而组织主体在满足自身体育需求的前提下,尽可能、最大限度地满足组织内自然人主体的体育需求,为组织成员谋取更大的体育利益。

2. 鼓励农村社区体育共生主体竞争

农村社区体育共生资源的稀缺性和社区居民、体育组织体育需求的无限性,决定了农村社区体育主体间围绕体育共生资源的竞争是客观存在的,应该承认农村社区体育共生主体间为争夺体育共生资源而产生竞争的客观性和合理合法性。农村社区体育共生主体间围绕体育共生资源展开的竞争是农村社区体育共生关系形成、维持和演化的重要动力，应当予以重视和鼓励。但并非所有的竞争都会对农村社区体育的共生发展产生正能量，我们需要的是公平、合理、合法的理性竞争行为。鼓励农村社区体育主体间公平竞争的行为，需要从以下几个方面入手。

(1) 培养农村社区体育共生主体的竞争意识和行为能力。公平竞争是体育的基本属性之一，也是人们参与体育实践必须遵循的原则之一。农村社区居民和社区体育组织在参与社区体育实践过程中，不可避免的会参与身体活动的某种竞争，这种竞争或是与对手之间的竞争，或是自我实现的竞争，或是征服某一自然物的过程，可以说农村社区体育共生主体在体育实践中无时无刻不在经历着竞争，体验着竞争带来的乐趣，久而久之，必将热衷于竞争，勇于竞争，强化自己的竞争意识。同时体育竞争强调竞争的公平、公正、公开，注重竞争的伦理性，这对于农村社区体育共生主体公平竞争行为的养成具有重要的促进作用。农村社区体育共生主体的公平竞争意识和行为能力，使其在社区体育实践中围绕体育共生资源，形成公平、公正、合理的竞争关系，有利于农村社区体育的共生发展。

(2) 为农村社区体育共生主体提供竞争场合和环境。农村社区体育共生主体的竞争行为的发生需要一定的农村社区体育活动的场合和环境，因此在农村社区体育的发展过程中应积极组织和开展各级各类社区体育活动和比赛，为体育主体提供竞争的场合和环境，促进对农村社区体育共生资源的竞相开发和利用，提高农村社区体育共生资源的综合利用效率，充分实现共生主体体育属性的伸展，满足农村社区体育共生主体的体育需求，形成农村社区体育踊跃参与、千帆竞渡的大好格局。

(3) 提供共享的体育共生资源。要提供农村社区体育共生主体需要且可供社区所有体育共生主体共享的体育共生资源。农村社区体育共生资源的开发，一方面要急农村社区体育共生主体之所急，应农村社区体育共生主体之所需，使之对体育资源产生需求而形成竞争；另一方面要增加农村社区体育共生资源的总量和种类，加强体育共生资源的科学规划，注重配置的综合配套性，开发体育共生资源的综合性功能，形成体育共生资源的多样性和互补性，从而有利于农村社区体育共生主体围绕共生资源形成合理的竞争。同时，采取奖励措施，对竞争获胜的主体予以物质、精神上的奖励，激发体育共生主体竞争的兴趣和动机等。

(4) 健全农村社区体育政策法规体系。农村社区体育共生主体间的竞争行为，应在一定的共生规范约束下进行，以保证竞争行为的合法性和公平性。健全农村社区体育政策法规体系,是农村社区体育共生发展约束条件的重要组成部分,对体育共生主体的竞争行为具有强制性的约束作用,能够起到有效的引导、规范和约束,使其在政策法规允许的范围内进行竞争,以保证竞争合力的方向与农村社区体育发展的目标一致。另外,强调农村社区体育主体权利和义务的平等性,保证竞争过程的公开、公正,对采取不正当手段的竞争行为要予以严厉处罚,保证主体间竞争的公平性。

3. 增加农村社区体育主体间的沟通和交流

农村社区体育共生主体满足自己的体育需求,增强体育自我实现的能力,仅仅依靠竞争是无法实现的,彼此间的协调与合作也起到同等重要的作用。农村社区体育共生主体在公平竞争中各自获利,但当社区体育共生资源总量有限,社区体育共生主体在竞争中由于能力有限或者因过度竞争使各自利益受损的情况下,必将坐下来进入谈判环节。谈判就是农村社区体育共生主体间沟通和交流的过程,可以避免共生主体在竞争中两败俱伤。沟通和交流的结果必然是主体之间在体育共生资源的获取和利用上各自让步,达成妥协。农村社区体育共生主体间彼此妥协,意味着一种新的以协调与合作为基础的新的共生关系的形成,农村社区体育共生主体间的协作平台就达成了。

为了更好地搭建农村社区体育共生主体间协调与合作的平台,必须增加彼此间的沟通和交流。这就要求农村社区体育共生主体间必须以承认彼此间的差异,以求同存异作为社区体育主体间协调与合作所遵循的基本前提;通过农村社区体育共生主体间的交流与合作,消除彼此间因竞争可能产生的敌对情绪和矛盾,了解彼此间的体育需求,寻找彼此间体育需求的共同因素和条件,寻求彼此间协调、合作的切入点,为彼此间的协作打下基础;农村社区体育共生主体间的协作必须要在相关政策法规和彼此间约定、协议的范围内形成,以合同、协议、约定的形式保证协作过程中主体间体育利益的获得,使协作达到主体利益最大化目标。农村社区体育主体之间公平竞争与彼此协作,是农村社区体育共生关系形成、维持和演化的动力机制,也是实现农村社区体育共生发展目标的基本形式,必须要正确引导和规范。

(五)做好新农村社区建设的统筹规划,促进社区体育与社区建设共生发展

农村社区体育发展与新农村社区建设各子系统间存在着互惠互利、相互促进的共生关系。为了促进农村社区体育与新农村社区建设各子系统间的共生发展,农村社区建设要加强统筹和规划,突出农村社区体育发展的重要地位。同时充分发挥农村社区体育在新农村社区建设中的催化作用,增

加农村社区建设的动力和活力。

1.做好农村社区体育组织工作

将农村社区体育作为新农村社区建设不可或缺的组成部分,制定专门的、翔实的农村社区体育活动计划,充分发挥农村乡镇综合文化站的领导和协调功能,成立专门的农村社区体育综合协调机构,鼓励村委会领导担任机构的主要领导,以发挥其对社区体育的领导和协调功能。做好农村社区体育组织的领导、协调和管理工作,推动全国性农民体育组织向乡镇、农村社区一级延伸,健全农村社区体育组织体系,鼓励农村社区居民积极参加各种体育组织,努力搞好农村社区体育组织文化建设,增加农村社区体育组织的凝聚力,提高其组织效能。大力宣传农村社区体育活动,充分发挥农村社区居民的体育与健康需求的引导作用,鼓励社区居民积极参与农村社区体育活动,在农闲、传统节庆日的闲暇时间做好农村社区体育的文章,广泛开展农村社区居民喜闻乐见、内容多样、形式各异的农村社区体育活动,充分挖掘农村民族、民俗、民间传统体育活动的资源宝藏,丰富农村社区体育活动的项目资源,形成社区居民广泛参与、各社区组织积极配合、通力合作的农村社区体育发展新局面,促使农村社区体育活动开展的常态化和组织化。

2.做好新农村社区建设资金统筹工作

充分利用新农村社区建设的契机,做好新农村社区建设资金的统筹工作,增加农村社区体育发展资金的投入,必要时可以划拨农村社区体育发展专项资金,做到专款专用,用于支撑农村社区体育的发展。广开农村社区体育资金来源渠道,加大农村社区体育财政预算,增加体育彩票公益金中农村社区体育经费的比例,鼓励企业、社团等社会力量对农村社区体育的经费支持和投入。根据新农村社区建设的实际情况和社区居民的体育需求,加大农村社区体育资源的配置力度,做好农村社区体育资源配置的规划工作,增加农村社区体育资源的配置总量,注重农村社区体育资源配置种类的多样性和互补性,避免社区体育资源的重复配置,将农村社区体育资源的综合配套条件也纳入到资源配置工作中去,以方便农村社区居民对体育资源的使用,最大限度地满足农村社区居民的体育需求。

3.充分发挥农村社区体育的辐射、带动作用

农村社区体育发展必须与新农村社区建设相适应,将农村社区体育作为新农村社区建设的重要内容,成为新农村社区建设的子系统之一,才能发挥其对新农村社区建设的辐射、带动作用。农村社区体育的辐射、带动作用主要表现在以下几个方面。

(1)提高农村社区居民的综合素质。新农村社区建设是一项由政府为

主导,以全体社区居民共同参与的复杂系统工程,社区居民素质的高低,将直接决定着新农村社区建设的成败。农村社区体育的发展能够全方位、多层面提高农村社区居民的综合素质,使社区居民的主体意识、公民意识、权利意识、民主意识和社会参与意识都得到增强,可以激发农村社区居民参与新农村社区建设的热情和积极性,在新农村社区建设中充分发挥自己的聪明才智,推动新农村社区建设的社会治理模式的构建和实现。

(2)带动新农村社区基础设施的建设。农村社区体育对农村社区公共体育场地设施建设提出了更高要求,必将促进农村社区公共体育场地设施的规划、开发和建设,作为新农村社区基础设施建设的组成部分,其本身为适应农村社区体育发展要求而使建设进程迅速推进就是新农村社区基础设施建设的巨大进步。同时,农村社区公共体育场地设施的规划和建设,需要与之相应的交通条件、水电、供暖、环境卫生等新农村社区基础设施的综合配套支撑,必将刺激新农村社区基础设施建设的发展。

(3)充实、丰富农村社区文体娱乐服务内容。农村社区体育服务本身就是新农村社区文体娱乐服务的重要内容,农村社区体育活动的繁荣发展,是新农村社区文体娱乐服务内容的极大丰富,为农村社区居民提供了多样化的娱乐、休闲生活方式,充分满足了社区居民的精神文化生活需求。另外,在新农村社区文体娱乐活动中往往文体不分家,在农村社区体育活动的开展过程中往往伴随着文艺表演活动的内容,而文艺表演活动内容中也往往包含体育活动的内容,如武术表演、太极拳表演、健身操表演,等等。因此,新农村社区体育活动开展往往会对其他文艺表演活动起着辐射、带动作用,使新农村社区文体娱乐服务的内容进一步得到充实和丰富。

在新农村社区体育活动开展过程中,要突破农村社区体育的局限性,扩大农村社区体育的社会影响,争取吸引更多的社区居民、部门、机构参与社区体育,增加农村社区体育与新农村社区建设各子系统之间的密切联系,充分发挥农村社区体育的辐射、带动作用,通过社区体育的发展,带动新农村社区建设的各项工作,加快新农村社区建设的进程。

总之,为促进新农村社区体育的共生发展,本研究结合现阶段农村社区体育发展尚处于初级阶段的现状,着眼于培育农村社区体育发展的共生要素、构建合理的农村社区体育内外共生关系和增进农村社区体育共生发展的动力,从树立农村社区体育共生发展观、培育农村社区体育共生主体、优化配置社区体育资源共生关系、健全农村社区体育共生发展的约束条件(共生规范)和优化农村社区体育共生关系五个主要方面提出了发展对策,必将推动农村社区体育的共生发展,实现新农村社区体育和谐发展的目标。

第九章 社区体育服务绩效评价体系

绩效评价体系是实施绩效管理的核心所在,特别是目前绩效评价理论研究与实践发展进行得如火如荼,人们意识到实施绩效评价对节省管理成本和优化管理结果的重要作用,政府部门、企业以及众多学者和实践工作者都对绩效评价给予了极大的重视,投入了巨大的人力、物力与财力。

社区体育服务绩效评价是社区体育服务发展创新的新途径和有效手段。社区体育服务绩效评价可以帮助社区管理者建立起一套科学的管理控制系统,有效管理社区体育服务的进程,全面了解和掌握社区体育服务的总体绩效,从而有效促进社区体育服务的迅速发展[①]。同样,构建科学合理的绩效评价体系也是有效实施社区体育服务绩效评价的关键。绩效评价体系有广义和狭义之分,广义的绩效评价体系包括评价主体、指标体系、评价方法、评价模型、组织实施等因素组成的完整的评价系统,狭义的评价体系仅指评价指标体系。本书所指的社区体育服务绩效评价体系属于广义上的评价体系。

第一节 社区体育服务绩效评价体系构建的基本思路

思路就是指人们思考某一问题时思维活动进展的线路或轨迹,从本书意义上来讲,就是为了构建科学的社区体育服务绩效评价体系而遵循的思维活动的线路。"思路决定出路"彰显了思路的重要性。在本节中,将从立足中国社区体育服务的客观需求、以公众满意为导向、规范社区体育服务绩效评价制度以及合理选择社区体育服务绩效评价的方法四个方面来探讨社区体育服务绩效评价体系构建的基本思路。

---

① 钱文军课题负责. 社区体育服务对内陆城镇居民休闲生活方式影响的研究[M]. 南阳师范学院,2005.

一、立足中国社区体育服务发展的客观需求

由于国家制度、社会背景及发展程度不同,对社区的划分和理解也不尽相同,中国只能借鉴而不能照搬西方的相关评价模式和体系。此外,一切管理和服务的实施都以需求为导向,社区体育服务的开展是为了满足居民生活娱乐的需求,因此,社区体育服务绩效评价体系的构建也必须以立足中国社区体育服务的客观需求为目标,即有利于中国社区体育服务的发展,也有利于提高社区体育服务的综合质量,还有利于提高居民对社区体育服务的满意度。

(一)符合中国的基本国情

1. 社区划分及其组织运行机制

现代意义上的社区是一个相对独立的生活共同体,社区内部的成员拥有一块地域,成员与成员之间互相依赖,密不可分。故也有学者称社区为"地区共同社会"或"共同区域社会"。然而国内外学者对"社区"的概念也一直存在争议而未能统一,人们对社区的定义如百家争鸣,从不同的角度进行了描述,其社区定义更达到了上百种。一般认为,社区是一种地域性的社会生活共同体,是指由居住在某一地方的人们结成多种社会关系和社会群体、从事多种社会活动所构成的社会地域生活共同体。社区概念暗含的是政府权力的淡出,社会自治组织能力的提升,体现的是社会的自助、自主、自治,是社区居民对社区发展责任的共担和社区发展成果的分享。

社区作为一个地域性社会共同体,具有以下几个总体特征:

①社区是人类活动高度聚集的地域空间,它以聚落作为自己的依托或物质载体。

②社区是具有相对完整意义和相对独立意义的社会单位。社区内部有相对完善的生活服务设施,有相对配套的制度,规范和管理体系。人们共同经营社会生活、自身生存、发展的各种基本需要都能在社区得到满足。

③社区是社会的构成单位,是一个具体的、有限制的地域社会共同体。

④社区是人们共同经营社会生活的基本社会单位,社区为人们参与重要社会生活、经营共同的社会生活提供最起码的场所和条件,社区活动包含着生活活动最基本的内容。

由于中西方对于社区概念的理解不同,因此社区的划分也有一定差别。在中国,社区为城市街道、镇的行政编组性质的分区,其管理和组织依据为居民委员会组织法。其设立、撤销、规模调整,由不设区的市(指县级市)、市辖区政府决定。2000年前后,随着中国乡级区划的调整(撤区并乡),"社

区"成为城镇"准行政区划"术语,属于城镇基层的自治地区,行政地位相当于"行政村";其管理机构称为"社区居民委员会"(地位相当于"村民委员会"),为城镇居民的自治组织。日本人的"社区生活"多是以行政划分的"区"为单位的,东京内的23个区都建有"区民中心气;而欧美的相关研究则多采用大社区(城镇)概念,与中国基层社区概念有较大差异,其基层社区体育主要表现为俱乐部活动,故研究多集中在小团体研究方面。

此外,西方社区的管理模式与中国也有较大的差异,主要表现在社区组织的运行机制方面。表现出自治型、政府主导型和合作型三种模式。

第一,自治型的社区组织运行机制以美国为代表。自治模式的主要特点是政府行为与社区行为相对分离。政府的主要职能是通过制定各种法律、法规协调社区利益主体之间关系并为社区成员的民主参与提供制度保障。社区内的具体事务则完全实行自主自治,依靠社区居民选举产生的社区自治组织如社区自治管理协会等来行使社区管理职能。社区服务则由分布全国的14万个非营利性组织(NGO)具体承担,政府根据服务成本和效果予以不同幅度资助,平均水平在60%至70%之间。社区企业为居民提供私人化的市场服务和公益性的福利服务。专门成立的社区发展公司,以改善贫民区居住条件、服务质量和解决就业等为目标,也是社区建设不可缺少的主体。社区居民除了遵守相关法律、法规之外,有参与社区管理的责任,如按要求参加社区治安、社区会议、社区听证会和社区自治管理委员会的选举等。

第二,政府主导型的社区组织运行机制以新加坡为代表。新加坡政府国家住宅发展局负责对社区工作的指导和管理,主要职能包括:①社区公共服务设施的规划和建造;②对社区领袖和社区委员会的领导人进行培训;③发起社区活动,倡导特定的社会价值观;④对社区建设和活动予以财政支持。新加坡社区日常事务管理由分工明确的三个社区委员会负责:居民顾问委员会代表居民权益向政府建议,负责社区公共福利,协调其它两个委员会的工作;社区中心管理委员会负责社区中心日常运行,下设妇女委员会、青年委员会等组织,实施从计算机培训到幼儿体育活动的一系列计划;社区居民委员会主要承担治安、环卫协助,组织社区活动等任务,向以上两个组织提供人力帮助并反馈信息。

第三,合作型社区组织运行机制以日本和北欧国家为代表。日本社区运行机制的特点是政府与社区相结合。政府的主要职能是规划、指导和经费支持。日本的市政府设立社会部全面负责社区工作,基层区政府设立"地域中心"具体执行社区事务,其主要职责是收集居民意见、对市民活动和民间公益团体活动给予支持和援助、对地域的各项事业进行管理、为居民提供窗口和设施的服务、负责青少年健康教育等。町会联合会和町内会是社区自治组织,由居民自愿参加,但由政府地域中心组织,其主要任务是对区政府的中长期计划、任务进行讨论,把区民的意见反馈给区政府,再由政府建立高效的社区公共服务体系和高效的管理体制,社区组织一般是行业性和专业性的,以维护其成员的权益为主要职责。市政和社区的结合,形成了社区安定和谐的有序结构①。

可见,中西方在社区划分及社区组织运行机制方面都存在着较大差别,因此在研究成果参考方面有一定的困难,建立符合中国国情的社区体育服务绩效评价体系必须与中国的实际情况结合起来,才能得到有效的运用并发挥作用。不过,西方社会学理论和社区研究理论对中国的社区体育研究仍有较大的参考价值,尤其是中国正处在社会转型时期,西方发达国家在转型过程中所出的问题,也必然会不同程度地出现在中国社会,所以从实践的角度看也有一定的借鉴价值。

2. 社会经济发展状况及社区体育经费来源

中国目前还处于发展中时期,虽然经济和社会各方面均发展很快,但是与西方发达国家相比,许多方面仍有一定的差距,这些差距在社区层面主要体现在社区建设的经费、居民的收入水平、居民的生活娱乐意识等方面。由于社会经济发展水平很高,西方发达国家的社区建设经费相比而言较为充足,主要来自政府资助,经费筹集渠道比较广泛;且社区建设发展年久,社会力量参与机制比较完善;居民生活水平比较高,其参与体育锻炼等其他休闲娱乐活动的意识也比较高。

从经济层面上说,中国社区体育服务主要存在经费不足、社区体育指导员数量质量均不高、场地设施稀少陈旧等问题,居民、企业等社会力量参与社区体育服务的意识也不够高,这些十分现实的问题决定了中国社区体育服务的现状。构建科学的社区体育服务绩效评价体系,除了符合中国的基本国情之外,还不能盲目制定高标准,也不能要求过低,务必与中国的社会经济发展状况相适应,才能保证绩效评价体系的正常运行,发挥其效用。

(二)满足居民需求

1. 立足社区体育服务发展现状

中国社区体育活动现象的出现是从 20 世纪 50、60 年代开始的,当时社区体育组织管理也处于完全民间组织形式,因而社区体育服务基本是靠社区居民之间的自助互助式的服务活动,组织较为松散,稳定性较差。经过近 50 年来的发展,特别是随着改革开放后中国经济社会的快速发展,以及党

---

① 钱文军课题负责. 社区体育服务对内陆城镇居民休闲生活方式影响的研究[M]. 南阳师范学院, 2005.

和国家的重视,中国的社区发展也进入了高速发展的快车道,而作为社区发展的重要组成部分,社区体育服务也得到了蓬勃发展。现阶段中国一些经济发达省市社区,出现了体育协会和体育俱乐部形式的社区体育服务,这在美日欧等发达国家地区是比较普遍的社区体育服务形式。

在中国社会城市化进程的发展中,特别是中国在进入小康社会的进程中,社区体育服务将向着社区体育协会和社区体育俱乐部的方向转变。社区体育服务是中国社会制度改革和经济发展的产物,它的健康发展对不断完善有中国特色的社区体育制度,提高人民群众的身心健康水平有着重大的理论意义与实践价值。而社区体育服务的绩效是衡量其发展水平的指数。构建社区体育服务绩效评价体系的目的是科学评价社区体育服务的绩效水平。因此,务必立足中国社区体育服务的发展现状,才能保证评价体系的实用性。

2. 立足社区居民的社区体育服务需求

"社区体育服务"社区体育服务是指在政府的资助和支持下,根据社区居民不同的体育需求,由政府、社区内各种组织、机构与个人所提供的具有社会福利性或微利性的社会体育服务。它的范围是人们共同生活的一定区域内(基层社区辖区范围)、以辖区的自然环境和体育设施为物质基础,以全体社区成员为主体,以满足社区成员的体育服务需求、提高社区成员的生活质量、巩固和发展社区感情为主要目的。使体育生活化,是社区体育服务的核心观念。近年来,中国居民的经济、文化水平不断提高,对健康的需求意识也越来越强烈。因此,公众渴望获得高质量的社区体育服务,其对社区体育服务的需求进一步增强,要求也越来越高。

总之,公众的需求是社区体育服务开展的驱动因素。通过对以上的相关文献进行总结与综述,可以了解公众对社区体育服务的实际需求特征。社区体育服务绩效评价体系在运行中需要通过调查公众来获取数据的支撑。因此,社区体育服务绩效评价体系在构建时也应该考虑社区居民的社区体育服务需求,并以此为立足点,才能有效推动社区体育服务的不断发展。

二、以公众满意为导向

(一)体现公众本位的理念

目前,作为各国政府进行管理创新的新途径,政府绩效评价得到了前所未有的迅速发展。特别是近年来新公共管理运动的不断深入开展,进一步推动了针对公共部门的绩效评价。在新公共管理运动中,倡导以公众为政府等公共部门的"顾客",公共部门应本着"顾客至上"的理念去提供服务并不断改善服务质量,从而提高顾客满意度。在这种情况下,公共部门的行为价值导向应该体现出"公众本位",为公众提供多方位的服务。社区体育服务绩效评价工作要突出反映公众参与服务、接受服务的变化以及社区服务能力的高低,并以此引导政府主管部门的体育管理工作向提高体育服务能力的方向发展。

在中国,"为人民服务"是党和政府的根本宗旨。中国共产党第十七次全国人民代表大会报告全面阐释了科学发展观的深刻内涵,更是将"以人为本"作为其核心思想。目前中国社区体育服务主要是由政府主管,政府组织社会力量提供社区体育服务是社区体育服务最主要的主体。因此,社区体育服务绩效评价体系应能够体现"公众本位"的服务理念,将社区居民视为社区体育服务的"顾客",以"公众导向"来指导社区体育服务绩效评价的工作。其次,社区体育服务绩效评价本身就是一种服务和公众至上的管理机制,它能够加强公众对政府、社区公关部门的信任,凸显"公众本位"的服务理念,强调政府是公共服务的供给者,社区体育服务必须以公众为中心,以公众的需求为导向[1]。

(二)以提高公众满意度为最终目标

众多学者在研究政府绩效评价时,都提出或倡导公众满意度是政府绩效评价的核心内容和价值导向。如彭国甫教授在《地方政府绩效评估研究》中明确指出:在地方政府绩效评估中,必须把公众的利益放在第一位,想公众之所想、急公众之所急、谋公众之所求、办公众之所需。他认为地方政府绩效评估应该贯彻公众满意度的标准,把公众的满意度作为政府工作的根本使命和责任。在测评地方政府服务的公众满意度方面,他提出要系统、深入分析影响和制约地方政府服务的公众满意度的期望因素、绩效因素、情感因素和环境因素,确定地方政府服务的公众满意度测评的公众本位、服务型政府、绩效为本等价值取向,科学构建测评的指标体系和测评模型,选择适当的方法和技术,全面、系统、准确地测评政府服务的公众满意度,并科学运用测评结论来创新政府服务,提高政府服务质量。以政府绩效评估作为政府有效的管理工具,强调以"绩效"为本,以服务质量和公众需求的满足为最终评价标准,它蕴涵了公共责任和公众至上的管理理念,因而以"公众满意度"来评价政府绩效是其第一要义。当前中国政府应积极转变观念,确立公众满意的评估导向,探索绩效评估的创新路径,使中国政府绩效评估实践走上公众满意为导向的道路。

社区体育服务从本质上属于政府提供的公共服务,具有公共性和福利性的属性。因此,社区体育服务绩效评价也应该属于公共部门绩效评价的

---

[1] 方敬秋,著.城市化背景下中型城市社区体育服务体系构建与实证研究[M].海口:南海出版公司,2020.

内容。这就要求在社区体育服务绩效评价实施过程中,本着"公众本位"的理念,以公众作为社区体育服务绩效的最终评价者,以公众的满意程度作为最终的价值尺度。社区应树立顾客意识,在制定评价体系时要以公众利益为重,走群众路线,尽可能满足公众的需求和期望。

三、规范社区体育服务绩效评价的体系框架和制度保障

(一)绩效评价需要科学的体系框架

绩效评价是一项系统工程,需要科学的体系框架来指导和规范绩效评价的实施。社区体育服务绩效评价涉及范围广,影响因素多,如果没有一个科学的体系框架,绩效评价就无从下手。指标体系的建立为社区体育服务绩效评价体系框架的形成打下了坚实的基础。社区体育服务绩效评价指标体系从衡量社区体育服务绩效的各个因素出发,逐层分解,逐项细化,体现了社区体育服务的综合质量,反映了公众对社区体育服务绩效的评价,是社区体育服务绩效评价整个过程的前提。

评价体系框架是指绩效评价系统内部的结构关系,体系框架在绩效评价领域发挥决定性作用。其中指标体系能够反映评价的目标和本质属性。首先,体系框架能够明确规定绩效评价的范围、内容、研究对象和任务,为社区体育服务绩效评价划定了范围空间、指明了发展方向;其次,体系框架为社区体育服务绩效评价提供了实施路径。不言而喻,体系框架中的各项指标是人们在对社区体育服务发展规律与发展方向准确理解掌握的基础上确定的,是衡量社区体育服务绩效的显性可测变量,且指标体系处于不断发展、不断完善的动态过程;再次,体系框架是收集社区体育服务绩效评价数据的基础,只有制定了指标体系,才能编制相应的调查问卷进行调查;最后,体系框架包含了绩效评价的方法,而指标体系的建立需要考虑绩效评价方法的选择,并根据绩效评价进行适当的修正或调配。

(二)绩效评价需要规范的制度保障

同政府绩效评价一样,社区体育服务绩效评价也需要规范的制度保障。中国目前社区体育服务虽然走上了迅猛发展的轨道,但是由于诸多原因,社区体育服务绩效评价还缺乏规范的制度保障,特别是在绩效评价实施时缺乏一套科学的评价体系。这实质上是缺乏制度保障和理论指导。

一方面,社区体育服务绩效评价多处于自发状态,没有相应的制度保障特别是技术层面的指导,评价程序没有规范化,存在很大的随意性,评价结果也难以做到客观、公正,甚至完全流于形式。

另一方面,中国的社区体育服务绩效评价缺乏系统理论指导,在实践中往往容易迷失方向,不是把评价作为提高管理水平的正面措施,而是作为绩效预防的手段,如采取大检查、大评比等方式谋求改进。由于这种方式的突

击性和非规范化,使之成为社区的一种负担,评价无法取得预期的效果。

总之,社区体育服务绩效评价体系应该形成一个系统的框架,不仅为社区体育服务绩效评价提供理论和技术路线的指导,还要为绩效评价的有效实施提供规范的制度保障。

四、合理选择社区体育服务绩效评价的方法

(一)绩效评价方法的简介

本书在第一章中对绩效评价的相关知识进行了阐述。经过几十年的发展,绩效评价在企业人力资源管理、项目投资管理、政府公共部门以及旅游业等领域中得到了广泛的运用,绩效评价方法也在日臻完善之中。根据不同的标准,可将常用的绩效评价方法进行分类,见表9-1。

表9-1 常用的绩效评价方法

分类标准	评价方法
发展历程	传统评价方法:主要包括沃尔评分法、坐标图评价法、雷达图评价法、杜邦分析评价法、"A计分"绩效评价法、相对值指标绩效评价法等。
	现代评价方法:主要包括单变量模型评价、多变量模型评价法、模糊评价方法、因子分析法、平衡计分卡、层次分析法、数据包络分析法、灰色系统理论、神经网络、顾客满意度理论等
价值取向	历史取向的绩效评价方法:书面报告法、量表法、关键事件法、工作标准评定法、强制分布法、行为锚定等级评价法、多人比较法等
	未来取向的绩效评价方法:目标管理法
评价主体	单向评价方法:上级评价法、下级评价法、第三方评价法、同级评价法、自我评价法、集体评价法
	多向评价方法:自我评价和他人评价的结合、360度绩效评价方法

各种绩效评价方法各有优势和劣势,因此可以根据需要对这些方法加以选择和组合。因为这些评价方法的评价重点和使用视角各不相同,综合运用这些方法可以互相补充,使评价结果更为全面,也可以互相印证,使评价结果更为合理,为决策者提供更为有效的决策信息。

(二)科学选取绩效评价方法

绩效评价体系的有效运行需要科学的评价方法来支撑和保障。在选取绩效评价方法时,应根据研究目的、研究对象的特征及研究方式进行合理的甄别。目前,绩效评价理论和决策理论的发展为多指标综合评价问题提供了有利的工具,在多元统计分析理论中,主成分分析、因子分析等均能够对大样本数据进行有效的处理,运筹学、模糊数学、信息论、灰色系统理论等也

被用来解决综合评价的决策问题。平衡计分卡(BSC)和关键业绩指标(KPI)等方法的出现为绩效评价体系的构建提供了有力的处理工具。

研究社区体育服务绩效评价时,由于社区体育服务体系本身的复杂性,反映其综合绩效的指标非常多,涵盖的数据和信息量非常大,想要全面而又客观地进行评价就离不开绩效评价方法的合理运用。一是运用动态式的评价方法。要由注重对服务效果的静态考核转变为对服务流程全方位的动态式监控;二是引入满意度调查,采用顾客满意度测评模型来研究社区体育服务绩效;三是运用立体化的评价方法,在社区体育服务绩效评价中可以采用点、线、面相结合的评价方法。"点"是选择实际服务效果的点与计划服务效果的阶段目标点进行的差距比较。"线"是将被评价对象当前的服务情况与其历史情况进行趋势比较,或对多个评价对象进行绩效水平的高低比较。"面"是对多个评价对象的体育服务绩效进行的全面综合评价。

此外,随着信息技术的发展,社区体育服务绩效评价体系越来越需要建立与之适应的管理信息系统。目前,绩效评价中更多采用的是定量方法,忽视了定性指标的使用,很难保证评价结果的客观全面。因此,社区体育服务绩效评价体系还需要充分运用定性分析的方法,来弥补定量分析中无法表达绩效目标的因素,增强绩效评价的灵活性。建立完善的管理信息系统能够及时进行信息收集、分析,处理定性指标,以保证社区体育服务绩效评价体系的顺利进行和评价结果的综合性和准确性。

第二节 社区体育服务绩效评价指标体系构建的原则与流程

评价指标体系是指由指标评价对象各方面特性及其相互联系的多个指标所构成的具有内在结构的有机整体。指标体系是所有评价体系和评价系统的核心和关键,同样,社区体育服务绩效评价指标体系也是科学实施社区体育服务绩效评价的有效保障。指标体系通常由定性指标和定量指标构成,两者互为补充、互为印证。其中,定性指标用以描述难以直接量化的问题,而定量指标则是直接可以获取相关的数据。在绩效管理和评价过程中,对于定量的指标,要明确绩效目标是多少,对于定性的指标,要明确制定绩效的标准。

根据指标的分类,对社区体育服务绩效评价问题进行分析,也应该充分结合定性分析和定量分析。定量分析是依据统计数据,建立数学模型,并用数学模型计算出分析对象的各项指标及其数值的一种方法。定性分析则是主要凭分析者的直觉、经验,凭分析对象过去和现在的延续状况及最新的信息资料,对分析对象的性质、特点、发展变化规律做出判断的一种方法①。相比而言,前一种方法更加科学,但需要较高深的数学知识,而后一种方法虽然较为粗糙,但在数据资料不够充分或分析者数学基础较为薄弱时比较适用,因此,更适合于一般的投资者与经济工作者。事实上,现代定性分析方法同样要采用数学工具进行计算,而定量分析则必须建立在定性预测的基础上,定性分析与定量分析应该是统一的,相互补充的;定性分析是定量分析的基本前提,没有定性的定量是一种盲目的、毫无价值的定量;定量分析使定性更加科学、准确,它可以促使定性分析得出广泛而深入的结论,二者结合起来灵活运用才能取得最佳效果。

一、构建原则

社区体育服务绩效评价指标体系是由各个指标因素合理组合形成的一个有机集合体。同其他指标体系构建一样,也需要遵循一定的原则。目前比较流行的指标体系设计原则是"SMART 原则"。其中,S 代表具体(Specific),指绩效考核要切中特定的工作指标,不能笼统;M 代表可度量(Measurable),指绩效指标是数量化或者行为化的,验证这些绩效指标的数据或者信息是可以获得的;A 代表可实现(Attainable),指绩效指标在付出努力的情况下可以实现,避免设立过高或过低的目标;R 代表现实性(Realistic),指绩效指标是实实在在的,可以证明和观察;T 代表有时限(Timebound),注重完成绩效指标的特定期限。"SMART"原则是目标管理概念之一,主要偏重于技术上的说明,体现的是指标设计的技术原则。该原则为组织的绩效评价制定了目标和考核标准,使评价更加科学化、规范化,更能保证评价的公开、公平与公正。

社区体育服务绩效评价指标体系同一般的企业等组织绩效考核指标体系有着本质的区别,但又有指标体系的共性。因此,社区体育服务绩效评价指标体系在遵循一般性原则之外,还需要满足另外的特殊原则。

(一)一般性原则

1. 目标导向原则

绩效评价是管理工作中控制环节的重要内容,主要采用"黑箱"的方法针对实际成果进行评价,并以此为依据对被评价对象的行为加以控制,引导其向目标靠近,即目标导向的作用。换句话说,绩效评价的目的不是评价,而针对社区体育服务绩效的评价其目的不在于单纯评出名次及优劣的程度,更重要的是要引导社区能够关注民意,重视社区体育服务的每个因素和

---

① 方敬秋,著. 城市化背景下中型城市社区体育服务体系构建与实证研究[M]. 海口:南海出版公司,2020.

环节,合理实施社区体育服务,鼓励社区公众参与,着力提高服务质量,使社区体育服务向着正确的方向和目标发展。

2. **全面性原则**

社区体育绩效评价指标体系应该具有广泛的适应性,即全面性原则。社区体育项目的多样性、社区居民对体育服务要求的多样性以及社区体育管理方式的多样性决定了社区体育绩效评价的复杂性。社区体育服务绩效评价指标体系是对社区体育服务绩效的总体量化反映,它客观地体现了这个复杂系统的要素(结构、层次)和整体功能。因此社区体育绩效评价体系必须具有广泛的适用性和灵活性,可以针对单项的体育服务内容进行评价,也可以针对整个服务体系做出评价,同时,社区体育绩效评价不应该局限于宏观的社区体育服务体系,而应该深入到体育服务的主要内容、项目之中。社区体育绩效评价指标体系应该力求能准确地反映居民的满意状况,因此,其指标因素必须全面。此外,指标的选择在保证全面性的同时,也应该区别主次、轻重,要突出能够带动全局性而又极为关键的关键绩效问题,以保证重点和集中力量改善这些关键因素,有效提高社区体育服务的绩效水平[①]。

3. **可行性原则**

社区体育绩效评价指标体系的可行性原则主要体现在以下两点：

(1)必须符合目前中国社区的发展实际,居民、社区体育相关部门、政府行政主管部门等都能接受,在制定指标体系过程中可根据社区体育服务的国际通行标准和国内的规范政策,结合社区体育服务的自身特征,制定不同服务等级、不同侧重点的服务标准,以使指标体系切实可行。

(2)指标设置应该便于数据采集,即这些指标在人们心中是易于被直观理解的,是可以进行比较的,是可以用某个标准去刻画的,具有可比性。可比性指的是不同时期以及不同对象间的比较,即纵向比较和横向比较。纵向比较,即同一对象这个时期与另一个时期作比较,评价指标体系要有通用可比性,条件是指标体系和各项指标、各种参数的内涵和外延保持稳定,用以计算各指标相对值的各个参照值(标准值)不变;横向比较,即不同对象之间的比较,找出共同点,按共同点设计评价指标。这样使得指标既能反映实际情况,又便于比较优劣,反映出社区体育服务中的薄弱环节。

4. **定性与定量相结合的原则**

社区体育服务绩效是由定性绩效和定量绩效组成的综合体。一方面体现定量的可计量的结果,例如工作人员绩效表现为完成工作的数量、质量、成本费用以及为社区体育服务做出的其他贡献等,获取社区体育服务的便利程度,以及政府的财政支出等;绩效的另一方面是指定性的一些指标,如

---

① 陈旸编. 社区体育服务绩效评价[M]. 北京:北京师范大学出版社,2011.

工作人员完成某项工作过程中体现出来的工作态度和行为表现，给社区公众留下的印象如何等。可见社区体育服务绩效评价的内容包括过程表现和工作结果两方面的含义。因此，社区体育绩效评价体系是一个多维的复合系统，仅有定量指标或定性指标均不能全面客观地反映绩效水平的真实情况，在设计指标体系时应遵循两者相结合的原则。定量指标可以制定明确的评价标准，通过量化的表述使评价结果直观、清晰；而定性指标所含信息量的广度和宽度远大于定量指标，使用定性指标可以弥补定量指标的不足，使评价结果更具综合性和准确性。实践中，对定量指标的测评通常可以用质量、产量、时效、成本等客观量化指标直接予以评价，而对定性指标的平均则通常采用行为量表法的描述来进行评价。两者互相补充，综合形成完整的绩效评价内容。

5. 可操作性原则

指标的设计要求概念明确、定义清楚，能方便地采集数据与收集情况，满足直观易用的要求。社区体育绩效评价体系中的指标因素必须有较高的区分度，便于居民在接受调查过程中进行辨别从而采集数据。要考虑现行科技水平，并且有利于系统安全的改进。而且，指标的内容不应太繁太细，过于庞杂和冗长，否则会给评价工作带来不必要的麻烦。体系中的每个指标都应能够独立地反映系统的某一方面或不同层次的服务，不存在交叉重复的混淆，不同社区或者同一社区不同时间的体育服务质量具有可比性。

（二）特殊性原则

如前所述，社区体育服务其本质上属于公共服务，公共服务是由公共部门提供的产品。政府作为社区体育服务的首要主体，扮演着服务提供者的角色，满足社区体育服务的顾客——社区居民的需求是其提供相关服务的首要目标。而居民的认可程度、满意与否也成为了衡量社区体育服务绩效的唯一标准。这与企业绩效评价体系又存在着一定的不同。因此，社区体育服务指标体系在满足一般性原则的基础上，仍需要遵循以服务公众为导向以及灵活权变等特殊性原则，从而强调社区体育服务中居民满意的服务理念。

1. 以服务公众为导向的原则

社区体育服务的职责在于满足居民的需求，而社区体育服务绩效评价指标体系的职责在于科学合理运用一切有力条件提升绩效水平，为公众提供更完善的体育服务。社区体育服务绩效评价指标体系既是一个工具，用于衡量社区体育服务的绩效水平；同时也是一套制度，各项指标在一起，形成了一套制度和标准，为政府等公共部门更好地实施社区体育服务提供参考。

为公众提供优质的公共服务是衡量公共部门绩效水平的关键，也是构建公共部门政府绩效评价指标体系必须遵循的根本原则。社区体育服务、绩效评价指标体系的制定也应以居民的需求为出发点,体现的是"民众本位"的价值取向,遵循以服务公众为导向的原则。指标体系也应切实地考虑群众的利益,关注社区公众对社区体育服务绩效的感受,以公众的满意与否作为衡量社区体育服务绩效水平高低的标准,使绩效观念转向提高公共服务质量、满足公众需求。

2.灵活权变原则

权变理论是管理学中一个重要的理论,它的基本观点是有效组织的设计决定于环境的特性。权变理论的一句著名格言是"管理的智慧从你认识到世界上不存在唯一最优的管理系统时开始,该理论最初用在企业管理中,权变理论研究者发现,管理过程学派、经验主义学派追求管理原则,但管理原则不像自然科学原则那样具有"放之四海而皆准"的普遍适用性,当管理原则遇到这种特例时,就会出现无法解释的矛盾。因权变理论提出了现实中不存在一成不变的企业内外环境,所以也不存在一成不变、普遍适用的管理原则和模式,企业管理本来就是要根据所处的内外环境条件而变的。权变理论的关键词可以说就是一个"变"字,因为有了变,再科学、再全面的管理原则也不可能是全知全能的。

中国幅员辽阔,人口众多,且存在着较为严重的发展不平衡。各地区的自然条件、经济发展水平、社会结构、国民素质、人民生活水平等方面都存在一定的差异性。社区体育服务作为社会经济发展的产物,在全国各地的发展也不平衡;因此,这就需要社区体育服务绩效评价指标体系遵循灵活权变的原则,在制定社区体育服务绩效评价指标体系时,应考虑到各地的差异性等客观因素对社区体育服务绩效的影响,对不同地区的社区体育服务绩效评价指标体系做出一定的处理,如设置新的指标、调整指标的权重,从而侧重于不同方面的绩效评价,优化指标体系涉及,使客观因素的差异对社区体育服务绩效评价的影响降到最低。

二、指标体系构建流程

社区体育服务绩效评价指标体系的构建是一项复杂的系统工程,除了需要遵循以上几点原则之外,还应该按照一定的程序进行。严格的程序才能保证指标体系的科学性和合理性。根据指标体系的制定步骤,首先通过查阅文献获取相关信息,并调查了解公众(即社区居民)对社区体育服务的需求,确定初始指标体系,其次通过公众访谈和专家咨询进行修改完善,并进行预试,利用验证性因子分析法剔除贡献度低或重复的指标,最终确定用于社区体育服务绩效评价的指标体系。

(一)查阅文献资料获取相关信息

收集以社区体育服务为关键词的文献资料,着重关注文献中对服务的质量、绩效或公众满意度的相关研究,获取有用信息。这些资料包括社区体育服务调查信息、杂志、论文、著作等文献,也称第二手资料。通过对间接资料的收集分析,可以迅速了解有关信息,掌握社区体育服务绩效的基本框架,为进一步的直接调查奠定基础①。间接资料通常是不完全的,但可以用最低的成本获得建立评价指标体系的有用信息。

(二)公众访谈及专家咨询

在文献查阅的基础上,应该从公众的需求与期望开始,通过与社区居民的深度访谈挖掘更多信息。总体来看,该设计思路以公众需求为出发点,找出需求的所有特性,针对各个特性分析其组成要素,进行组合、提炼、归并,然后根据每一个要素制定出能够充分反映公众需求的社区体育服务绩效评价指标。

在实际操作中,笔者采用焦点访谈法对目标群众进行调查,对访谈结果进行整理后,采用深度访谈法调查了社区体育服务相关部门工作人员,结合他们的工作经验,获取了公众在接受服务过程中所关注的绩效因素。此外,在进行公众访谈后,笔者走访了相关的专家,广泛征求了高校学者、研究机构人员及政府体育管理部门、社区体育指导员的意见,其中有湘潭大学体育教育部、湘潭大学公共管理学院、湖南师范大学体育学院、湖南文理学院体育学院、国防科技大学信息系统与管理学院、中南大学商学院的专家、教授,这些专家的研究领域主要集中在体育管理、公共管理及管理科学与工程等学科。笔者在专家意见的基础上对公众需求访谈结果进行梳理,并筛选指标体系,力求指标体系更为专业、科学。

总之,通过现场实地调研、问卷调查和座谈会等多种形式了解当前社区体育服务的开展状况、公众对服务的满意程度及相关要求,通过专家咨询确立初始指标体系,并考察这些指标在社区体育服务绩效评价过程中的实际可操作性,使这些指标符合绩效评价的科学性要求。

(三)建立初始指标体系

在这一阶段,主要是通过在上述步骤的基础上,对影响社区体育服务绩效的主要内容分别制定不同等级的服务标准,对影响服务绩效的主要因素进行细化和量化,形成社区体育服务绩效评价的初始指标体系。并根据初始指标体系编写问卷,以进行预试。

(四)预试

在正式确立社区体育服务绩效评价指标之前,预试是一项重要的程序。

---

① 陈旸编. 社区体育服务绩效评价[M]. 北京:北京师范大学出版社,2011.

所谓预试就是编制问卷在较小范围内进行问卷调查，一般选取的样本量在30至50个，样本应包括公众、社区体育服务相关部门、政府主管部门以及其他有关单位的意见，以检验问卷是否存在问题含义模糊、不易理解等问题，确保该指标体系具有较好的可操作性。为了保证指标体系的精简性，利用验证性因子分析处理预试中收集的数据。验证性因子分析是20世纪60年代后从探索性因素分析发展而来的因子分析法，试图检验观测变量的因子个数和因子载荷是否与基于预先建立的理论的预期一致。由于社区体育服务的绩效综合性强，服务项目较为复杂，公众需求多种多样，因此笔者选取了不同层次的社区来进行预试，力求指标体系的广泛性。经过以上四步流程，即可正式确定社区体育服务绩效评价指标体系。

第三节 基于平衡计分卡的社区体育服务绩效评价指标体系构建

一、平衡计分卡在绩效评价指标体系中的应用

（一）平衡计分卡概述

随着全球化及信息时代的到来，企业竞争日益激烈，仅仅通过提高生产效率和内部管理水平已不再可能为企业带来持续的竞争优势，因此企业必须考虑诸如企业市场份额、同行企业的竞争能力、客户保持、客户满意程度、企业的经营和创新能力以及雇员满意程度等外在因素，以往的单一财务指标体系已无法满足企业业绩评价的要求，企业亟需一套新的、科学的企业业绩评价体系。1992年，美国罗伯特·S.卡普兰（RobertS. Kaplan）和大卫·P.诺顿（DavidP. Norton）创建了一套企业业绩评价体系，该体系将企业战略目标逐层分解转化为各种具体的相互平衡的绩效考核指标体系，并对这些指标的现实状况进行不同时段的考核，从而为战略目标的完成建立起可靠的执行基础的绩效管理体系，称作平衡计分卡。这种方法所采用的评价指标来源于组织的战略目标和竞争需要，它是一种综合性的绩效，在企业中引起了强烈的反响。

（二）平衡计分卡与绩效评价指标体系

绩效指标体系的设计与建立是平衡计分卡的核心内容和主要功能。绩效评价主体应该依据组织的战略目标，结合组织长短期发展的需要，为四类具体的指标找出其最具有意义的绩效衡量指标。使其所设计的指标体系达到平衡，从而能全面反映和代表组织的绩效目标。

设计平衡计分卡的指标体系时，一定要突出重点，抓住绩效评价的关键

指标,贵在具体而不空泛、量化而不模糊、精简而不庞杂、准确而不偏颇,才能确保平衡计分卡的四个维度充分体现组织发展战略的意图和总体要求,从而确保组织绩效评价的合理性和科学性。

(三)平衡计分卡对社区体育服务绩效评价指标体系的适用性

如前所述,平衡计分卡在企业绩效评价中取得了很大的成功。与此同时,人们开始探索平衡计分卡在公共部门绩效评价中的应用,公共部门平衡计分卡在理论上也不断得到丰富和完善。近年来,中国的一些政府部门及地方政府开始在绩效管理中运用平衡计分卡的理念、方法和技术。

首先,平衡计分卡突破了企业绩效完全仅凭组织的"财务状况"来决定的瓶颈,加大对组织自身的内部学习管理和可持续发展能力的关注,尤其是将顾客满意度纳入企业绩效评价体系中。这一点是平衡计分卡适用于公共服务绩效评价的关键。社区体育服务本质上属于公共服务,由政府等主管部门统筹管理,特别需要保证良好的可持续发展潜力,并体现服务型政府的理念。此外,社区体育服务又包含部分有偿服务,特别是未来社区体育服务拓宽资金筹集渠道、引入社会力量参与的发展趋势,以社区成员为社区体育服务真正的"顾客"。因此,在社区体育服务绩效评价体系中应用平衡计分卡,具有双重的适用性。其次,平衡计分卡有效地将组织的战略目标转换为组织的绩效评价体系,并综合考虑组织的发展能力等诸多战略因素,关注组织成员的利益,这些不仅有利于社区体育服务绩效评价体系的构建,也促进了公众参与社区体育服务的热情,从而将社区成员的利益与社区体育服务的发展紧密结合起来,平衡计分卡更是承担了两种功能。最后,平衡计分卡理论本身就是定性分析与定量分析这两种不同方法的有效结合,体现了组织绩效评价中是定性与定量评价的综合运用,这也是平衡计分卡在具体技术层面彰显了它在社区体育服务绩效评价中的优势。

然而,平衡计分卡并不是普遍适用于所有企业或组织的标准模式。公共部门与企业组织存在着本质的不同,公共服务与商业服务也相距甚远,这导致了公共部门绩效评价与企业绩效评价存在着无可跨越的差别。企业关注顾客满意度,始终是为了其核心目标即利润最大化服务的,而公共部门关注公众满意度,则将其视为公共部门服务绩效评价的核心目标,它更关注整个社会的效益,具有一定的宏观性。因此,将平衡计分卡理论应用到社区体育服务绩效评价体系构建中,必须根据公共部门和公共服务的战略目标和发展规划,适当调整平衡计分卡的结构和指标。

二、社区体育服务绩效的要素分析

社区体育服务绩效是一个综合性的指标,它由各种要素构成,形成一个系统。在构建社区体育服务绩效评价指标体系时,需要对其要素进行分析,以分解出指标体系。社区体育服务的构成要素主要有六个:社区体育服务组织、社区成员、场地设施、经费、管理者和指导者以及社区体育服务活动。其中,社区体育服务组织是核心要素,是社区体育服务的组织者和实施者,是社区体育服务的主要行为主体。主要负责社区体育服务计划的制订与实施、组织建设与管理、经费筹集与管理、社区体育服务宣传、场地设施的规划建设及管理等工作;社区成员及参与社区体育的公众,他们一方面是社区体育服务的对象;另一方面也是社区体育服务的行为主体之一;体育场地设施是社区体育服务的承载体,为社区成员提供体育活动的场地及相关体育设施,它是社区居民开展体育活动必需的物质条件,是体育活动生活化的重要保证。

社区体育服务以经常性健身活动为主体,坚持业余、自愿、小型多样,遵循因地、因时、因人制宜和科学文明的原则。在开展各种体育健身活动中,要讲究科学,注意安全,重在参与;实行传统健身养生法与现代健身方式相结合、个人锻炼与集体活动相结合、健身娱乐与医疗保健相结合、健身活动与节假日活动相结合,广泛开展形式多样的体育活动。加强晨练、晚练和季节性体育锻炼的组织的管理,制定可行的管理制度,引导不同特点的人群参加喜闻乐见的体育活动。关心和重视知识分子、老年人、幼儿和残疾人的体育活动,积极开展形式多样的体育竞赛和体育表演活动,激发居民体育健身的积极性。

三、基于平衡计分卡的社区体育服务绩效评价指标体系分析

(一)基于平衡计分卡的社区体育服务绩效评价指标的框架体系

根据平衡计分卡的基本原理,结合社区体育服务的特征,将基于平衡计分卡的社区体育服务绩效指标体系结构调整为社区体育服务成本(经费)、社区体育服务业绩、社区体育组织管理内部流程、社区体育组织学习与发展

四个指标。

(1) 社区体育服务成本指标。即社区体育服务经费。财务与成本因素是任何方面绩效评价实践中关注的最基本的指标。经费是一切社区体育服务的财务保障,特别是目前中国经济还不够发达,社区体育服务经费存在着较为严重的紧缺以及不平衡的状况,必须大力筹集经费、有效管理经费,使社区体育服务经费得到最优化的使用效率。服务成本是社区体育组织自身运行及其实施职责所耗费的一切支出,包括社区体育管理部门内部运行成本和外部决策成本等。

(2) 社区体育服务业绩指标。在市场经济条件下,随着新公共管理运动和服务型政府构建的不断深入推进,政府的角色由单纯的管理者逐渐转变为公众服务的提供者,提供优质的公共产品和公共服务,根据社会的发展要求满足社会公众的需要已成为政府部门最重要的职能。社区体育服务是我国经济和社会发展的必然产物,属于社区服务的重要组成部分,其业绩可分为社区体育场地设施、社区体育服务项目、社区体育服务人员、社区体育服务质量、社区体育文化氛围五个方面。

(3) 社区体育组织内部管理指标。良好有序的社区体育组织内部管理是提高社区体育服务绩效水平的关键之一。该指标是从社区体育组织管理内部制约绩效水平的因素出发,把政府的内部运行状况与外部反映状态、动态运行评价与静态结构评价有机地结合起来,从而科学地评价社区体育服务绩效水平。主要包括社区体育组织建设、社区体育组织管理、社区体育服务制度建设三个方面。

(4) 社区体育组织学习与发展指标。现代社会的发展打破了传统的社会管理和发展模式,信息化、资讯化的手段彻底改变了政府与社会的传统关系模式,公民素质的提高和社会经济的发展使公众的参与意识和对高质量的公众服务的需求意识日益高涨。社区体育组织需要通过不断地学习和自身发展来保证优质服务的持续提供。该指标主要包括交流与合作、社区体育指导员培训、社区体育服务宣传、社区成员参与。

平衡计分卡框架体系中四个指标维度的关系、性质及其在整个体系中的地位是不同的。其中,社区体育服务业绩指标是社区体育服务绩效核心内容的集中体现,是整个指标体系的核心;社区体育服务成本指标是财务性质的指标,是衡量社区体育服务绩效水平最基本的指标。这两类指标均属于外部指标,直接表现为社区体育组织使命与发展战略实现的程度。社区体育组织管理内部流程指标是从社区体育相关部门管理内部运行的角度来评价绩效,属内部指标。社区体育组织学习与发展指标是从社区体育组织自身学习、发展以及与外界交流等潜在的因素出发,测评社区体育服务绩效水平的一种指标。它们两者是通过直接制约社区体育服务成本与业绩来影响社区体育组织使命与发展战略的完成。前两者是目的性指标,后两者则是手段性指标,手段性指标服从、服务于目的性指标。

(二)基于平衡计分卡的社区体育服务绩效评价指标的基本内容

本节的研究内容遵循前文所述的指标体系设计原则,并在指标体系设计流程的基础上,运用基于平衡计分卡的社区体育服务绩效评价指标的逻辑框架体系,构建社区体育服务绩效评价指标并对其进行分析。

1. 社区体育服务成本

社区体育服务的开展需要经费支持,其成本是政府及社区体育其他相关部门、团体在提供社区体育服务整个过程中所发生的各种费用和开支,以及由其所引发的现今和未来一段时间的间接性负担。这些直接的或间接的费用开支和负担是可以通过优化决策和优化行政行为加以适当控制的。

(1)内部管理成本。内部管理成本指标包括:社区体育组织管理费用占整个社区体育服务财政支出的比重;社区体育组织在岗工作人员年工资总额占社区体育服务财政支出的比重。其中,社区体育组织管理费用是维持政府机关、社会体育事业团体自身运转的一切有形、无形成本的总和,是社区体育组织最基本的物质基础;社区体育组织在岗工作人员年工资则是用于支付工作人员的工资、补贴和劳保等各项支出。设立内部管理成本评价指标能够促进社区体育组织树立成本意识,从经济性的角度进行成本和投入产出方面的评价,节约开支,提高内部管理的经济效率。

(2)外部决策成本。外部决策成本包括:社区体育服务财政支出占地方财政支出的比重和特定体育服务项目投资。外部决策成本是社区体育组织向社区公众提供的体育产品及体育服务的总支出,包括两部分:一部分是例行用于社区体育服务的公共财政支出,如场地设施建设费用;另一部分是特定的公共项目投资,如部分城市为了迎接全国首个"全民健身日",营造全民建设的体育氛围,用于举办相关体育竞赛、活动的临时支出费用。前一种具有确定性、常规性,后一种投资则具有不确定性。

归纳起来,社区体育服务成本指标构成及计算方法可见表9-2。

表9-2 社区体育服务成本指标构成及计算方法

一级指标	二级指标	三级指标	计算方法
社区体育服务成本	内部管理成本	社区体育组织管理费用	社区体育组织管理费用占整个社区体育服务财政支出的比重(%)
		社区体育组织在岗工作人员年工资总额	社区体育组织在岗工作人员年工资总额占社区体育服务财政支出的比重(%)
	外部决策成本	社区体育服务财政支出	社区体育服务财政支出占地方财政支出的比重(%)
		特定体育服务项目投资	特定体育服务项目投资(万元)

2.社区体育服务业绩

如前所述,社区体育服务业绩指标是社区体育服务绩效核心内容的集中体现,是整个指标体系的核心,主要体现在以下五个方面。

(1)社区体育场地设施。社区体育场地设施指标包括:社区体育场地开发与维护、场地大小和数量、场地与社区的距离、体育场地的质量;体育设施的数量、设施的建设与维护等。

(2)社区体育服务项目。社区体育服务项目指标主要指社区体育的具体服务项目,主要包括:体育锻炼服务、体育竞赛服务、运动康复服务、体质监测服务、体育信息服务。其中,体育锻炼服务是最主要的内容,如羽毛球、篮球、保龄球、壁球、5人足球、健身操、室内曲棍球、柔道、空手道、健身、舞蹈、网球、迪斯科、旱冰、乒乓球、蹦床、排球等。

(3)社区体育服务人员。社区体育服务人员指标主要指社区体育组织工作人员、社区体育指导员,包括社区体育组织工作人员的业务素质、工作态度;社区体育指导员的体育专业素质、指导员数量、指导员培训质量。

(4)社区体育服务质量。社区体育服务质量指标是从公众的角度进行衡量的,主要包括公众投诉和建议的渠道及反馈、公众对社区体育服务的满意程度。

(5)社区体育文化氛围。社区体育文化氛围指标是描述社区居民参与体育活动的激情,反映整个社区的体育锻炼氛围。主要包括居民早晚锻炼组织情况、特殊群体参与体育活动情况、社区体育活动(主要是趣味体育活动)的频率。

3.社区体育组织内部管理

社区体育组织管理内部流程指标是反映社区体育服务组织内部管理制度、流程的指标,主要包括以下三个方面。

(1)社区体育组织建设。社区体育组织建设指标是衡量社区体育组织的建设、完善的程度。主要包括:社区体育组织建设合理性、社区体育组织完善程度、民间社区体育组织的发展。

(2)社区体育组织管理。社区体育组织管理指标是衡量社区体育组织内部管理制度建设情况,主要包括:社区体育组织内部管理制度建设与完善、政务透明,另外还包括社区体育组织管理机制的合理性等。

(3)社区体育服务管理。社区体育服务管理指标主要包括社区体育服务的实施情况、社区体育资源的有效开发与管理、经费筹集方式的管理等。

4.社区体育组织学习与发展

社区体育组织学习与发展指标是衡量社区体育组织内部学习力、与外部交流以及自身的发展能力。可从以下三个方面着手。

(1)交流与学习。交流与合作指标主要包括:学习全国城市体育先进社区,与其他社区进行体育服务方面的交流合作,社区体育组织自身的学习开展。

(2)社区体育指导员培训机制。社区体育指导员培训指标主要描述社区体育指导员培训机制的合理性和先进性。

(3)社区成员参与。社区成员参与指标主要包括公众参与社区体育服务的便利程度、引导公众参与的方式的合理性与多样性以及社区保障公众参与制度的完善程度。

第四节　有效实施社区体育服务绩效评价

一、完善社区公众参与制度

(一)公众参与的概念分析

"公众"是指与社会组织发生相互作用并面临共同的问题和利益而形成

的社会群体,是社会组织公共关系的对象,公众对社会组织的生存和发展具有决定性的影响。公共领域的一部分由各种对话构成,在这些对话中,私人们聚在一起,形成了"公众"。"公众"有别于"人民"和"公民","人民"更多的是一个政治概念,它常同敌人对应,指一定社会中正义的社会阶层,"人民"的概念与"群众"的概念相近,"公民"则更多地被运用在法律上,是拥有某国国籍的国民。这里所论述的"公众"是有确切内涵的,它是指具备一国国籍并依法享有政治权利的社会大众,它同人民的概念相近似,是包含国家的一切生产者、建设者、保卫者、管理者、设计者在内的大众组合体。公众,根据其与组织的联系密切和固定程度,可分为内部公众与外部公众。内部公众是由组织内部的成员组成的,如企业的内部公众即企业的员工;外部公众,则是指与组织的生存与发展相关联的,但关系不是那么密切和固定的群体。对于政府组织本身来说,其内部公众即各级政府的官员,其外部公众则有消费者公众、社区公众、媒介公众等。本书讨论的公众参与,是指公众对社区体育服务绩效管理的参与,而绩效管理是政府行政的一种管理工具。因此,这里实际上就是公众作为一个主体对社区体育管理工作的参与。

(二)公众参与是决定社区体育绩效管理成败的关键

首先,公民参与是现代民主政治制度下公民所具有的一种普遍性和广泛性的行为,是现代民主的主要表征之一。它包含两方面的意思:一方面是公民参与式民主的表现形式和公民权利的重要内容。另一方面是公民通过自身或社会组织合法地参与管理国家和社会的各种事物,使自己的主张和利益诉求在社区的政策制定、组织决策、执行过程中得以体现,从而实现自己的民主权利和保护自身的利益。

其次,从服务和顾客至上的角度来讲,让公众参与到社区体育绩效评价的过程中来不仅符合民主化、法治化的基本要求,也是对社区体育服务工作进行监督的有效方法。通过公众参与评价不但能帮助社区体育以民众的需求为运作和努力的导向,还能形成"鱼缸效应",使政府运作像"玻璃缸里的金鱼",随时受公众的监督,并让公众知道他们到底完成了什么,是否对公众提供了高质量的服务,是否使其真正受益并得到满足。同时,社会公众作为社区体育的服务对象,对社区体育服务有着最直接、最真切的体会,对社区体育服务的绩效,社会公众最有发言权,这样的绩效评价能帮助公民、公共部门的从业者看清公共部门所做出的各种努力和结果,并相应做出价值判断和价值排序。这可以使社区体育不仅对上级机关负责,更重要的是对人民负责,形成人民监督和上级监督相结合的绩效推动机制,从而建立让老百姓高兴和满意的服务型社区体育。

总之,公众成为绩效评价的主体有利于改善社区体育绩效评价现状,有利于社区体育从公众的利益、立场和角度来看待社区体育服务所追求的经济、政治和社会绩效。公民参与评价还意味着可在公共服务设计中引入"使用者介入",增强评价指标体系的社会相关性,选择那些最需要监控又最能体现对公民负责的重要项目,以保证公共服务的提供机制符合公民的意愿。由此观之,公众参与是决定社区体育绩效管理成败的关键。

二、社区体育服务绩效评价多维主体构建

(一)构建合理社区体育服务绩效评价多维主体

社区体育服务绩效评价主体的最终选择要依据评价项目的内容,考虑现实环境下各类评价主体作用的发挥情况,坚持以公众为本,形成兼顾内外、上下层面的多元主体互补结构。以提升评价主体的能力为基础,以构建合理科学的社区体育服务绩效评价主体模式为保障,我们应从以下三方面进行完善。

1. 科学设计评价体系,兼顾多层次评价主体

(1)由专业部门设定评价指标,并保持相对稳定与独立,根据公众的需求持续修改。指标定量与定性结合,指标设计要有科学性,避免一问两答的情况。在可能的条件下,公众要参与评价体系的设计过程,有助于公众进一步理解评价指标,也可在评价指标中体现公众评价取向。

(2)主体选择要多元化,要兼顾主要利益相关者之间的平衡性,在无法平衡的情况下可采取回避措施,直接引入第三方参与。保持评价主体的独立自主性,注意形式与内容实质的统一,保证评价的客观性。尽可能做到事务公开,拉近多元主体在信息获取量上差距。

(3)将信息反馈作为体系设计的重要环节。信息反馈一方面指反馈给被评价对象,用于改进不足;另一方面是反馈给评价主体,让他了解社会的整体评价与个人评价的差距,分析原因,全面了解主体,即增进社区体育与公众的沟通。

2. 落实制度保障措施,改善主体评价环境

(1)改进预期型利益主体。针对外部评价主体,按照利益相关者理论,任何一种预期型利益相关者都可以通过获得缺乏的另一个属性而成为权威型利益相关者。公众缺的是影响力、协同部门缺的是合法性等,要在这几方面加强和改善。比如,将公民满意度列入有关部门年度绩效考核的重要指标,联合媒体强化公众需求,加强公众的影响力;明确部门职责,建立责任追究制度,将协同工作内容列入有关部门绩效考核,或组织部门互评并将分值

列入考核总分,落实协同部门的合法性。

(2)培育社会专业评价组织。吴建南在对政府绩效评价的主体进行分类并得出结论,相对的最佳评价者是学术研究组织。我们建议国家应大力培育包括学术研究组织、专业调查机构等社会专业性组织,为其提供评价所需的全面信息和项目财政支持。在保证这些机构超脱地位的同时,对较为成熟的机构给予一些制度保障或者加强具备法律地位的评价机构与社会专业组织的合作。

(3)赋权同级相关部门行业。引入部门行业之间的相互评价,促进相互竞争、学习和提高,充分发挥同级监督的影响力,建立以政府绩效评价为基础的竞争互动长效机制。同时将绩效评价列入年度常规工作,让评价主体有准备地参与到绩效评价活动中,并在互动中提高评价水平,促进业务工作。

3. 保证先进技术支撑,提高主体的评价能力

(1)提高网络技术应用。依靠信息化手段,拓宽公众了解社区体育的渠道。一方面,通过社区体育信息的公开,增强公众评价社区体育服务的能力;另一方面,通过社区体育绩效评价过程与结果的公开,鼓励公众积极参与到社区体育绩效评价活动中。同时,社会专业组织可以通过网络共享各项评价活动的成果结果,为理论研究提供丰富数据,增强研究的价值,减少研究的成本。

(2)加强评价知识培训。对公众而言,开展理念宣传、基础知识普及活动。建立较为稳定的专业评价者培训体系,通过科学的方法,了解公众需求,客观准确地反映为评价结果。

(3)引入科学评价方法。要充分利用理论界研究成果、借鉴其他同行的实践经验,选用适合社区体育服务绩效评价的方法,设计合理科学的评价主体体系,运用科学手段实现评价过程的全面客观、数据分析准确科学,并形成指导社区体育服务绩效改进的结论意见。

(二)多维评价主体结构的权重设计

根据评价内容选择不同的评价主体,为弥补各类主体的缺陷,我们提倡评价主体的多元化,那么就要决定不同评价主体的相对重要性,即评价主体的权重配比。主体权重是评价主体重要程度的定量分配,通过权重的确定对各评价因子的作用进行区别对待,从而准确反映各评价主体对评价结果的影响程度。绩效评价主体指标权重确定的准确与否直接决定了评价结果的信度和效度。

1. 评价主体权重体系的作用

(1)激励作用。绩效评价主体权重体系反映了环境的影响和组织的战略要求,对被评价对象的行为产生强化性的激励。绩效评价主体体系中的主体一般要兼顾多元的价值阶层。通过对评价主体不同权重可以激励、引导社区体育服务行为。假如一个部门关注群众的满意度,其主体体系的权重设计必然偏重于公众。

(2)稳定作用。与绩效评价主体体系相对应的权重体系准确与否,直接决定了绩效评价的信度和效度,即评价结果的一致性和稳定性。国家行政学院的刘旭涛提出在目前多元评价主体进行评价时所出现的评价误差问题,其实只要运用利益相关者的"信息对称"和"需求对称"的原理就很容易解决。如果一个权重体系是科学合理的,不仅反映了公众的需求,同时也考虑了社区体育的实际状态,那么它在实施过程中必然是稳定的,能为公众所接受的,也能准确反映被评价社区体育服务的实际绩效。

2. 确定权重的原则

(1)针对性原则。被评价对象的特征决定了某个评价主体对于该对象整体工作的影响程度,不同部门的职责不同决定评价主体权重应该也是不一样的。例如,一般来讲,公众是评价主体中的最主要力量。但是不同社区体育服务工作,公众主体的重要程度不同。

(2)系统化原则。在评价主体体系中,每个主体对体系都有他的作用和影响,都有他的重要性,但是从系统的角度来看,主体权重之间却存在相关性,所有主体权重之和等于1。因此,确定主体权重时,不能只从单方面出发,要处理好各评价主体之间的关系,合理分配他们的权重。应当遵循系统优化原则,把整体最优化作为出发点和追求的目标。实际工作中,既不能平均分配,也不能片面强调单个主体的最优,而忽略其他主体的要求,应该使每个主体发挥其应有的作用。

(3)目标导向原则。评价主体权重的设计应反映评价组织者和发起者对被评价部门的引导意图和价值观念,应成为社会、社区自身影响社区体育观念、行为的重要手段之一。通过加重某一主体的权重彰显其重要性,社区体育必然重视对该类主体的服务以获得较好的评价成绩。除此外,所确定的权重也要注意稳定性和动态性相结合,要在两者之间取得一个平衡点。

3. 权重的确定方法

权重确定的方法有很多种,各自使用不同的基本原理,大体上可分为主观赋权方法和客观赋权方法两大类。主观赋权法是根据决策者主观信息进行赋权的一类方法,其随意性较大,决策准确性和可靠性稍差一些,这类方法主要有专家调查法、二项系数法、环比评分法、层次分析法等;而客观赋权法是无决策者任何信息,根据一定的规则,通过计算得出评价主体的权重系数,如嫡值法、主成分分析法、均方差法、多目标规划法等。

三、科学评价社区体育服务绩效

(一)加大审计监督力度

早在中国审计署成立前的1982年8月,中国会计学会在四川乐山召开专题学术研讨会,专门讨论关于中国审计理论与审计制度建设等专题。与会代表认为,审计应当担负起监督各个企业事业单位贯彻执行党的方针、政策和计划,经济活动是否合理、合法和有效等责任。重视审计监督与公众参与相结合,是促进公众参与有效进行的重要路径选择,因为从根本上讲,审计监督与公众的利益是一致的——审计的根本目的便是从根本上维护公共利益。政府管理者应当对其各种活动以及其相关结果向立法机构与社会公众负责,审计监督作为评价政府绩效的重要形式,也可以引入到社区体育服务绩效中来,正好可以弥补公众参与由于专业知识缺乏与不足方面的局限,从而有效维护公共利益,促进社区提高体育服务水平,改进绩效。

审计报告之所以能引起巨大反响,一个最为明显的原因就是报告显示出了前所未有的公开与透明。

绩效审计是经济审计、效率审计与效果审计的合称,是指由独立的审计机构和人员,依据有关法律和法规,运用审计程序和方法,对被审单位或项目的经济活动的经济性、效率性和效果性进行监督、评价和鉴证,提出改进建议,促进管理,提高效益的一种独立性监督活动。最高审计机关国际组织(INTOSAI)在绩效审计方面的作用界定凸显了政府等公营组织绩效审计。该国际组织发布的《关于绩效审计、公营企业审计和审计质量的总声明》综合各国见解,提出绩效审计的目标有四个,即为公营部门改善一切资源的管理打好基础;使决策者、立法者与公众所利用的公营部门管理成果方面的信息质量得到提高;促使公营部门管理人员采用一定的程序对绩效做出报告;确定更适当的经济责任等。开展绩效审计是推进政府职能转变、提高社区体育办事效率和服务质量、进一步提升社区体育管理绩效的重要措施。

(二)建立有效的绩效评价指标体系

社区体育服务绩效评价指标体系应把握三个方面:一是指标设计应把握"4E"即经济(Economy)、效率(Efficiency)、效益(Effectiveness)及公平(Equity),指标应尽量体现这四个方面的要求。二是指标设计要体现"以人为本"的准则,既要考核已经表现出来的成绩,又要考核潜力绩效,以体现公平。考核是对公共服务工作者工作绩效乃至德能的评价,公正公平是最重要的。因此应该建立健全畅通的权益保障渠道和考核监督机制,对考核结果或评价有异议的,不论是什么等次,都容许公共服务工作者向上级领导和人事部门提出申诉,必要时,可组织专门的委员会进行调解和仲裁。同时,主管部门应对各部门的考核工作进行监督检查,及时纠正出现的偏差,对各部门考核工作进行规范,进一步完善服务人员工作的考核制度。三是指标设计不能盲目地借用西方发达国家的案例,应注意与中国的国情相结合。中国目前正处于市场经济发展的上升期,公共组织的职能定位问题尚未完全解决。另外,我国地区间差别较大,指标设计不可能完全统一,不同地区社区体育绩效指标设计也要体现不同的特点。首先,就全国范围来看,要大体区分东、中、西部地区,在实施中要有不同水平和进度的要求。但是,先进地区有落后的地方,落后地区也有先进的地方,因此要实事求是地对待。其次,就一个地区来说,其各个地方在实施中也要允许差别。最后,在全国范围大力倡导和鼓励先进地区由目标管理走向绩效管理评价的进程,创造缩小与发达国家社区体育绩效评价差距的经验。

(三)完善社区体育服务绩效信息获取收集

社区体育服务绩效信息的获取收集是绩效评价的基础。西方的经验和中国的实践也都表明,绩效信息是否准确、客观直接影响到评价效果的好坏,绩效信息应当具有可信度和有效性。为了保证绩效信息的真实和可靠,我们需要建立一种绩效信息收集机制,并设有专门的绩效信息收集人员和具有相对独立性的绩效信息统计机构。对于那些绩效信息收集员来说,他们必须掌握各种现代的信息技术,同时又比较熟悉社区体育服务的工作流程,只有这样才能对收集到的大量信息进行识别,并保留那些真实而有效的绩效信息。对于绩效信息统计机构而言,最重要的是要保证该机构的相对独立性,特别是要减少各级政府机关对其信息统计工作的干扰,切实切断公共行政权力与统计职能之间的联系,并在各级政府统计机构建立专门的执法检查机构,专司检查职责,开展经常性的统计执法检查。在绩效信息保障制度上,要落实绩效信息质量责任,建立包括统计、审计等在内的检验体系,完善包括组织内部监督、公民监督和党政监督在内的信息监督体系。在针对虚假绩效信息的惩治上,加大对发布虚假绩效信息的社区体育的惩罚力度,更要严惩虚假绩效信息提供者责任人。由于绩效指标在绩效评价中起着"风向标"的作用,它对于提高社区体育服务绩效评价水平来说是至关重要的。因此,我们必须在借鉴西方经验的基础上从中国的现实国情出发,在社区体育绩效评价信息系统的建设上,充分利用计算机和网络技术共享信息资源,发挥非政府信息渠道的优势,实现公共组织与社会的广泛合作,建立专业队伍收集、加工、整理绩效信息,以及绩效评价信息的数据管理系统。

四、合理利用社区体育服务绩效评价结果

通过对国外对绩效评价结果利用的分析,结合中国社区体育服务的现状,我们可以利用社区体育服务绩效评价结果,通过以下的途径来提高社区体育服务绩效管理水平。

(1)通过绩效评价结果的比较功能,实现标杆管理,促成各社区体育服务之间的竞争。绩效考评至少在以下四个方面具有重要的标杆作用:用于当前与过去的比较;实际绩效与绩效标准或目标的比较;组织或项目等单位间绩效的比较;一个组织或项目的绩效与其他相似组织或项目绩效之间的比较,而且强调建立"外部标杆""公共类标杆"以及"统计性标杆"等以使标杆在多个层面上实施。将绩效评价结果用于比较功能,即比较个人、组织以及不同项目之间的绩效水平。应该将比较绩效指标限制在工作条件非常相似的机构或者项目中,在所有可能的类似组织中,由于它们在重要环境因素上的差别很大,因此应该建立一个"对照组",即由很少几个在工作内容上更具可比性的组织组成,可起激励和促进作用。如可以建立全国范围的"绩效标杆库",对评价过程中的典型加以推广,以形成强大的示范效应,激励和促进落后个人及部门为改进绩效而不断努力。促成各社区体育服务竞争的局面不仅符合新公共管理的要求,也能提高和调动社区体育内部管理人员和公众参与的积极性,从而使更多的公众参与到社区体育建设中来,既能提高国民身体素质,也丰富了人民的生活。

(2)以绩效结果为导向,实现社区体育服务市场化,提高公众的满意度。从一定意义上讲,公众的受益水平和满意程度才是评价社区体育服务绩效的终极性标准。基于公众满意度的绩效评价可以巩固社区体育服务的合法性及合理性。一方面通过绩效评价引入竞争机制和市场机制,实现竞争性选择和公共服务市场化,提高公共产品和服务的质量。具体来讲,对于容易量化的服务项目,可以引进市场机制,可以从经济的角度加以考虑,在考虑其社会效益的同时可设置相对量化的评价。如将公共投资的社区体育公共服务设施承包出去搞商业甚至出租,就应将社区体育公共服务供给阶段的成本,如规划、融资、安排生产的投入,以及未达到设计目的而损失的社会效益计算在内,再结合因承包而获得的收益以及与承包相关所付出的成本,就可以对其进行较为准确的测量。而对于全民健身活动情况,社区体育活动经费及体育活动场地的投入和使用,社区体育组织的管理和规划,社区体育

辅导站、健身中心的发展等,就可以采用相对抽象但科学的绩效考核目标。但是这一目标的确定必须坚持一定的原则:能够正确引导相应社区体育公共服务健康发展,保证其质量水平的不断提高;能够与社区全体居民的利益密切相关,调动居民参与绩效考核的积极性;必须符合社区体育发展的长远利益,引导社区居民体育意识水平的稳步提高。另一方面,通过顾客满意标准的实施,评价社区体育提供的服务与顾客满意度之间的差距,并通过资金使用效率的优化,降低公众使用公共服务时的资金性和非资金性成本,真正建立起服务型社区体育。绩效评价的结果也可以用于社区体育决策优化、绩效评价方案的完备、资金审计、机构重组以及资源的有效配置等方面。

(3)利用绩效评价结果,改革社区体育管理体制,提升社区体育管理能力。社区体育在传统的行政模式下存在着行政化倾向、政社不分的缺陷,导致社区组织管理和基层政府在社区体育组织管理上"都在管都不管"的局面。通过对社区体育绩效评价的结果的分析,能够树立正确的社区体育意识,明确政府和社区在社区体育管理上的职责,这也是新公共管理运动中政府职能市场化的表现和要求。具体实施上我们要从管理体制上的"政社分离"入手,改变街道办事处作为社区建设和管理主体的观念,将对社区公共事务和公益事业的综合管理权赋予民选的社区居民委员会,使之进行自我管理,自我教育,自我服务,自我监督,而政府则起到综合协调、动员和宏观调控的作用,帮助社区解决一些自身无力解决的问题:如社区体育的长远规划,培训社区体育管理者、指导者,建立多元化的社区体育资金投入体系,帮助建设社区体育活动的配套设施等。

第五节　改善社区体育服务的公众感知质量

一、完善社区体育服务项目

根据实践调查,中国社区体育健身娱乐的项目主要集中在走、跑、操、舞等非竞技化的韵律性、表演性和传统性项目。社区居民健身乏术,这与社区体育服务项目单一有直接关系。完善社区体育服务项目是丰富社区体育活动、改善社区体育服务公众感知质量的第一步。

首先,引入竞赛机制,增加体育运动人数。在社区体育可持续发展中,体育竞赛的功能与作用不可忽视。特别是进入21世纪后,我们将面对社会生活中越来越大的压力和激烈的竞争,要求人们更应具有竞争精神、合作意识和创新、创造的能力。一个理想化的社会系统应该是这样的一种系统：获胜的愿望推动着每种职业中的个人之间的竞争，推动着行业阶层之间以及国家之间的竞争，而这种愿望又服从于共同的社会理想和信念。体育运动在培养参与者的竞争精神、合作意识和创新、创造能力等方面具有独特的功能和作用。规范社区体育竞赛制度，加强政府的引导和指导，依托社区内部高校和企业，结合各社区生产生活特点，积极开展竞赛活动，给居民创造多种参与体育赛事的条件和机会，有助于培养社区居民的竞争精神、合作意识和创新、创造能力。体育人口是衡量一个地区体育发展程度的重要指标之一。由于社会生产的节假日性的特点，以及对闲暇时间的支配方式，使中国的"非实质性体育人口"和"间断体育人口"数量较多。当然，在发展体育人口数量的同时，我们也要注意一下亮点：一要注重提高体育人口的素质，即体育活动参与者的体育行为对非体育人口产生体育行为的正面影响；二要注重体育人口结构的合理化，使体育人口中性别、年龄和知识层次的群体分布合理。

其次，改变社区体育观念，增加竞技类健身项目，推广康复健身项目。社区体育项目分为竞技类健身项目、娱乐类健身项目和康复类健身项目。结合现实情况，中国社区体育中从事竞技类项目较少，这源于居民对竞技类项目理解有偏差，他们理解的竞技类项目只是单纯从比赛的角度，而忽略了竞技类健身项目在社区体育的最大功用是能突出地提高生理机能，所以从居民认知的角度看，需要对居民进行必要的体育科学普及。竞技项目也可以通过适当的改革和变化而适宜在社区体育中开展。如排球变为软式排球的推广、陡峭的攀岩变为有坡度的攀岩、武术中的散打改为柔和的对练、激烈的拳击改为激情的搏击操，等等，这些变化有赖于社会健身指导员的思维转变，竞技性项目的推广可以有效提升社区居民的生理功能。娱乐性项目在中国社区体育中开展相对比较好，娱乐性项目强调"心"的健康，即在社区体育中在精神方面的享受和健康。康复类健身项目注重防病祛病。目前中国社区体育开展的康复性健身项目主要有传统的拳、功、操，现代医学的康复健身项目推广不够，如医疗体操、实用性体操。在康复性健身项目推广中应该鼓励社区中的医务人员参与进来，以便提供专业的医学基础，形成体育与医学的有机结合。社区体育应该联系相应的医务人员针对非健康人群制定康复运动项目，继而推广。

最后，开展丰富多彩的体育活动，加强社区体育赛事管理。国外许多基层赛事都是以全民健身活动中心为基地组织起来的。例如，新加坡体育理事会每年都以15个全民健身活动中心为一单位组织选区体育比赛。所有社区居民都有利参加体育比赛,比赛分成不同年龄组,比赛结果不完全依照最终比赛的结果来定,而是据社区参加体育活动群体的广泛性来决定。能够开展丰富多彩的体育活动,是国外全民健身活动中心的一个最基本的特点,是全民健身活动中心能够生存发展的基本要求。国外全民健身活动中心体育活动的安排注重满足青少年、老年人和妇女等不同社会群体的体育需求。同时,体育活动的设计不断推陈出新,推出能够吸引不同群体的独特的体育活动。如目前日本全民健身活动中新增的健身项目大多是新兴的健身方法,如水中健身操、哑铃操、软式排球、木板冰和女子拳击等。

社区建设的发展和完善,对深化城市基层管理体制改革,提高群众生活质量,促进社会的繁荣和稳定,起到了显而易见的重要作用。因此,要把社区体育建设纳入城市精神文明建设和城市总体发展规划之中,进一步完善社区体育服务项目,以确立社区体育在社区建设中的重要位置和作用,更快、更好的推进中国城市社区体育体系的建设和发展。

二、合理筹集与管理社区体育服务经费

资金是开展社区体育的重要物质保证。目前中国城市社区体育的支出并没有纳入国家财政预算系列、民政和其他事业费用之中,中国城市社区体育活动经费来源于两个渠道,一是街道社区自筹经费,调查中的街道社区体育负责人普遍认为:社区自筹经费是开展体育活动的主要经费来源;二是政府机构拨款以及企事业单位的赞助,而政府机构拨款的目的多是用于体育设施和场地的建设,真正用于开展社区体育活动的经费却是很少的,企事业单位的赞助虽然在某种程度上可以解决社区体育发展的困难,却具有不稳定、不连贯的缺点,毕竟赞助社区体育活动缺少广告效应,此外现行的有关社区体育开展事宜的法规没有强制性的应用效力,所以辖区内的企事业单位自然就处于可管不可管的境地。这种现象的出现既可以说明中国城市社区体育活动已经表现出其应该具有的公益性,另外又暴露出各级政府以及体育职能部门对社区体育投入的不足,还有部分政府职能部门对社区体育建设不够重视,投入专款不多,支持力度不大,相关扶持和优惠政策不能很好地落实,导致中国多数地区社区体育服务体系发展水平低,进度迟缓。同时在社区体育的发展中其自身造血功能不足,积累能力较差,维持正常运转比较困难,公益性的本质决定了其利润回报很低。虽然社区居民对社区体育呈需求多样化趋势,但是目前中国经济发展水平制约了社区居民不具备对此类需求的消费能力,而这种态势必将制约中国社区体育服务的发展规模和速度。而体育活动经费的缺乏直接影响着社区体育场地设施建设和社区体育活动的开展,这已经成为我们需要解决的当务之急。要缓解社区体育服务经费压力,我们须从以下几方面入手。

首先,建立政府对社区体育服务机构的资助制度,并纳入政府经常性的财政预算。政府投资的形式有直接和间接两种,直接投资来源于财政的专项拨款,间接投资则通过无偿提供场地和设施或减免税收等形式来实现。政府的责任是引导企业和社会公众对社区体育进行投资。通过服务的市场化、资金的社会化才能达到社区体育服务的良性运转,为社会提供高质量的社区体育服务。

其次,积极调动和发挥社区内企事业单位的作用。在中国,社区中的企业、事业单位较多,它们一般有优厚的资金、必要的场地和众多人员,可以借用或合用,这是社区体育最宝贵的体育资源。因此,社区体育组织应主动与该区企业单位联系,做好宣传工作,争取它们的认同和支持,并吸收其成员参加社区体育活动,在活动中努力做到双赢、双收的良好效果,为社区体育组织管理的不断完善和持续发展打好基础。同时,应该积极引导和鼓励社区内的企事业单位对社区体育进行投资。"企业如果投资社区体育,一方面是在办公益;另一方面也能提高企业的知名度,关键是要找到好的结合点。因此,政府应该扮演好杠杆角色,找到撬动体育经济的支点,动员社会资源的投入。如果政府能给企业提供好的投入载体,企业、社会的资金就会源源不断地投入进来。

再次,将社区体育管理与学校体育管理相结合,合理共享体育资源,节约设施成本。学校体育设施占中国全部体育设施的67.2%,提高这部分设施的开放、利用程度,是目前解决健身设施不足问题最直接、有效的途径,同时也能节约相应的设施成本。社区体育和学校体育都是全民健身计划中的一部分,也都是广义体育的组成部分。开展社区体育,推进全民健身是学校体育工作义不容辞的义务和责任。随着教育改革的深入和素质教育的全面推进,教育向社区拓展已经成为必然的趋势。社区发展的程度与水平不仅决定了校外教育在社区中活动的空间、范围和经济上的支援,也决定了社区的各构成要素对教育的重视、支持程度和社区居民的参与程度。社区的体育设施和环境建设,可以为校外体育活动提供基础条件,社区体育文化氛围是学校体育教育的高质量的体现。

最后,要拓宽资金来源渠道,逐步实现由政府办体育向社会办体育过渡。未来体育经费的投入,主要依靠市场调节或社会捐助实现。现阶段中国社区体育的主要资金来源为国家拨款,而随着产业化的发展,社区体育的筹资方式趋向多样化,如社区辖区单位的捐款、居民捐助、社区自有收入等。而社区体育作为一种公益性事业,其自主性要得到发挥。要充分发挥社区体育的无形资源来吸引资金,如文化衫、休闲帽、广告牌、比赛冠名、场馆冠名、社区体育队伍的冠名等一些形式吸引赞助。争取社会各界的支持,发挥经济较发达城市的优势,号召个体私营企业赞助,为社会做贡献等来增加社区体育经费,实现多渠道筹集经费,增加社区体育的投入。有条件的社区,还可以设立由团体或个人投资的社区体育发展基金。社区体育所筹集的资金支出应设立公开透明的管理机制,除维护公共体育设施及组织各种体育活动的经费外,还应用于培养社区内社会体育指导员等方面。

三、加强社区体育服务的培训与指导

科学健身是获得良好健身效果的重要保证,而社区体育的指导服务是科学健身的前提,这就必须要求有大批掌握社会体育工作知识技能的人才来社区进行服务工作。其中,体育指导员是社区体育服务的主要力量。社区指导员的任务是要做好对居民体育知识的普及,广泛开展群众性的体育活动,丰富活跃体育文化生活。应在社区内建立由体育专业人员组成的专门辅导站和健身与康复咨询中心等组织,开展健身培训、体制检测和评价,为居民更科学、合理的健身提供理论依据和科学保证。

目前,社区体育多元化指导与人才服务体系仍存在以下问题。中国社区体育指导员从数量、质量及等级结构上与社会需要的差距较大,文化程度偏低,从事体育工作年限不长,数量少,指导力量很薄弱。在中国经过体育指导员培训,有体育指导员资格的社区体育指导员很少,同时,因为中国尚未建立"等级社区体育指导员"的定期培训或进修制度,就是对已经取得社区体育指导员任职资格者来说,也很难保证他们的社区体育观念、知识和方法能否适应发展的新要求。由于继续培训制度不够完善,还往往造成一批新等级社区体育指导员产生的同时,宣告另一批旧等级社区体育指导员的淘汰和落伍。

社区体育指导员作为社区体育的组织者、指导者、传播者,其作用的发挥对于社区体育的进一步社会化、科学化、产业化和法制化都将产生极其深刻的影响。加强社区体育指导员的培训、考核和管理工作,努力提高社区体育指导员的数量和素质水平,为社区居民参加体育锻炼提供指导保证。在社区体育指导员的培养机制中,首先,要强化政府的宏观管理职能,完善社区体育指导员的继续教育制度。其次,要建立与高校联合培养社区体育指导员的制度,建立高校与社会共同的培养目标,形成互相学分认同机制,将课堂教育与社会需要结合起来,学校培养与体委培训结合起来,不仅能够加快中国社会体育指导员培养速度,提高社会体育服务质量,而且还能加速中国社会体育产业开发、发展,形成社会体育产业高速发展的新局面。也可以聘请社区内在职或退休的体育教师、教练员兼任体育指导员,或者通过签订协议,给付报酬的办法外聘社会体育指导员。再次,要大力培育体育人才市场,促进社区体育指导员职业化,社区体育指导员的职业化应当成为今后发展的趋势。在市场经济社会的大背景下,提倡体育消费,培育体育消费市场

对社会体育指导员的职业化将起到十分关键的促进作用。体育主管部门应当建立必要的管理制度、措施，保证社会体育指导员在体育消费市场中的社会地位和经济地位，有效调动和保持他们的积极性，发挥他们应有的作用。最后，可以通过公开招聘制度，将更具有专业知识、技能的大学生充实到社会体育的岗位，这必将使指导员的数量和质量有一个大的飞跃式发展，更好地适应当代社区体育日新月异的发展。定期对社区体育工作进行检查和抽查，了解社区居民体质状况的改变，以此作为考核社区体育工作开展状况的依据，也可为社区体育计划的制订提供参考。

四、加快社区体育服务信息化建设

信息技术在社区体育中的影响是巨大的，由于历史和现实的诸项因素的影响，目前，中国社区体育的发展总体仍处于较低水平。信息化建设给新时期社区体育发展带来了前所未有的机遇。在面对当代世界信息化的浪潮中，必须加快社区体育信息化的步伐。一方面，信息技术的快速发展为建立灵活、高效、透明的社区体育管理机构创造了可能性。信息时代的来临要求管理机构对迅速变化的经济能够及时做出反应，而以纵向分层为主要特征的官僚制政府机构臃肿、信息传导阻滞且极易失真。通过采用新的信息技术，可以有效提高信息传导的效率和质量，使公民和社会团体更容易参与到社区体育活动中来。另一方面，信息网络技术的运用，不仅使社区提供的体育服务更具有普遍性和跨时空性，而且使传统的社区体育服务从人们缺少参与选择过渡到可选择性很强的双向式服务。

随着信息网络的快速发展和信息网络技术的广泛应用，要求社会管理更加多样化和个性化，使社区体育的组织机构发展趋于小型化、多样化、联合化。在信息化的社区体育管理中，有步骤地推广现代管理技术，使之逐步实现网络化、信息化、多媒体化，能对社区体育建设起到积极的作用。社区体育在信息化建设过程中应该不断了解和借鉴其他社区体育的相关成功经验和做法，与其他社区体育加强信息联系，互通有无，取其所长，补己之短，开展多种形式的合作、交流互助活动，形成一种学习和竞争并存的良好氛围，鼓励创新与发展，努力形成有本社区特色的数字社区体育。

1. 加强社区内信息基础设施的建设

社区体育数字化的实现既是数字化社区建设的重要部分，又须建立在数字化社区这样一个平台上。同数字化社区的建设和发展一样，数字化的社区体育也依赖于一系列信息基础设施，没有信息基础设施的建设，数字化社区体育就失去依附的载体，更不用说各种功能的实现。从各国信息化实践来看，信息基础设施的主要规划者和投资者大都是政府。在现阶段，中国的数字化社区内信息基础设施建设自然也离不开政府的大力支持，中国

1998年以来信息产业继续保持了较快的增长速度,政府的投资力度明显加大,社区内信息基础设施的建设应抓住有利的时机,在政府的主导下,采取各种有力措施,吸引各方投资,促进信息基础设施建设。

2. 建立社区体育信息服务网络平台

数字化社区体育提供公共管理和服务功能的实现需要统一的信息网络平台。只有建设完备的信息网络平台,才能将数字化社区体育的各种公共管理职能和服务集成,实现各种公共管理和服务信息集成与共享,实现信息倍增效应,否则极易形成各数字化社区分散开发、自成一体却无法整合、信息无法共享的局面。建设统一的社区体育信息网络平台,需要在社区内外进行统一的规划和设计,在技术的应用上既要满足通用性的要求,又要考虑技术的先进性和灵活性,既要统一规定数据库的结构等以满足信息共享的要求,又要使各社区体育能够在该信息网络平台上进行二次开发,充分体现本社区体育的特色,满足本社区居民参加体育活动等实际的需求。因此,统一的信息网络平台对数字化社区体育而言是十分重要的,信息网络平台的构建能让社区体育机构通过这个平台了解居民的实际需要,更好地提供各种更高质量服务,与居民达成真正的互动实现自治,甚至还可以通过这个舞台在满足居民需求的前提下获取相应的经济利益。在现有的公共体育信息平台基础上,建立完善的社区体育服务信息网络,设计与开发应以城市区级体育局为节点构建城市社区体育服务信息网络体系,区级体育局是构筑政府与城市社区体育服务公益体系及市场体系信息联络的节点。体育服务信息体系是指由体育服务信息的收集、分析、发布等要素构成的有机整体。这一体系既包括国际互联网上的公共体育电子政务系统,也包括全国体育信息资源共享工程等,它是利用现代化手段向公众提供体育服务的有力武器,也是体育服务的未来趋势。让市民直接了解社区体育服务的内容、程序、方式、地点等相关信息,同时还可以直接享受到某些可以信息化的体育服务内容。要适应信息时代发展的要求,注重社区体育服务的信息网络建设,提供丰富、方便、快捷的体育信息及咨询服务,同时加强对体育服务信息资源的科学管理。社区体育服务信息化应坚持整体性规划、标准化设计和多元化建设,从社区体育信息系统的组成来看,包括社区体育服务信息系统、社区体育综合管理信息系统、社区文体信息系统。

社区体育服务信息系统,就是通过互联网和电话网相互构成的社区体育服务网络系统,可与涉及社区体育服务项目及慈善捐赠、助残救困、司法援助等公益性社区服务信息系统整合发展。

社区体育综合管理信息系统则是以社区空间地理信息和人口基础信息为基础,通过与城市电子政务专网、数字城管专网连接兼容的专用网平台,使用对象为市、区级相关机关部门、街道办、社区居委会的管理人员。社区体育综合管理信息系统通过归纳、梳理与基层社区体育服务、管理相关的办公事务信息分类存储,实现社区体育管理系统化、网络化、自动化,减轻基层社区工作人员的重复工作量和劳动强度。同时,根据权限设置调用民政、环保、教育等部门的相关业务信息,定期生成固定报表和统计分析报表形成实时、在线、共享的数据信息,供社区体育工作者统计分析和决策使用。

社区文体信息系统是社区文体建设和社区文体服务在信息化系统中的体现,既包括面向社区的文体信息服务,也包括社区文体在信息网络上的展现、传播和共享,增加社区居民对社区的认同,便于外部群体对特定社区的文化识别和评价。而且,社区文体信息服务需求量大、频繁、多样化。可见,社区体育服务信息化建设不是一般意义上的信息服务和应用,而是涉及技术、文化、政治和社会管理等多个方面。

社区体育服务信息系统、社区体育综合管理信息系统和社区文体信息系统三大系统是相互关联的,它们在技术设施、数据信息和服务等方面可以实现部分共享。

3.建立起社区体育网站

社区体育网页的建立有利于做好以下几方面的工作:其一,通过这样一个网页让本区内居民了解社区体育资源及其分布状况,方便居民发挥对社区体育事务的参与作用。此外,社区内的体育公共设施等资源主体也可通过网页密切其与社区居民的联系,实现社区居民与社区体育资源的整合,形成二者之间的良性互动。其二,推行社区体育事务公开,通过这样的网页让居民清楚地知道社区体育事务工作的开展。同时,提倡采用多种形式、多样化的方式扩宽居民参与社区体育事务的渠道,对社区体育存在的问题及社区体育工作提出自己的意见和建议,享有对社区体育事务的自主权和自决权,从而推动和改进社区体育事务工作。其三,社区体育的建设并非孤立、封闭的,它是一个相互联系、开放的系统。社区体育建设一方面要立足于本社区内部,结合本社区的自身特点和优势。同时,也应不断了解和借鉴其他社区体育的相关成功经验和做法,与其他社区体育加强联系,互通有无,取其所长,补己之短,开展多种形式的合作、交流互助活动,形成一种学习和竞争并存的良好氛围,鼓励创新与发展,努力形成有本社区特色的社区体育建设模式。

第六节 建立健全社区体育绩效评价相关制度法规

一、加强对公共部门绩效评价理论研究

由于中国公共部门绩效评价是从西方国家引进的,而西方的公共部门

绩效评价又源自工商企业界,因此,要真正发挥社区体育服务绩效评价的工具作用,就必须对它的理论和实践加强研究,并结合中国的实际实现其"本土化"或"中国化"。而中国的现实情况并不是很理想,学术界和实务界有关社区体育服务绩效评价理论和实践的研究起步较晚,还处于不成熟的状态。目前对社区体育服务绩效评价从基本概念、作用机理到操作原则、实施步骤等都还没有形成共识。这些均制约了社区体育绩效评价的顺利进行。许多城市都制定了适合本地情况的规章制度,如《街道办事处工作条例》、《社区管理条例》、《物业管理条例》等。但有关社区体育绩效评价方面的法规还十分欠缺。国家还没有出台统一的社区体育绩效评价的法规或具有可操作性的指导意见。从某种程度上说,这甚至成了制约中国社区体育服务绩效评价水平提高的一个瓶颈。要进行社区体育服务绩效评价的法制化、科学化道路,我们必须有统一的理论基础。由于缺乏系统的理论指导,中国的公共部门绩效评价实践中常常出现盲目跟风、过度炒作、一阵风等偏差。为了迅速改变这一现状,我们必须对公共部门绩效评价的理论和实践加强研究,并推动其规范化的早日实现。具体来说,可以组织一个由政府部门和学术界专家组成的咨询性机构,推动公共部门绩效评价的研究和实践。在加强研究的同时,先试点,后铺开,扎扎实实推动中国公共部门绩效评价工作的开展,与实现。

二、加快社区体育服务绩效评价的立法工作

绩效评价的制度化和法制化是绩效评价的内在要求,也是绩效评价的规范化要求。在当前的情况下,根据中国社区体育的实际情况建立合理的绩效评价制度,以加强社区体育绩效评价的效率和持续化,为社区体育提高绩效提供保证。中国自20世纪80年代以来,各省市陆续开展了目标管理、目标考核的工作,进入21世纪,随着中国加入世界贸易组织和改革开放的深化,有些地方政府结合本地实际,大胆引进国外先进的绩效管理和绩效评价的理论和方法,积累了丰富的实践经验,在实践中也产生了很好的效果。

美国的《政府绩效与结果法案》(GPRA)等为中国公共部门绩效评价提供了许多有益的经验,其中的许多条款是值得我们注意的。比如,一些条款规定了各个政府机构都必须建立目标以界定工作项目活动实现的绩效水平;用客观的、量化的、可衡量的形式表述目标;简要描述实现绩效目标所要求的运转过程、技能技术、人力、财力、信息和其他资源;建立绩效指标,以此衡量和评价每一个工作项目活动的相关的产出、服务水平和结果;为比较实际的工作结果和已确立的绩效目标提供基础,等等。正因为有了这些权威性的法律条款保障政府绩效评价的实施,才使这项活动成为西方国家政府职能的有机组成部分。为了使政府绩效评价广泛而持久地开展下去,保障

政府绩效评价的统一性和规范性,我们有必要将绩效评价的原则、程序和方法等通过法律的形式固定下来。从立法的推进来看,有必要采用"自上而下"与"自下而上"相结合的方式,其中自上而下的中央立法主要解决特定部门共性问题,而地方立法则侧重于特定区域绩效实践的有关问题。

我们可以对之进行完善和变通,引入到社区体育管理中来,按照科学发展观的要求,及时出台统一的政策规定,指导全国开展社区体育服务绩效评价工作,推进社区体育管理方式的创新。为此,我们可以考虑将"社区体育服务绩效评价"内容纳入社区体育规章当中,或者专门制定《社区体育服务绩效与政策评估法》,为各社区体育服务绩效评价提供总的指导方针,又或者制定《社区体育服务绩效评估实施细则》,强化社区体育服务绩效评价主体的权力,维护社区体育服务绩效评价的权威,确保绩效评价机构享有调查、评价社区体育活动的权力,不受任何行政、公共组织或个人的干扰;制定和颁布《社区体育服务绩效评估标准》,规范社区体育服务绩效评价的计划、实施和报告的行为;制定较为详细的《社区体育服务绩效评估职业道德规则》,加强对社区体育服务绩效评价职业和个人的自我约束。

三、建立合理的社区体育服务绩效评价奖惩制度

激励和惩罚对于绩效评价来说处于很重要的地位。因为,绩效激励和惩罚可以解释人们在社区体育服务绩效评价过程中的行为。绩效激励从正面鼓励各社区体育单位和工作人员追求工作效率、效果,而绩效惩罚更多起到的是约束作用。完善的绩效奖惩制度是保证绩效管理有效实施的关键。一般来说,组织的激励多采用诸如物质激励、精神激励、工作奖励、典型强化、危机激励、文化激励等方法来激励组织成员的积极性,使其努力实现组织的目标。从社区体育绩效评价的实践来看,主要是方法性激励。方法性激励是指通过具体的方式方法,如社区体育机构的预算、拨款及工作人员的工资、奖金、升迁等来激发社区体育、工作人员的活力,保证社区体育服务工作的高效。就中国来说,绩效预算制度可以激励社区体育机构提高社区体育工作效率。中国采用传统的"基数加增长"投入型预算,形成了预算不考虑结果、只重投入不重效益的局面,所以必须构建以绩效为基础的预算制度。首先,通过引入权责制会计制度,改变目前中国在现收现付制下,因可能通过提前或延迟现金支付人为地操纵各年度的支出,或可能将资本性成本在使用年限内进行摊销而带来的公共产品和服务的成本难以客观、准确地反映出来的问题。其次,必须要将各单位的预算与工作绩效挂钩起来,强化社区体育的压力。重视绩效评价结果的运用,将其作为绩效预算计划的重要组成部分。评价结果与预算安排相结合,作为下一年度预算支出安排的重要依据,使预算分配到最有效部门。根据绩效评价的结果,优化项目支

出预算。削减绩效不高而财政支出额大的项目,优化项目支出,实现财政收支平衡。

惩罚是一种行政强制,是对一定行为或成绩的否定,惩罚要与责任相联系,所以惩罚措施的实施要有系统的责任机制作保障。系统的责任机制要包括:①岗位责任制,根据管理的授权和分工负责的原则,将工作人员的职务、权力、责任和利益联系在一起促使工作人员切实履行职责的基本机制,岗位责任制一定要与考核制、奖惩制度联合并用,通过考核、监督和奖惩的控制共同发生作用。②第一责任人制度,是指管理人员在运用公共权力进行公共管理的过程中,对其行为后果承担的社会责任和法律责任问题。第一责任人制度要通过具有法律效力的形式公开进行确认。这样既能保证这项制度的严肃性,又可以为将来可能出现的责任追究提供执法依据。③连带责任制,主要针对领导职务工作人员的责任制度。当工作人员发生重大行政不当行为或屡次发生行政不当行为,其直接领导应承担一定的领导责任。④分级责任制。根据分级管理的原则,上下级部门和领导人要明确划分职权和责任范围,实行分级责任制,各司其职,各负其责,切实解决越权指挥、越级报告等弊端。

四、建立绩效申诉机制

绩效申诉是一种监督机制,是通过制约的手段来提高社区体育服务绩效。英国和其他西方国家的绩效申诉制度是为了维护公民、法人及其组织的合法权益,解决绩效评价活动中不合理的行政行为,包括拖延、无礼及不作为,或是绩效评价过程中无法体现结果导向、顾客导向等理念的不公平、不当、偏颇的程序。由于中国公共部门绩效评价活动缺乏规范化,评价程序、评价指标等方面还不够科学,有很多方面要依据评价者的经验和价值判断,这就不可避免带有主观偏见因素,再加上认知效应,评价产生一些偏差。这种评价中内在的冲突造成评价的许多不稳定因素。因此在绩效申诉机制建设中应该考虑被评价对象的投诉权利,通过绩效申诉程序,启动相应的调查评议方法,对评价中的问题进行评价,促进评价双方的良性互动。建立绩效申诉机制必须设立相对独立的申诉机构,相对独立性可以排除来自组织内部,尤其是上层可能产生的主观性干扰,保证申诉工作的公正性。相对独立性表现在机构的隶属关系、机构的稳定性、机构成员的任命方式及与其管辖权有关的一些问题。而且机构被赋予相对权威的组织权力。绩效申诉并非对每一投诉个案都毫无选择的展开调查,要集中力量,有针对性、有重点地对满足一些基本条件的个案展开监督。同时,要加强工作人员素质的培养,选择德能兼备的人员。当然,绩效申述机制的建立和完善非一日之功,需要我们不断的尝试,探索出符合中国实情的绩效申述机制。

参考文献

[1] 陈静. 体育管理信息系统原理与应用[M]. 天津:南开大学出版社,2020.

[2] 宫彩燕. 全民健身工程下的社会体育发展机制研究[M]. 北京:中国原子能出版社,2018.

[3] 韩思音. 体育管理信息系统[M]. 上海:复旦大学出版社,2013.

[4] 李磊,杨洪武. 社会体育管理[M]. 西安:西北工业大学出版社,2020.

[5] 梁然. 社会体育活动组织与健身路径管理研究[M]. 北京:中国水利水电出版社,2019.

[6] 梁帅,梁久学. 体育创新研究与探索[M]. 北京:北京燕山出版社,2018.

[7] 刘平江. 体育俱乐部的经营与管理[M]. 北京:北京航空航天大学出版社,2014.

[8] 莫双瑗. 应用型社会体育指导与管理专业人才培养模式创新探索[M]. 北京:人民体育出版社,2019.

[9] 闵健,李万来,刘青. 公共体育管理概论[M]. 北京:北京体育大学出版社,2005.

[10] 潘士君. 社区教育工作者实用手册[M]. 沈阳:东北大学出版社,2016.

[11] 谭建共,石磊,曹卫. 休闲体育项目策划与管理[M]. 北京:高等教育出版社,2020.

[12] 肖林鹏. 社会体育管理[M]. 北京:北京体育大学出版社,2005.

[13] 杨景元,董奎,李文兰主编. 体育教学管理与教学现状[M]. 长春:吉林人民出版社,2019.

[14] 湛育明,蒋玲. 体育赛事运作管理[M]. 长春:东北师范大学出版社,2020.

[15] 周晨虹. 社区管理学[M]. 武汉:华中科技大学出版社,2018.

[16] 张伟,孙哲. 体育教学功能解析与实现途径研究[M]. 北京:中国商业出版社,2018.

[17] 周蕤. 体育管理研究[M]. 北京:中国戏剧出版社,2009.